海外直接投資と
グローバリゼーション

手島茂樹／著

中央大学出版部

はしがき

　本書は，近年の国際経済の急激な変化を，対外直接投資を通じたグローバリゼーションの進展という角度から，捉えようとしたものである．

　日本と世界の国際経済環境は，1990年代には，1980年代とは全てが様変わりした．日本経済の現状と先行きについての楽観論は影をひそめて久しく，直接投資を通じたグローバリゼーションについても，今やその主役は，M&Aを主体とした欧米企業であり，日本企業の存在感は，1980年代後半とは異なり，相対的に薄れている．しかしだからといって，日本企業および日本経済の役割が終わり，一方的に沈んでいくわけでもない．本文中に述べるように，日本のグローバリゼーションは，将に世界に貢献する一つの大きな使命を成し遂げたところであり，これから新たな貢献をさらになし得るか否かは，これからの日本人の意思次第ということであろう．

　本書は，1980年代以降，日本企業の海外展開が急激に展開する中で，本来，投資企業の国際競争力の強化に資し，投資母国にとっても投資受入国にとっても，プラスの役割を果たすはずの，直接投資を通じたグローバリゼーションが，日本企業の場合，現実にはどのようなプラスの効果をもったか，そしてそうした効果には，どのような限界が（もしあるとすれば）あったかを見極めようとしたものである．

　第1章では，直接投資を通じたグローバリゼーションの世界的な傾向について，第2章では，直接投資を含む国際資金移動全体の傾向について述べる．第3章では，日本の直接投資動向の特徴について，第4章では，グローバリゼーションの現状分析に有益な，直接投資の理論・仮説を検討し，これを踏まえて，

第5章で，欧米の企業行動とはかなり異なる日本企業の直接投資行動の特性について論ずる．第6章は直接投資が投資受入国の経済開発におよぼすプラスのインパクトについて，第7章では，直接投資を通じた技術移転が投資受入国におよぼす効果，特に，日本企業の技術移転の特質について検討する．第8章では，企業のグローバリゼーション推進のための前提となるリージョナルな，そして，グローバルな国際投資自由化の枠組みについて論ずる．第9章では，最近年における直接投資の最大の特徴であるクロスボーダーM&Aについて論ずる．第10章では，前章までの議論に基づき，21世紀初頭のグローバリゼーションおよび世界経済についての展望を行う．

結論を先取りしていえば，1990年代の米国企業および米国経済の再生は，1980年代以降の日本企業によるグローバリゼーションの進展に負うところが大きい．逆に21世紀に，日本人および日本企業が米国の経験から如何に，何を学ぶかは日本人の意思次第である．その意味でわれわれは重大な岐路に立っているといえる．

ところで，ひとつの書籍を出版するにはきっかけが必要である．本書を執筆するきっかけを与えてくれたのは，著者が兼任講師として，「国際企業論」を講じている中央大学大学院法学研究科の卒業生である森田弥生氏である．実際のところ，森田氏の適格なアドバイスと暖かい励ましがなければこの企画は実現しなかった．ここに厚く御礼申し上げます．

そもそもこうした「国際企業論」講座をもつ機会を与えて下さった中央大学大学院の貝塚啓明先生に改めて感謝申し上げます．

もちろん，本書中に述べた著者の全ての見解に関する（大いにありうる）誤謬・誤解は百パーセント，著者が責を負うものである．

また，本書の刊行にあたり，中央大学出版部の大久保功夫氏，矢崎英明氏，栗山博樹氏には一方ならぬお世話になった．伏して御礼申し上げます．

現在の私の研究・教育の拠点校である二松学舎大学の井上巽学部長を初めとする諸先生方，二松学舎を拠点とするきっかけを与えていただいた早稲田大学

商学部の江夏健一教授にはこの中央大学から出版される本の執筆にあたっても種々ご教示いただきました．ここに改めて感謝申し上げます．

　本書のベースとなった主な論点は，著者が旧日本輸出入銀行海外投資研究所（現国際協力銀行開発金融研究所）時代に行った諸調査・研究をベースにしたものである．歴代所長であられた渡辺孝夫氏，尾崎利幸氏，古館康生氏，青木亘氏，木下俊彦氏，神 信一氏，杉田正博氏およびその他の諸先輩ならびに同僚諸氏には輸銀時代に多大なご指導，ご鞭撻を賜った．改めて御礼申し上げます．

　本書の第6章および第7章の研究に際しては，PCによる分析システム開発を，国際協力銀行の中村 敏氏に全面的にお願いした．私的な時間を費やしてまでもいただいたご好意に感謝申し上げます．

　さらには，二松学舎大学の（著者の担当する）経済政策ゼミをはじめとする学生諸君からも折に触れ大いに啓発を得た．

　最後に，2000年夏から秋にかけて本書の執筆・完成のために，いつものことながら，家族には多大な不自由をかけたにもかかわらず全面的な協力を得ることができた．

　皆様に改めて心から感謝申し上げる次第です．

　2001年3月

手　島　茂　樹

目　　次

　　はしがき

第 1 章　世界経済のグローバル化と海外直接投資 ……………… 1
　　1. 2つのグローバリゼーション　1
　　2. グローバリゼーションをエンジンとした世界経済の拡大　9
　　3. グローバリゼーションの担い手としての多国籍企業　12
　　4. 海外直接投資とM&A　12
　　5. 世界の直接投資動向　14

第 2 章　世界的な国際資金移動と海外直接投資 ………………… 19
　　1. 世界的な国際資金移動の拡大　19
　　2. 海外直接投資と海外証券投資および銀行貸付　24
　　3. 国際資金移動が当事国(発展途上国)におよぼすインパクト
　　　　——直接投資を含む様々な金融形態の比較　32

第 3 章　日本の海外直接投資動向およびその特徴 ……………… 37
　　1. 日本の海外直接投資動向にみる特徴——世界の趨勢，
　　　　特に欧米のそれとの比較において　37
　　2. 日本企業のグローバリゼーション　45
　　3. 海外直接投資とM&A　53

第4章　直接投資についての諸理論および仮説 ……………… 57
　1. 合理的行動としての直接投資が国民経済および国際経済に
　　　およぼすインパクト　57
　2. マクドーガル・モデル　58
　3. ハイマー・キンドルバーガー仮説　65
　4. 企業の本質について　71
　5. 取引費用（Transaction costs）の経済学　73
　6.「企業の本質」および「取引費用の経済学」の指し示すもの　76
　7. 内部化仮説　78
　8. 折衷理論　81
　9. プロダクト・ライフ・サイクル仮説　83

第5章　直接投資理論と日本の海外直接投資行動の特質 ……… 87
　1. 伝統的な諸理論から観たときの日本の直接投資行動
　　　──特にその説明力の視点から考える　87
　2. 日本の海外直接投資行動の特性──特に欧米企業の
　　　行動の特性との比較において　89
　3. 日本の海外直接投資行動についての新しい仮説モデル　97
　4. 日本企業のO優位とその限界，新しい直接投資の方向　108

第6章　アジアの経済開発と日本の直接投資 ………………… 113
　1. 直接投資を通じた日本とアジアとの補完関係の構築　113
　2. アジア危機が日系現地法人に与えた影響　120
　3. アジア危機後の新たな補完関係構築の可能性　132

第7章　海外直接投資の技術移転効果 ………………………… 143
　1. 海外直接投資による技術移転を通じた経済開発効果　143
　2. 技術移転の内容の2類型および技術移転の
　　　方法についての3つのカテゴリー　144

3. 多国籍企業の母国による技術移転効果の相違はあるか
　　　　——日本企業と欧州企業はどちらがより効果的か　156
　　4. 多国籍企業と投資受入国との新たな補完関係構築の可能性　171

第8章　貿易・投資の自由化，国際投資協定，地域統合 ……………… 175
　　1. グローバリゼーションとリージョナリゼーション　175
　　2. 1国ベースの直接投資自由化と経済開発　177
　　3. 2国間ベースの直接投資自由化と経済開発　178
　　4. 地域ベースの直接投資自由化　181
　　5. 地域統合の経済効果　185
　　6. 主要地域統合の動向　193
　　7. 多数国間レベルの投資協定　202

第9章　M&Aと海外直接投資 …………………………………………… 207
　　1. 1980年代のM&Aと1990年代のM&A　207
　　2. M&Aの成果と動機　208
　　3. M&Aの光と影　210
　　4. M&Aと経済開発　211
　　5. 日本企業にとってのM&Aの必要性　214

第10章　21世紀への展望 ………………………………………………… 217

　　索　　引　221

第 1 章

世界経済のグローバル化と海外直接投資

1. 2つのグローバリゼーション

　近年の世界経済の劇的な展開の中で最も顕著な特徴はグローバリゼーション，すなわち，モノ（貿易を通じた財・サービスの国際交流），ヒト（人的資本および労働力の国際交流）更にカネ（国際的な資金移動）の国際的な移動を通じて急激に進む世界経済の一体化の動きである．世上，グローバリゼーションという言葉が頻繁に使われるようになって久しいが，その実態は，本書で述べるように，多面的な性格を持つ．

　本書ではこの「グローバリゼーション」という言葉を，現代の世界経済の急激な変化を読み解く際のキーワードと捉える．「グローバリゼーション」の最も重要な主体は，民間企業（多国籍企業）であり，本書では，こうした企業による「事業活動の世界規模での最適化」を，「企業のグローバリゼーション」と定義する．すなわち，企業は，貿易（企業内貿易も含む）および海外直接投資（クロス・ボーダー M&A や 10％以上の出資を伴う戦略的提携も含む）等の手段を駆使して，世界的に見て最も利益の上げ易い最適地での生産，販売，資金調達，部品調達，研究・開発（R&D）等を行おうとする．こうした民間企業の活動の中で，海外直接投資およびこれを通じた海外現地法人の活動が急

速に重要性を増しているのが，現代のグローバリゼーションの特徴である．国際貿易ですらも，多国籍企業とその子会社との間の企業内貿易という形で，相当程度の割合が占められているのが実態である．そこで，「企業のグローバリゼーション」について論ずるとき，海外直接投資を通じたグローバリゼーションについての議論を中心に据える．海外直接投資とは，これを行う企業（「海外直接投資企業」）が，海外事業を長期的，実質的に遂行するための投資であり，具体的には海外現地法人に対する10％以上の出資および当該子会社に対する長期貸付，更に，当該子会社による，利益からの再投資をさす．

ところで，もう1つのグローバリゼーションの担い手もまた，重要である．それは，世界規模での貿易および直接投資の自由化を制度的に達成しようとする，国民国家主導の世界経済一体化に向けての動きである．これを「国民国家によるグローバリゼーション」と考える．具体的には，第8章で述べるが，GATT/WTOによる貿易自由化への努力および多国間投資協定に向かっての努力がこれに相当する．企業のグローバリゼーションに対応した，公的部門による，国際公共財としての国際自由化枠組み創出に向かっての努力といってもよい．

こうしたグローバリゼーションには，3つの基本的性格がある．

第1に，「企業のグローバリゼーション」は，国際経済の拡大を推進するダイナミックな役割を持つ．それは，「国民国家によるグローバリゼーション」の結果として，世界規模で，貿易と直接投資の自由化が進展したことと相俟って，貿易の拡大とそれを上回るペースでの直接投資の拡大を生じている．貿易や直接投資の主たる担い手である多国籍企業のグローバルな活動は目覚しく，当該企業の国際競争力を強化するばかりでなく，世界的な経済交流を促進し，先進国だけでなく，発展途上国も含め，世界経済全体の拡大のエンジンになっている[1]．その意味で，グローバリゼーションは，基本的に，世界経済拡大に大きく寄与する積極的意義を持つ．

第2に，グローバリゼーションの成果は世界に均等には広まらない．1999年末のWTO・シアトル閣僚会議の際，NGOの活動等が示しているのは，こ

のグローバリゼーションの動きに乗り遅れた国・地域は，グローバリゼーションの中心国との格差がますます拡大する可能性があるということである．いわば，グローバリゼーションの対極としてのマージナリゼーションが生じる．後に第6章および第7章で述べるように，グローバリゼーションの主体である多国籍企業による直接投資は，投資を受入れる発展途上国の経済開発に大きなプラスの効果を持つ．しかし，実際に活発に直接投資を受入れる発展途上国は比較的少数の特定国に集中する傾向がある．言い換えると，かなり多くの国がこうした直接投資を享受できず，グローバリゼーションの動きから疎外されていく可能性もある．そうなるとき，同じ発展途上国の中でも，グローバリゼーションの潮流の中にあるものとそれに入ることができず，マージナリゼーションされているものとでは大きな格差が生ずる惧れがある．更にグローバリゼーションの時代にあってかなり経済開発に成功したとみられアジア諸国もまた，アジア危機という大きな挫折を味わった．これらは，第6章および第7章で論ずるように，グローバリゼーションと発展途上国の経済開発の促進をいかに調和させ，両者の補完的効果を最大化するかという命題に帰着する．

　更に，第9章で述べるように，先進国間ですらも，グローバリゼーションを最も有効に活用し，自国内に高付加価値で先端的な産業を根付かせ，人材，技術，情報のネットワークを集積することに大きな成功を収める国とそうでない国との間では，急速に大きな格差が生ずる惧れがある．現代は，先進国および発展途上国を問わず，グローバリゼーションの主体として，また，受け手として，世界中の国が，競争状態にあり，競争に敗れれば大きな格差に甘んじざるを得ない状況にあるといえる．

　第3に，「企業のグローバリゼーション」には，第1で述べた，世界の需要を拡大して世界全体の経済成長に寄与する積極的意義に加えて，国際的な競争を強化する場合と競争を弱める場合の両面を持つことに留意する必要がある．1つの典型例が第9章で述べるクロス・ボーダー M&A による直接投資であり，M&A を実施した企業は，M&A 対象企業が保有する研究開発能力，技術・ノウハウ等を即効的にしかも確実に入手することにより，自社が保有する

経営資源とこれを結びつけることができる．これによって，新製品をつくり出し新市場の創出・新た需要の喚起を行うことが可能となれば世界全体の経済成長にも寄与できる．需要の拡大は競争を強化し，設備投資をも喚起する．これはプラスの効果である．しかし，需要が停滞している市場で水平的な M&A が生ずれば，競争制限的に機能する惧れもある．したがってプラスの効果を最大限に引き出し，マイナスの効果を最小限にする努力が常に必要である．このため，「国民国家によるグローバリゼーション」は，貿易と投資の多国間ベースでの自由化の枠組みに加えて，競争政策の国際標準を確立することが重要である．そこでの原則は動態的な需要拡大・競争強化・成長の加速効果を最大化し，静態的な競争抑圧的な効果を最小化するものでなければならない．

　このようにグローバリゼーションには，3つの多面的な性格がある．繰り返しになるが，「企業のグローバリゼーション」が企業の競争力を強化し，高付加価値な先端産業分野を発展させ，経済成長や開発の原動力になるという非常に積極的な役割を持つことは明らかであるが，同時に，この潮流にうまく乗れなかった国・地域・企業にとっては，格差を広げられるというリスクもある．グローバリゼーションの潮流の中心にあるはずの先進国およびそれを出自とする企業ですらも，一歩対応を間違えると，そのライバルから速やかに格差を広げられる怖さを持つ．

　「企業のグローバリゼーション」について，企業はなぜグローバル化を図るかをもう少し掘り下げて考える必要がある．グローバル化を図る最大の理由は，生産，販売，研究・開発といった様々な事業活動について，世界規模で最適化を図ることが当該企業の国際競争力の維持拡大にとって必要不可欠であり，最適な戦略であるからである．企業は常に可能な限り最大の活動領域での最適化を目指すが，その範囲が広ければ広いほど有利である．事業の対象範囲が広いほど，利用可能な生産資源，すなわち，資本．金融資産，生産設備），人的資源，技術・情報等の選択・利用の幅は広がるし，販売目標とする市場の選択範囲も広がるので，そうでない企業に比べて，優位にたつことができる．もちろんこうしたグローバルな活動を推進するには，当然コストを伴うので，他の地

図 1-1

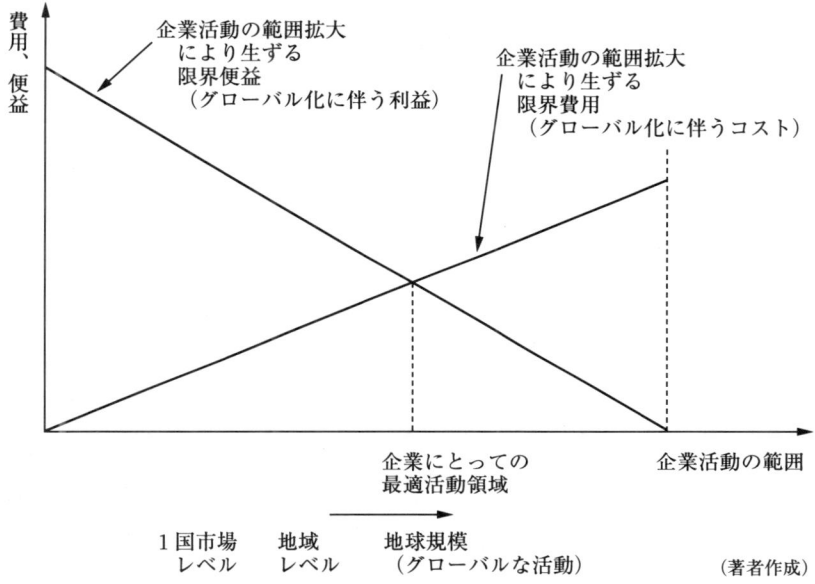

理的範囲における利益最大化に比べて，世界規模での利益最大化が最も望ましい企業のみが，すなわち，「グローバル化に伴う便益」－「グローバル化に伴うコスト」＝「グローバル化に伴うネットの利益」を最大化できる企業のみが，グローバル化戦略を最適な戦略として採用できる（図 1-1）．例えば，十分な経営資源・国際競争力を持たない企業が，グローバルな最適化戦略をとったとしても，コストがはるかに便益を超えてしまうことは十分にあり得る．そうした企業にとっては，例えば，アジア地域内，或いは日本国内，場合によっては，首都圏内での最適化を図ったほうが現実的に望ましい戦略であることは大いにあり得る．すなわち企業の持っている能力・経営資源・国際競争力等が，そのとりうる最適化戦略の地理的範囲を，ある程度，決定することになる．

　十分な経営資源を持つ企業にとっては，グローバルな最適化は最も効率的な戦略であり，具体的には，世界規模で，最適な生産拠点，販売拠点，研究開発拠点，資金調達拠点，部品調達拠点等の立地を考えることになる．したがって，

最もグローバル化の進んだ多国籍企業にとっては，その出自となった投資母国といえども，選択肢の1つに過ぎなくなる[2]．

グローバリゼーションの担い手の第2である「国民国家によるグローバリゼーション」については貿易の自由化と直接投資の自由化とでは，達成度に違いがある．貿易におけるGATT/WTOの成立は，農業問題，知的所有権の保護等の分野で，依然としていくつかの重要問題を残しているとはいえ，基本的な多国間での貿易の自由化枠組みが達成されていることを示している．一方，本書の主たる対象とする直接投資の分野においては，貿易分野とは異なり，世界のほとんどをカバーするような多国間での自由化枠組みは，依然として存在しない．この点については，後に第8章で述べるように，かつてOECDベースでそのような努力は行われたが[3]，現在は頓挫している．OECDを引き継いで，WTOの場で引き続き，多国間ベースの投資枠組みについての検討が行われているが，1999年末のWTOシアトル閣僚会議以降，投資自由化実現に向けてのWTOベースの動きも緩慢である．

企業がいかに十分な経営資源を持っていても，世界規模での対内および対外直接投資に対する規制が撤廃・緩和され，直接投資の自由化が制度的に保障され，投資家および投資資産の十分な保護が与えられているのでない限り，グローバリゼーションの進展には，制約が課される．したがって投資分野での多国間での自由化の達成こそ当面期待される政府の役割であろう．国際的な次元で，市場の機能を補完・強化するように，効果的に政府が機能すれば，グローバリゼーションは一層推進される．

それにもかかわらず，多国間投資協定が容易には成立しないのは1つには，各国の立場・利益が異なるためである．先にも述べたように，国民国家（政府）といっても，発展途上国の場合には投資の自由化に加えて，開発という目標を重視しなければならない．したがって投資の自由化に対する考え方も先進国とは異なってくる可能性がある．また，同じ先進国同士でさえも，各国の制度の違いにより，微妙に自由化の利害は異なる．

加えて，国際的な企業間競争の制限・縮小を回避し，競争を強化するために，

投資の自由化と共に競争政策の国際的な調和を図らねばならない．

また，グローバルな自由化を標榜する政府が，現実には同時に，リージョナルな自由化を推進することはよくあることである．例えば，第8章で論ずるように，最も強力なグローバルな投資自由化の推進者であるはずの米国が現実には，北米地域統合（NAFTA）をまず先行させている．現時点では，多国間ベースの投資自由化の建前を堅持し，地域投資協定にコミットしていない主要国は，日本ほか限られた国になっている．こうした政府ベースのグローバリゼーションとリージョナリゼーションの間の関係も注目すべき点である．米国は，地域統合によるリージョナリゼーションは，グローバリゼーションの1つのステップであり，両者の間に矛盾はないとの考え方にたっていると見られるが，そうであれば，リージョナリゼーションは，グローバリゼーションを補完する戦略であるということになる．

最後に日本企業の直接投資を通じたグローバリゼーションを世界の趨勢との比較で考えると，まず欧米企業に比べて非常に短時間の内に急激にグローバリゼーションが進展したといえる．特に，1980年代後半の直接投資の伸びは急激であり，日本は，1980年代末には，世界最大の直接投資国となった．しかし，1990年代には，欧米諸国がクロス・ボーダーM&Aを中心に劇的に直接投資を拡大する中にあって，日本の対外直接投資は比較的控えめであり，その内容も伝統的な，製造業を中心とした新規企業設立のための直接投資（グリーン・フイールド直接投資）が多かった．その意味で，1990年代の大半を通じて日本の直接投資行動は相当ユニークであり，1990年代末になって漸く，クロス・ボーダーM&Aが内外直接投資を押し上げる欧米型の構造になりつつある．日本企業の直接投資行動のユニークさは，第5章に論ずるように，日本企業が持っている固有の競争力，言い換えると，企業固有の競争優位に起因するものである．その意味で標準的な直接投資行動仮説は日本企業には成り立たない．このため，第5章では日本企業の直接投資行動に関する筆者の仮説モデルを提示する．こうした企業固有の競争優位に基づく独特の直接投資行動パターンは，第6章に論ずるように，技術移転の仕方にも影響する．こうした日本企

業固有の投資行動および技術移転方法は，海外直接投資企業とその母国および投資受入国経済の全てにとって利益になる補完的発展の1つの可能性を提示するものである．その一方で，日本企業固有の競争優位がもはや有効ではない分野においては，外国企業の競争優位を即効的にかつ確実に手に入れることが必要であり，今後，日本企業の直接投資行動パターンもある程度は欧米企業型に収斂していくことが見込まれる．

　本書の構成は次のとおりである．

　第1章の残りの部分では，現代のグローバリゼーションの動向と特徴を，より詳しく，直接投資を中心に述べる．

　続く第2章では，直接投資を含む国際資金移動全体の最近の特徴について，主要金融形態別，各主要地域別に述べる．

　第3章では，日本の直接投資動向およびその特徴を世界全体の直接投資のそれと対比しつつ論ずる．

　第4章では，これまで蓄積されてきた直接投資についての理論・仮説の体系を整理する．こうした整理は，現在われわれが直面している直接投資を中心としたグローバリゼーションの実態を解明するための手段として有効であると考えられるためである．

　第5章では，欧米企業との比較において，日本企業の直接投資行動の特性を，日本企業が保有する固有の競争優位との関係で論じ，これに基づき，日本企業の直接投資行動を説明するためのモデルを提示する．

　第6章では，直接投資と経済開発の関係を取り扱い，アジア危機以前，非常にうまくいっていたと思われる日本企業とアジアの投資受け入れ国との補完関係が，アジア危機に見られるように，なぜ破綻を招いたのか，そして，今後，新たな補完関係を構築するための基本的条件とは何かを探る．

　第7章は，直接投資を通じた技術移転と経済開発との関係に着目し，まずこうした技術移転は3つの形態で行われることを指摘する．日本企業の海外直接投資にかかる技術移転の特性について論じ，これら3形態の技術移転が，投資受入国の技術基盤の醸成に役立ち，あわせて，投資企業の事業拡大につながる

ような相互補完的状況はいかにして生起し得るかを，実態調査（アンケート調査）に基づいて検討する．

第8章では，政府によるグローバリゼーションの一環として，貿易の自由化と並び，一国ベース，二国間，地域および多国間の様々なベースで直接投資の自由化が模索されていること，グローバリゼーションとリージョナリゼーションの対比，およびその留意点・問題点等について論ずる．

第9章では，直接投資の中にあって近年急速に拡大しているクロス・ボーダーM&A（既存企業の買収，ブラウン・フィールドの投資）を新規企業の設立のための直接投資（グリーン・フィールドの投資）と対比しつつ論ずる．

第10章は，終章であり，これまでの議論を取りまとめ，21世紀への展望を行う．

2. グローバリゼーションをエンジンとした世界経済の拡大

前節1で述べたように，世界経済の一体化，すなわち，グローバリゼーションを推進する2つの主要手段は，貿易と直接投資である．近年の貿易および直接投資の増加は著しく，特に直接投資の伸びは顕著である．国際連合の世界投資報告（WIR：World Investment Report, 2000）によれば，海外直接投資の伸びは，世界全体の経済の拡大ペース，および貿易の拡大のペースを大きく上回っている（表1-1）．海外直接投資の拡大のペースは，1996年には若干鈍化したものの，1997年から1999年にかけて，再び増加のペースを速めている（表1-1にはない）．最近3年間における海外直接投資の急増の原因としては，後に4節で述べるように，先進国間を中心としたクロス・ボーダーM&Aの果たす役割が大きいと考えられる．

表1-1によれば，海外直接投資の毎年の実行額（国際収支ベースの，実際に送金された金額）そのものは，1999年には，対内直接投資（海外から自国に対して行われる直接投資）の世界全体の合計で8,650億米ドル，対外直接投資（自国から海外に対して行われる直接投資）の世界全体の合計で8,000億米ドルと，いずれも，前年よりも1,500-2,000億米ドル増加している．この数値は

表 1-1　直接投資，国際生産，貿易
（単位：10 億米ドル）

	1982	1990	1999
対内直接投資フロー	58	209	865
対外直接投資フロー	37	245	800
対内直接投資残高	594	1761	4772
対外直接投資残高	567	1716	4759
クロス・ボーダー M&A		151	720
海外子会社売上額	2462	5503	13564
海外子会社総資産	1886	5706	17680
海外子会社輸出額	637	1165	3167
財・サービス輸出額	2041	4173	6892

（WIR 2000）

巨額であるが，実は，例えば，もう 1 つのグローバリゼーションの手段である貿易に比べると，一桁小さい数値である．すなわち，同じ，1999 年の財・サービスの輸出額は，6 兆 8,920 億米ドルであり，対内或いは対外直接投資額の約 8 倍の規模になっている．これだけ見ると，海外直接投資は近年急激に増加しているとはいえ，未だ貿易に比べるとはるかにその重要性は低いかのような印象を受ける．

　しかし，実際には，直接投資の重要性は，既に貿易のそれを凌駕しているものと考えられる．ここで留意すべきは次の点である．

　投資企業が海外市場にアクセスするためには，大きく分けて，輸出と現地市場向けの現地生産（および第 3 国市場を目指した海外現地生産）とがあるので，輸出と比較されるべきは直接投資のフローではなく，直接投資の結果生じた海外現地法人の生産能力（生産設備の規模），生産額ないしは売上額である．

　そこでまず，海外における生産能力について考えると，1 節で述べたように，海外直接投資とは，「海外事業に長期的に実質的に関与するための投資である」というのがそもそもの定義であり，言い換えると，これは海外で行われる一種の設備投資であるから，投資企業の海外での生産能力を知るためには，毎年の投資フローでなく，直接投資残高で見るほうがより適切である．同じく表 1-1 で，対内直接投資残高は，4 兆 7,720 億米ドル，対外直接投資残高は，4 兆

7,590億米ドルに達している．表1-1にみる直接投資残高は輸出フローの額には依然としておよばないが，それほど遜色ないものになっている．しかも，海外で行われる設備投資は，直接投資として送金された資金および当該現地法人の利益からの再投資資金でのみ行われるのではなく，当該現地法人による，現地の金融・資本市場での資金調達による部分もある．したがって，対外直接投資残高のみで海外現地法人の生産能力を推定しようとするとこの能力を過小評価することになる．

そこで，次に，同じく表1-1で，海外現地法人の総資産を見ると1999年で17兆米ドルを超えており，既に同年の輸出額を大きく上回っている．しかし，総資産の中には，生産能力にならない部分も含んでいるので，この数値は海外現地法人の生産能力を過大評価しているものと思われる．

ところで，同じく表1-1で，海外現地法人の売上高を見ると，1998年に14兆米ドルを超えており，総資産同様，同年の輸出額を大きく上回っている．すなわち，販売面から捉えれば，明らかに，海外現地法人のプレゼンスは輸出を上回っている．

上記の検討から，既に海外直接投資は貿易と同等或いはそれ以上の重要性を持つグローバリゼーションの担い手になっているものと考えられる．

更にもう一点注目されるのは，同じく表1-1で，海外現地法人による輸出が1999年に，3兆1,670億ドルに達していることである．これは同年における世界全体の輸出の3分の1以上の数値であり，輸出そのものが，かなりの程度，直接投資を通じた多国籍企業のネットワークによって担われていることをあらわしている．同じく，国連UNCTAD資料によれば，多国籍企業が保有するグループ内の関連企業同士の国際取引，すなわち，企業内貿易は，貿易全体の4割以上に達するとされる．また，企業内貿易以外の，通常の市場ベースの取引，すなわち，アームス・レングスの貿易取引も，そのかなりの部分が多国籍企業によっていると考えられる．このように，直接投資と並ぶグローバリゼーションの有力な手段である貿易もまた，直接投資と深いつながりがあり，グローバリゼーションの主体である多国籍企業によって，時により直接投資と代替し，

また，時により，直接投資を補完する選択肢の1つとして行われている．

3. グローバリゼーションの担い手としての多国籍企業

世界の直接投資および海外現地生産の主要部分は，多国籍企業によって行われている．国連 WIR2000 の資料によれば，保有する対外資産で見て世界の主要 100 大企業が保有する海外子会社の売上高は，世界全体の 19 ％に達する．この主要 100 大企業はほとんどが先進国を出自とする企業である．ただし，韓国，ブラジル等発展途上国を母国とする企業の数も近年次第に増加している．

この 100 大企業を業種別に見ると，①電機・電子，コンピュータ，②自動車，③石油開発，④食品，⑤化学の順になる．

国・地域別には，EU 諸国を出自とする多国籍企業が半分を占め，これに米国，日本を母国とする多国籍企業を加えると，9 割以上となる．各国別には，米国を出自とする多国籍企業が最も多く，次いで，日本，フランス，ドイツ，イギリスの順となる．

なお，こうした大企業のみでなく，国際競争力のある中小企業もまた，対外直接投資の主たるプレーヤーである．国連 UNCTAD が開発した国際化度の指標によれば，大企業のみならず，個性的な中小企業も上位にランクされている．日本企業でも，第 3 章および第 5 章に述べるように，中堅および中小部品製造企業の海外直接投資が果たす役割は非常に大きい．

4. 海外直接投資と M&A

更に，注目されるのは，1990 年代後半に入って，世界的にクロス・ボーダー M&A が急増していることである．クロス・ボーダー M&A は，外国企業の買収（Acquisition）（外国企業の株式の 100 ％までの取得）および外国企業との間で資産・事業を統合し，新規会社を設立すること，または既存企業を合併（Merger）により融合・拡大することである．このうち，先に，1 の直接投資の定義でも述べたように，外国法人の資本金 10 ％以上の取得にかかわるものであれば，直接投資とみなすことができる．M&A の全てが直接投資ではない

が，M&Aの多くは外国直接投資の中にカウントすることができる．こうしたクロス・ボーダーM&Aは1998年には，5,316億米ドルに達し，世界の対内および対外直接投資の8割以上を占めるほどになっている[4]．したがって現代の直接投資を考えるにあたってクロス・ボーダーM&Aの検討は不可欠である．なお，本節の補完的な議論は第9章で行う．

外国直接投資の中でも，M&Aは特殊な性格を持つ．生産面に注目すると，新規の生産能力の創出に結びつく，いわゆる，グリーンフィールドの直接投資とは異なり，M&Aは，既存の生産設備の所有権が単に移転するものであるため，ブラウンフィールドの直接投資と呼ばれることもある．追加的な生産能力に結びつかないため，投資受入国にとっての経済的意義は低いとの見方がなされることもあったが，最近はM&Aの持つ積極的な経済的意義を評価する議論も多い．

近年のクロス・ボーダーM&Aの特徴は，電気通信，銀行・保険，電気・ガス・水道，ビジネス・サービス，自動車，石油・ガスといった特定業種に集中していること，および，年々その取引規模が拡大していることである．

このようにクロス・ボーダーM&Aが急速に活発化した背景には，基本的には，急速な技術革新と世界規模での国際競争の激化，およびこれに対応した企業の競争力強化のための努力とがある．現代のM&Aについての基本的な認識は1980年代のそれとは異なり，金融的利益を獲得するための手段というよりは，自企業の国際競争力を維持拡大するために，効率的に他企業の経営資源を利用するための便利な手段であるとみなされている．日本企業の場合には，様々な事情から，こうしたM&Aの積極的な役割についての認識が欧米企業に比べて遅れたことが，近年における直接投資の拡大の遅さにもつながっているものと考えられる．

M&Aの急増の理由は，各業種により異なるが，第9章で論ずるように，大きく分けて，新規技術開発，需要の創出につながるダイナミックなプラスの効果を期待できるタイプのM&Aと，技術も市場も成熟している中で，国際的な供給過剰に対応するために生産の集中・業界の再編を図るタイプのM&Aとが

存在する．後者の場合でも，規模の経済を達成して，生産コストの逓減を図るために企業規模の拡大を迫られるケースや，巨額の開発資金を捻出するために企業規模の拡大を図るケースもあろう[5]．また，電気通信，銀行・保険，電気・ガス・水道といった分野で，規制緩和または撤廃ないしは民営化が行われたことがM&Aの促進に寄与している．こうした背景には，技術革新の結果，規制緩和・撤廃あるいは民営化されても十分これらの産業が市場ベースの競争を行い得る，或いは規制緩和等をしたほうが，より一層うまくいくとの認識が高まったことがある．先進国のみならず，中南米およびアジアの発展途上国においても，こうした電気通信，電気・ガス・水道といったインフラストラクチュア業種に属する国公営企業の民営化・外資の参入が推進されている．発展途上国の中では特に，こうした動きは中南米において盛んであるが，従来，中南米に比して，インフラプロジェクトの民活民営化に積極的でなかったアジア諸国においても，アジア危機以降，M&Aの積極的な受入が目立っている．

「国民国家によるグローバリゼーション」の立場から，最も留意すべきは，M&Aの持つダイナミックなプラスの効果を最大限に引き出しつつ，競争制限的なマイナスの効果を最小限に抑えることである．そのために，国際的な協調により各国競争政策の調和を図り，最終的には，競争政策の国際標準を作成することが期待される．この場合，水平的M&Aが単に，どの程度「現在の」市場構造・市場競争・市場成果に影響を与えるかだけでなく，将来の技術革新，市場創出・拡大および市場競争の強化に寄与するかも考慮すべきである．

5. 世界の直接投資動向

これまでの議論を整理しつつ，近年の世界の直接投資動向を取りまとめると，一言でいって，1990年代は，正に，グローバリゼーションの拡大の10年間であったといえる．表1-2には，1980年代および1990年代における世界の対外直接投資フローの動向があらわされているが，最も顕著な特徴は，1990年代には，世界全体の投資フローが劇的に拡大したことである．中でも，投資の出し手としての米国および主要欧州諸国の伸張は著しい．特に，1990年代後半

表 1-2　世界の主要国・地域の対外直接投資フロー

(単位：10億米ドル)

	1988-93	1994	1995	1996	1997	1998	1999
世　　界	221.4	282.9	357.5	390.8	471.9	687.1	799.9
先 進 国	197.6	240.5	306.8	332	404.2	651.9	731.8
EU	107.2	120.7	159	182.3	223.7	425.5	509.8
英　　国	25.1	32.2	43.6	34	61.6	119	199.3
ドイツ	18.4	18.9	39	50.8	40.7	91.2	50.6
フランス	2.2	24.4	15.8	30.4	35.6	45.5	108
米　　国	39.3	73.3	92.1	84.4	99.5	146.1	151
日　　本	32.5	18.1	22.5	23.4	26.1	24.2	22.7
発展途上国	23.5	42.1	50.3	57.8	64.3	33	65.6

(WIR 2000)

になるとその傾向はますます顕著である．その主たる要因は，前節4で述べたクロス・ボーダー M&A の活発化である．

　欧米と対照的なのが日本であり，1980年代末には世界最大の直接投資国であった日本は，1990年代後半には，米国および欧州の主要国に遅れを取る地位にまで後退している．第3章で述べるように，日本の対外直接投資もアジア向けのグリーン・フィールド投資を中心に，1990年代に堅調に回復したのであるが，米国および欧州を中心としたダイナミックな投資拡大にははるかにおよばなかった．

　世界の対内直接投資フローの動向をみると（表はない），留意すべきは，受け手としても欧米諸国が支配的な地位を占めていることである．ただし，1990年代の大半を通じて，発展途上国，特に，アジア向けの投資が急増したことにも留意すべきである．この発展途上国への直接投資の増加傾向は，1997年のアジア危機まで続いた．アジア危機後の1998年には，アジア向けの直接投資は，米ドルベースで見ても，世界全体に対する％シェアで見ても減少したが，これには，東南アジアの主要国，すなわち，タイ，インドネシア，シンガポール等の減少が大きく影響している．

　対内直接投資の受け手としての日本の地位は，主要先進国の中で，極端に低い．1990-1996年の累計で見て，日本は，アジア諸国・地域の中では，米国に

次ぐ世界第2位の対内直接投資受入国である中国にはるかにおよばないのはもちろん，マレーシアの4分の1以下，台湾の1つ下，フイリピンの1つ上で，アジアでは，第8番目の直接投資受入国，世界では34番目である．日本向けの直接投資が極端に少ないのは，これまで積極的に対内直接投資の促進を行ってこなかったこと，直接投資の受入国としての競争力強化を図ってこなかったことに起因するものである．しかし，今や対内直接投資を促進して，外国企業の経営資源を積極的に導入することの重要性が強く認識されつつある．

対外直接投資については，相対的地位は下がっているとはいえ，日本は依然として主要な投資国の1つであるのに対して，対内直接投資については，小国といってもよい地位にあったために，日本の対外・対内直接投資のアンバランスは著しい．世界の主要先進国の中では，日本に比較的類似して，対内直接投資が対外直接投資に比べて小さいとされるドイツでも対内直接投資と対外直接投資の間に日本ほど顕著な差は見られない．

しかし，注目すべきは，第3章で論ずるように，最近日本の対外および対内直接投資は共に，M&Aを中心として急増する傾向にあることである．これは，欧米諸国とは数年のタイムラグを伴いつつも，日本の直接投資が，欧米型のM&Aを主軸とするタイプに急速に変容しつつあることを示すものと考えられる．

1) 以下の議論については，手島茂樹「NAFTAをめぐる直接投資動向」，NAFTA研究会編『新生するメキシコ産業』(1998) pp. 37-71 も参照のこと．
2) 投資母国に自企業の展開する事業の最も付加価値の高い部分を置く傾向があるというヘッドクオーター効果は現実に存在するが，グローバルな競争が激化し，より真剣な立地選択が迫られれば，こうした傾向は次第に消滅すると考えられる．
3) OECDの加盟国間で，1995-1998年の間，直接投資についての高度な自由化達成を目標として，多国間投資協定（Multilateral Agreement on Invest-ment : MAI）の交渉が行われたが，締結に至らなかった．
4) 10％未満の株式取得に掛かるM&Aであれば，直接投資にはカウントされない．また，通常発表されるM&Aの数字は，取引全体の数字であり，一時に送金されるとは限らない．対外直接投資フローは，ネットの送金額であり，グロスの送金額から，過去の投資の引き上げ分を控除する．M&Aの数値はグロスの数値である．国際収支ベースの直接投資統計で通常取り扱うのは，一定期間内の実際の投

資送金フロー額またはストック額であるので，1998 年に M&A が直接投資額の 8 割以上になったというのはあくまでもラフな比較である．
5) World Investment Report 1999 および 2000 ならびにジェトロ投資白書 2000．

参 考 文 献

酒井甫，齋藤毅憲編著（2000）『イントロダクション国際経営』文眞堂

手島茂樹（1995）「新たなグローバリゼーションを目指す 1990 年代の日本企業の対外直接投資」大野幸一・岡本由美子編『EC・NAFTA・東アジアと外国直接投資——発展途上国への影響』アジア経済研究所

手島茂樹（1996）「日本企業の対外直接投資戦略の現実と将来像」関口末夫・田中宏・日本輸出入銀行海外投資研究所編著『海外直接投資と日本経済』東洋経済新報社

手島茂樹（1998）「NAFTA をめぐる直接投資動向」NAFTA 研究会編著『新生するメキシコ産業——NAFTA 効果の検証』

日本貿易振興会『ジェトロ投資白書』1999，2000 年版

原正行（1992）『海外直接投資と日本経済——投資摩擦を越えて』有斐閣

日本輸出入銀行海外投資研究所編（1992）『海外投資の知識』日本経済新聞社

OECD (1995) "Foreign Direct Investment, Trade and Employment", Paris, OECD

Stopford, John M.; Strange Susan with Henly John S.(1991), Rival States, Rival Firms — Competition for World Market shares, Cambridge, Cambridge University Press（江夏健一監訳『ライバル国家，ライバル企業——世界市場競争の新展開』文眞堂，1996

UNCTAD, "World Investment Report（世界投資報告）" 1999-2000 の各年版，New York and Geneva : United Nations

第 2 章

世界的な国際資金移動と海外直接投資

1. 世界的な国際資金移動の拡大

　第1章では，現代世界経済の潮流の大きな特徴は「企業のグローバリゼーション」と「国民国家のグローバリゼーション」であることを指摘し，その意義と課題について論じた上で，グローバリゼーションの主たる担い手である多国籍企業とその主要手段である直接投資について最近の動向を中心に述べた．直接投資の定義は，第1章で述べたように，海外事業に長期的，実態的に関与するための投資であるが，直接投資資金が国際的に移動するわけであるから，直接投資は，国際的な資金移動の一形態であり，国際収支表上の資本勘定収支の1分野である．当然，民間企業にとっては，グローバリゼーションの金融的手段としては，直接投資のみでなく間接投資，銀行貸付等他の金融形態の役割も大きい．こうした様々な金融形態は，各々異なる性格を持ち，その結果生ずるインパクトもまちまちである．例えば，1994年におけるメキシコのテキーラ・ショックや1997年のアジア危機の際には，直接投資以外の間接投資および銀行貸付の不安定な動向が，危機の引き金として，注目され，金融のグローバリゼーションのマイナス面についての懸念が強まった．その一方で，長期安定的な資金形態である直接投資についての期待・信頼感は高まり，第6章で論

ずるように，危機に瀕したアジア諸国では，対内直接投資促進のための様々な規制緩和・投資優遇措置を取っている．このように，直接投資のみならず，他の金融形態も含めた国際資金移動の趨勢がどのように変化しており，その中で直接投資がどのように位置付けられるかを知ることは重要である．そこで，本章では，直接投資を含む様々な金融形態が当事国におよぼすインパクトについて論ずる．

国際資金移動には様々な形態が考えられるが，大きく分けて，① 直接投資（先に第1章1節で定義した海外現地法人を実効支配するための投資：FDI＝Foreign Direct Investment：海外現地法人の株式10％以上の取得＋同法人に対する長期貸付＋同法人による再投資），② 証券投資（間接投資，ポートフォリオ投資：FPI＝Foreign Portfolio Investment：直接投資以外の株式取得・外債購入）および，③ 銀行貸付の3つがある．

第4章で改めて述べるが，一般的な国際資金移動と直接投資との識別は，「直接投資の行動パターンは，ユニークであり，そもそも一般的な国際資金移動のパターンとは異なることがある」（ハイマー，1976），という発見から始まった．すなわち，「国際資金移動は，内外の金利差に反応して生ずる」という，伝統的な国際資金移動についての認識と，直接投資動向とは，必ずしも一致しないという認識から始まったといって過言でない．

一般的な国際資金移動の動向により近いのは，②のFPIおよび③の銀行貸付である．そこで，本章2節では，①のFDIが，②および③と現実にどの程度異なった動きを示すのか，または，示さないのかという視点で国別に検討する．

本章3節では，国際資金移動が投資母国および投資の受入国におよぼす影響を，上記①，②，③の金融形態別に比較し，それぞれの優位性および留意点・問題点を探る．

まず本節では，上記①＋②＋③（財務勘定，すなわち，直接投資プラス証券投資プラス銀行貸付）で見た，全体的な国際資金移動の拡大傾向について概観する．1990年代前半の国際資金移動については，IMF統計（IFS）に関して日

本輸出入銀行（現国際協力銀行）が興味深い調査を行っている．この調査のうち，先進国全体，発展途上国全体，日本，米国およびEUに絞ってその資金移動の動向の特徴を概観する．

先進国全体の国際資金のフローは，負債サイド（先進国に対する国際資金の流入）で見ても，資産サイド〈先進国からの国際資金の流出〉で見ても，1990年代前半を通じて，緩やかな上昇傾向を示している（図2-1）．その結果，先進国全体の資産・負債の収支は，1990年代前半を通じて，ほぼ均衡している．金融形態別に特徴的なことは，間接投資（証券投資）のウエイトが他の金融形態に比して大きく，毎年の増減も大きいことである．

一方，発展途上国全体では，1990年代前半を通じて資産サイドも緩やかに増加したが，負債サイドはそれをはるかに上回って，急激に増加した（図2-2）．この結果，発展途上国全体の資産・負債の収支では，1990年代前半を通じて，大幅な負債超過を生じている．すなわち，1990年代前半には，発展途上国に大量のネットの資金流入が生じた．金融形態別には，先進国に比して，直接投資のウエイトが大きい．また証券投資は発展途上国の場合にも変動が激しい．

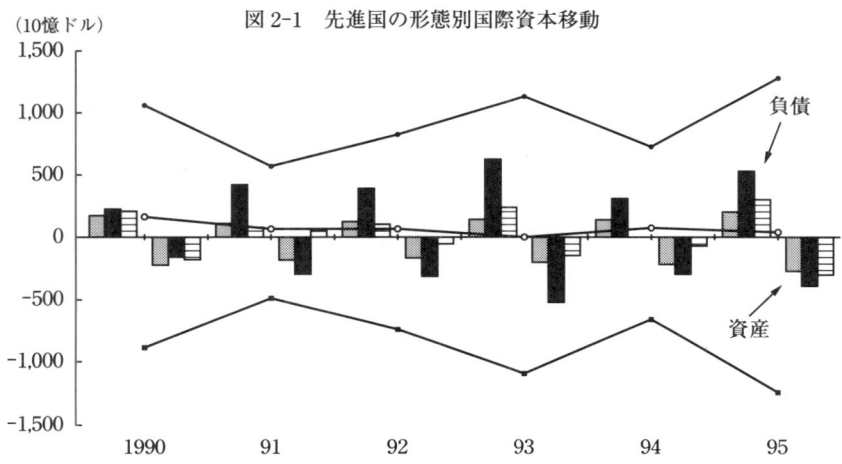

図2-1　先進国の形態別国際資本移動

（出所）　図2-1～5；日本輸出入銀行海外投資研究所報第23巻4号（1997年4月）「近年の国際資本移動の動向と背景」（田丸征克，串馬輝保，西村君江，三藤真紀）より転載

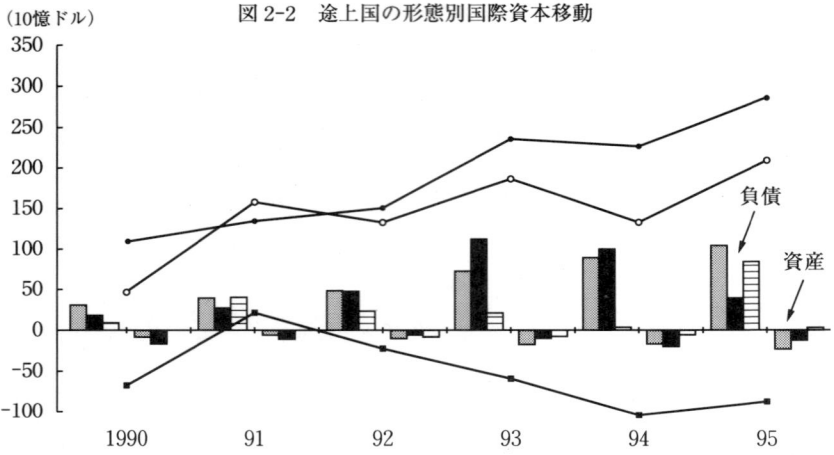

図2-2 途上国の形態別国際資本移動

(出所) 図2-1と同じ

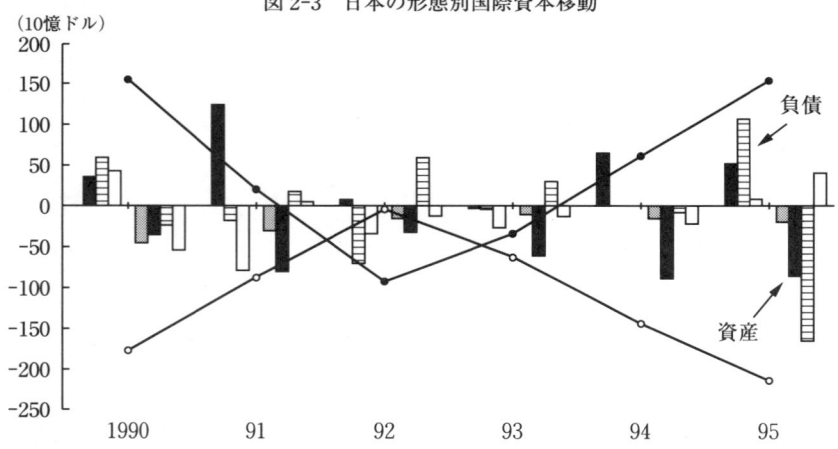

図2-3 日本の形態別国際資本移動

(出所) 図2-1と同じ

　先進国を日本，米国，EUの3地域に分けると，日本は，1992年に，EUは1994年に各々資産サイドおよび負債サイド共に，急速な資金の収縮期を経験しているが，それ以降は共に安定的な資産フローおよび負債フローの拡大を経験している（図2-3, 2-5）。これに対して，米国は，1990年代前半を通じて，

第2章 世界的な国際資金移動と海外直接投資　23

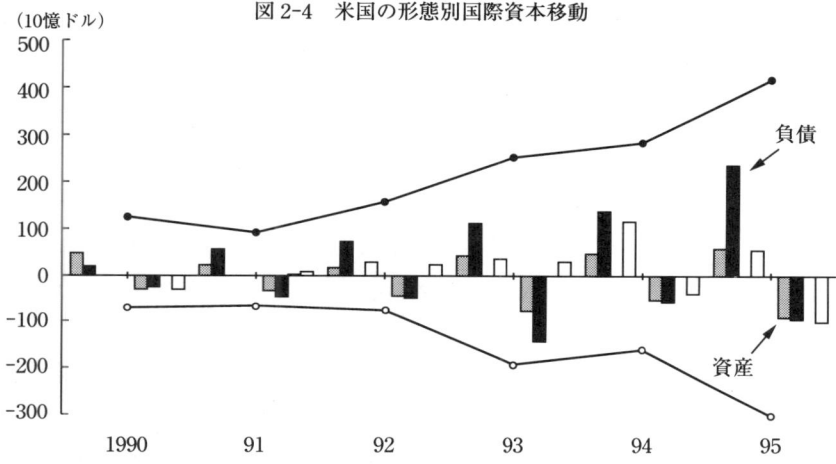

図2-4　米国の形態別国際資本移動

■直接投資　■証券投資　☰借款　□現金・預金　●─財務勘定（負債）　○─財務勘定（資産）

（出所）図2-1と同じ

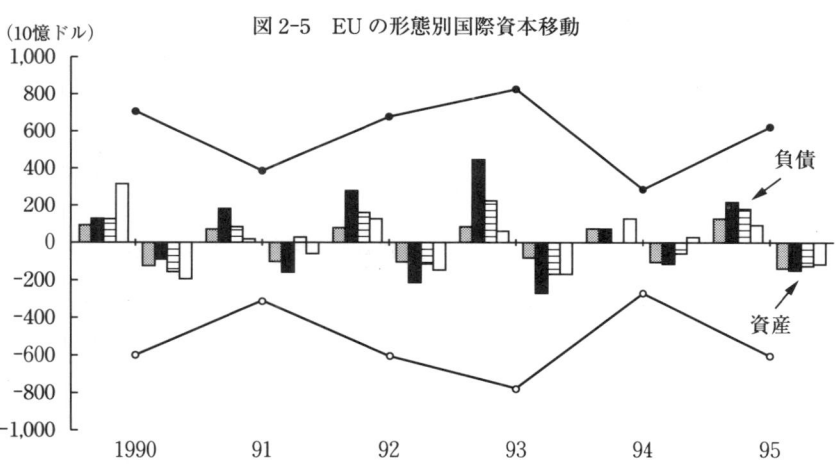

図2-5　EUの形態別国際資本移動

■直接投資　■証券投資　☰借款　□現金・預金　●─財務勘定（負債）　○─財務勘定（資産）

（出所）図2-1と同じ

ほぼ一貫して，安定的な資産フローおよび負債フローの拡大を経験している（図2-4）．ただ留意すべきは，この3カ国・地域共に，直接投資に比べて，証券投資の比重が大きいことである．さらに，日本の場合は，特に，銀行貸付のウエイトが大きい．

2. 海外直接投資と海外証券投資および銀行貸付

前節1で述べたように、1990年代前半を通じて、先進国でも発展途上国でも、国際資金の流出入は拡大した。これを金融形態別に見ると、その動向は地域・国によって様々に異なり、先進国では、証券投資の動きが大きく、発展途上国では相対的に直接投資のウエイトが高かった。しかし、1990年代後半の動きを主要先進国およびアジアの主要国について見ると、かなり異なる特徴が見られる。

まず、主要先進国別にみると、1990年代の大半を通じて、日本の財務収支は一環して赤字である（表2-1）。したがって、日本は主要資本輸出国としての地位を保持しつづけた。資産サイドでは、日本の対外直接投資は、1990年には、証券投資や借款を凌ぐ規模であった（先の図2-3）が、これは、この時期、日本が世界最大の対外直接投資国であったことと符節を同じくしている。1990年代全体を通じて日本の対外直接投資は、緩やかな回復傾向をたどったが、ピークである1997年においてもまだ、1990年の水準には、はるかにおよばない。さらに、1998, 1999年には、再度減少に転じているが、先行指標的

表2-1　日本の国際資金フロー

(単位：10億米ドル)

	1993	1994	1995	1996	1997	1998	1999
財務収支	−102.21	−85.11	−63.98	−28.1	−118.05	−116.76	−31.11
資産							
直接投資	−13.83	−18.09	−22.51	−23.44	−26.06	−24.62	−22.27
証券投資	−63.74	−91.97	−86.05	−100.62	−47.06	−95.24	−154.41
デリバティブ	−0.49	0.43	−1.2	−13.96	−24.16	−18.49	−12.43
銀行貸付	27.73	−10.67	−85.62	75.56	−140.18	54.14	239.4
負債							
直接投資	0.12	0.91	0.04	0.2	3.2	3.27	12.31
証券投資	−6.11	64.53	59.79	66.81	79.19	56.06	126.93
デリバティブ	−0.54	−0.2	−9.12	6.63	20.77	17.64	17.53
銀行貸付	−37.9	4.87	17.27	−9.06	43.34	−23.75	−189.16

(IFS)

な性格を持つ大蔵省届出ベースの数値では，1999年度には前年度比約40％増の伸びを見せていることから，国際収支ベースの数値も2000年には増加に転ずると考えられる．対外直接投資が低迷しているのに対して，対外証券投資の伸びは著しい．ただし，年によって大きな変動がある．また，銀行貸付の変動は，証券投資以上に激烈な増減を示しており，1998年には引き上げ超に転じ，引き上げ超幅は1999年には，2,400億米ドルに達している．日本の国際収支の資産サイドで見る限り，国際資金のVolatility（不安定性）は，銀行貸付で最も高く，次いで，証券投資，最も安定的なのが，直接投資である．

負債サイドでは，1990年代の大半を通じて，日本への直接投資の流入はほとんど無視できるほどの水準であった．これは，前章の5で触れたように，投資受入国としての日本の環境整備に時間を要したためである．しかし，1997年以降，対内直接投資は漸増に転じ，1999年には123億ドルという歴史的なピークを記録した．1999年度の大蔵省届出ベースの対内直接投資額は，前年度比約8割増のペースであるので，2000年の国際収支ベースの対内直接投資も一層の拡大が見込まれる[1]．このように，対内直接投資は増加傾向にある．しかし，依然として，日本への資金流入の大半は，証券投資または銀行貸付（外国の銀行の日本への貸付）の形態によっている．そのいずれもが年によって大きな変動を示すが，相対的には証券投資の動きのほうが安定的である．銀行貸付は大きな変動を示し，1998年には流出超に転じ，1999年には，1,900億米ドルという巨額の流出を経験している．

次に，米国の財務収支は一貫して黒字であり，資金の受け手となっている（表2-2）．これは日本とは対照的である．日本と際立って異なるのは，資産サイドでも負債サイドでも，直接投資の割合が，1990年代を通じて，一貫して，急激に拡大していることである．これも日本とは対照的である．特に資産サイドでは，1997年以降，直接投資のフローは証券投資のフローをしのいでおり，1998年以降，最大の資金フロー形態となっている．負債サイドでは，依然として証券投資のフローのほうが直接投資のそれをしのいでいるが，両者の差は，狭まっている．こうした対内・対外直接投資の安定的かつ急激な増加は，特に

表2-2 米国の国際資金フロー

(単位: 10億米ドル)

	1993	1994	1995	1996	1997	1998	1999
財務収支	83.6	125.37	146.5	187.42	287.38	216.6	369.49
資産							
直接投資	−84.41	−80.7	−99.48	−92.69	−109.95	−132.83	−152.16
証券投資	−146.25	−60.31	−100.07	−115.86	−89.17	−102.82	−97.88
デリバティブ							
銀行貸付	30.62	−4.2	−75.11	−91.56	−144.82	−24.92	−61.43
負債							
直接投資	52.55	47.44	59.64	88.98	109.26	193.37	282.51
証券投資	110.98	139.4	237.48	367.72	383.96	266.83	335.31
デリバティブ							
銀行貸付	39.9	108	64.18	22.18	171.31	29.26	82.66

(IFS)

1990年代後半に顕著である．これは第1章で論じた1990年代後半の欧米企業間のクロス・ボーダーM&Aの急増によるものと考えられる．対内直接投資（負債サイド）は，1998年および1999年と，対外直接投資よりもかなり大きく，米国企業に対するクロス・ボーダーM&Aが急増していることが窺える．

　米国の国際資金の流出入は，全体的に，日本よりも安定的である．特に直接投資だけでなく，証券投資も比較的安定的な動きをしていることが注目される．負債サイドでは，1990年代を通じて，証券投資の一貫した拡大は顕著である．但し，資産サイドでは，証券投資の流出は必ずしも，一貫した増加傾向ではなく，1994年には大きく落ち込んでいる．1995年には再度，増加に転じているが，1993年の水準には回復しない．その後も安定的に推移しているものの依然として1993年の水準を回復していない．

　また，米国では銀行貸付の役割が相対的に小さく，この点も日本とは大きく異なる．しかし，銀行貸付の変動が最も大きく，次いで証券投資の変動であり，直接投資の変動が最も小さいという点では，日本と共通している．

　EUのうち，英国の国際資金フローを取り出して，日本および米国と同様に比較を試みると，日米と異なり財務収支が黒字と赤字の間を往復しているのが

表 2-3 英国の国際資金フロー

(単位: 10 億米ドル)

	1993	1994	1995	1996	1997	1998	1999
財務収支	19.93	−7.67	1.18	2.42	−25.49	−9.78	11.52
資産							
直接投資	−26.81	−34.15	−44.46	−35.16	−63.5	−119.62	−198.67
証券投資	−133.56	31.46	−61.72	−93.45	−84.99	−57.38	−31.3
デリバティブ							
銀行貸付	6.2	−75.22	−35.54	−103.18	−239.95	−28.37	30.74
負債							
直接投資	15.59	9.21	20.32	25.78	37	63.7	82.3
証券投資	43.08	50.91	58.56	69.88	44.31	29.17	197.66
デリバティブ							
銀行貸付	58.79	76.64	41.95	111.45	242.9	78.01	18.59

(IFS)

注目される．ただし黒字・赤字幅共に日本および米国よりもかなり小さく，比較的，均衡しているともいえる．米国同様に，対内・対外共に直接投資の拡大が顕著なのが最も注目すべき特徴である．特に対外直接投資の急増振りは著しく，英国は1999年には米国をしのぎ世界最大の直接投資国となった．これとは対照的に対外証券投資は，1990年代を通じて減少傾向にある．対内直接投資の伸びも著しいが金額的には対外直接投資の半分程度である．対内資金フローの主体は比較的安定的に増加する証券投資である．銀行貸付の役割が比較的小さいことは米国と共通している．銀行貸付の変動が最も大きく，次いで証券投資であり，直接投資の変動が最も小さいという点では，日本および米国と共通している．

フランスおよびドイツの国際資金フローを見ると（各々表2-4，2-5），財務収支については，フランスは赤字（資本輸出），ドイツは黒字（資本輸入）と，対照的なポジションにあるが，1990年代の資金フローには，共通した特徴がある．それは，特に，1990年代後半に至っての対外直接投資の急激な増加である．ただし，米国・英国のように，対外直接投資が対外間接投資を凌駕するには，至っていない．

表 2-4　フランスの国際資金フロー

(単位：10 億米ドル)

	1993	1994	1995	1996	1997	1998	1999
財務収支	−16.67	−4.78	−7.33	−22.34	−39.91	−30.63	−41.8
資産							
直接投資	−20.6	−24.44	−15.82	−30.36	−35.48	−40.8	−106.83
証券投資	−31.16	−21.96	−7.42	−46.63	−60.79	−103.82	−129.84
デリバティブ	−0.34			−6.47	−9.75	−15.49	
銀行貸付	−46.69	22.72	−43.19	28.59	−46.7	41.73	−11.98
負債							
直接投資	20.75	15.8	23.73	21.97	23.04	28	38.82
証券投資	−28.64		−9.2	−45.55	−51.12	−79.5	−110.79
デリバティブ			1	7.81	10.14	12.37	−2.2
銀行貸付	−5.69	32.11	13.12	15.83	39.05	2.26	42.77

(IFS)

表 2-5　ドイツの国際資金フロー

(単位：10 億米ドル)

	1993	1994	1995	1996	1997	1998	1999
財務収支	16.21	30.43	43.98	16.13	0.5	8.38	−24.91
資産							
直接投資	−15.26	−17.26	−39.1	−50.75	−41.68	−92.4	−98.84
証券投資	−25.33	−41.48	−18.05	−30.89	−90.08	−141.1	−189.29
デリバティブ	−7.33	−10.71					
銀行貸付	−88.21	14.98	−55.18	−39.13	−80.4	−79.22	−48.33
負債							
直接投資	1.95	1.94	11.99	6.43	11.66	20.14	52.23
証券投資	−16.80	−20.97	0.28	−17.52	−42.62	−74	−85.96
デリバティブ	6.67	11.25					
銀行貸付	35.34	69.19	83.71	36.62	120.2	159.94	102.64

(IFS)

次に，発展途上国のうち，ASEAN 4 カ国（タイ，マレーシア，インドネシア，シンガポール）（各々表 2-6，2-7，2-8，2-9）の資金フローを見ると，1996 年までは，タイ，マレーシア，インドネシアの 3 国で，財務収支は黒字であり（資本輸入），典型的な発展途上国のパターンである．1997 年以降，タイ，インドネシアの 2 カ国で，財務収支赤字（資本輸出または流失）に転じて

表 2-6 タイの国際資金フロー

(単位:百万米ドル)

	1993	1994	1995	1996	1997	1998	1999
財務収支	10,500	12,167	21,909	19,486	－16,877	－14,454	－9,360
資産							
直接投資	－233	－493	－886	－931	－390	－130	－374
証券投資		－5	－2	－41	－446	－201	80
デリバティブ							
銀行貸付	－3,265	－1,027	－2,737	2,741	－2,457	－3,876	－1,414
負債							
直接投資	1,804	1,366	2,068	2,336	3,746	6,941	5,718
証券投資	5,455	2,486	4,083	3,585	4,798	159	735
デリバティブ							
銀行貸付	6,589	14,295	13,218	2,909	－3,522	－11,382	－11,884

(IFS)

表 2-7 マレーシアの国際資金フロー

(単位:百万米ドル)

	1993	1994	1995	1996	1997	1998	1999
財務収支	10,805	1,288	7,639	9,479	2,742		
資産							
直接投資	N.A.						
証券投資							
デリバティブ							
銀行貸付	－2,057	－1,281	－440	364	－1,786		
負債							
直接投資	5,006	4,342	4,178	5,078	5,106		
証券投資	－709	－1,649	－436	－268	－248		
デリバティブ							
銀行貸付	6,282	－3,789	468	2,974	807		

(IFS)

いるが,これは明らかにアジア危機の影響である.

　アジア危機に先立ち,タイ向け直接投資は比較的伸び悩み,一方,かなり大規模な証券投資が流入しそれ以上に銀行貸付等が急増したことがアジア危機の伏線になっている.マレーシア,インドネシアにも,若干似た傾向は見られるが,タイほど極端ではない.

表 2-8 インドネシアの国際資金フロー

(単位:百万米ドル)

	1993	1994	1995	1996	1997	1998	1999
財務収支	5,632	3,839	10,259	10,847	－603	－9,638	－5,941
資産							
直接投資	－356	－609	－603	－600	－178	－44	－72
証券投資	N.A.						
デリバティブ							
銀行貸付							
負債							
直接投資	2,004	2,109	4,346	6,194	4,677	－356	－2,745
証券投資	1,805	3,877	4,100	5,005	－2,632	－1,878	－1,792
デリバティブ							
銀行貸付	1,357	527	1,953	－758	－276	－2,270	126

(IFS)

表 2-9 シンガポールの国際資金フロー

(単位:百万米ドル)

	1993	1994	1995	1996	1997	1998	1999
財務収支	－1,212	－8,841	－4,734	－5,198	－13,234	－21,313	－17,367
資産							
直接投資	－2,152	－4,577	－6,281	－6,935	－8,858	1,525	－3,943
証券投資	－7,833	－7,840	－7,769	－11,955	－12,859	－8,741	－9,229
デリバティブ							
銀行貸付	769	－4,291	1,154	－3,533	－12,382	2,218	－10,705
負債							
直接投資	4,686	8,550	7,206	8,984	8,085	5,493	6,984
証券投資	2,867	114	410	940	－50	897	2,144
デリバティブ							
銀行貸付	1,949	5,409	4,423	8,031	18,687	－12,787	3,267

(IFS)

　これに対し,シンガポールは,財務収支の赤字幅がほぼ一貫して拡大しており,安定した資本輸出国である.対外投資の主力は証券投資(間接投資)であり,一方,対内投資の主力は対内直接投資である.

　韓国は,シンガポールと全く異なる構造を示し,アジア危機以前の1996年までは,一貫して財務収支の黒字,すなわち,資本流入の拡大を経験した(表

表 2-10 韓国の国際資金フロー

(単位:百万米ドル)

	1993	1994	1995	1996	1997	1998	1999
財務収支	3,217	10,733	17,273	23,924	－9,195	－8,438	
資産							
直接投資	－1,340	－2,461	－3,552	－4,671	－4,449	－4,799	
証券投資	－986	－2,481	－2,907	－6,413	1,076	－1,999	
デリバティブ	448	452	623	414	932	412	
銀行貸付	－3,993	－5,061	－9,199	－8,173	－8,336	6,970	
負債							
直接投資	589	810	1,776	2,326	2,844	5,415	
証券投資	11,088	8,713	14,619	21,514	13,308	775	
デリバティブ	－535	－565	－744	－331	－1,021	－1,066	
銀行貸付	720	7,368	11,389	9,952	－9,785	－6,233	

(IFS)

表 2-11 中国の国際資金フロー

(単位:百万米ドル)

	1993	1994	1995	1996	1997	1998	1999
財務収支	23,474	32,645	38,674	39,966	21,037	－6,275	7,667
資産							
直接投資	－4,400	－2,000	－2,000	－2,114	－2,563	－2,634	－1,775
証券投資	－597	－380	79	－628	－899	－3,830	－10,535
デリバティブ							
銀行貸付	1,564	5,178	6,021	4,995			3,232
負債							
直接投資	27,515	33,787	35,849	40,180	44,237	43,751	38,753
証券投資	3,646	3,923	710	2,372	2,185	－667	－1,311
デリバティブ							
銀行貸付	－415	－5,222	－4,045	－5,959	6,968	－3,150	－5,021

(IFS)

2-10).資金流入の中心は証券投資と銀行貸付(借入れ)であり,直接投資のウエイトは小さかった.危機以降,財務勘定収支が赤字(資本輸出または流出(返済))に転じたのは,タイ等と同様であるが,これは主に,銀行貸付(借入れ)の大幅な流出(返済)によって生じた.

　中国は,ほぼ一貫して大幅な財務収支の黒字を経験している(表 2-11).こ

の大量の資金流入の主力は対内直接投資であり，アジア危機に対しても耐久力のある資金フローの取り入れ構造を持っていた．

3. 国際資金移動が当事国(発展途上国)におよぼすインパクト
　　──直接投資を含む様々な金融形態の比較

　ここで，国際資金移動が発展途上の投資受入国におよぼすインパクトについて検討する．なお，直接投資が先進国である投資受入国におよぼす影響については，第9章で検討する．表2-12は，発展途上国全体に流入する毎年の資金フローの内訳を示したものである．長期の債務性資金の中には，公的援助資金と民間の長期貸付資金の双方が含まれるが，趨勢としては（表にはあらわされていないが）公的援助資金は減少気味であり，民間長期貸付資金は増加気味である．それよりも注目されるのは，直接投資の増加のテンポである．1980年時点では，発展途上国への流入資金全体の5％強に過ぎなかった発展途上国への対内直接投資は，1997年には，全体のほぼ50％に匹敵する割合を占めるに至っている．1998年には，米ドルベースの数値こそ，前年（1997年）の1,634億米ドルから，1,550億米ドルへと若干減少したものの，全体に占める割合は，5割を超えるに至っている．このように，発展途上国の資金流入全体に占める

表 2-12　発展途上国全体への資金フロー

(単位： 10億米ドル)

	1970	1980	1990	1997(pre.)	1998
ネットの資金フロー	11.3	82.8	100.8	338	275
（長期債務（IMFを除く））	6.9	65.2	43.4	118.7	82.9
（対外直接投資（ネット））	2.2	4.4	24.5	163.4	155
（株式・証券投資）	0	0	3.7	30.2	14.1
（贈与（技術協力を除く））	2.2	13.2	29.2	25.7	23
ネットの資金移転	2.5	26.3	28.5	221.9	145.4
（長期債務に対する金利支払い）	2.4	32.8	54.7	84.8	94.3
（直接投資についての利益送金）	6.5	23.8	17.6	31.4	35.3

(Global Development Finance)

対内直接投資の重要性は明らかである．

　対内直接投資の重要性は，東アジアおよび太平洋地域において一層顕著であり（表2-13），1997年時点で，643億米ドルと資金流入額全体の5割を超える水準に達している．更に，アジア危機後の1998年には，金額的には，610億米ドルと前年を下回ったが，資金流入全体に占める割合では，6割を超えた．こうした傾向は，東アジアおよび太平洋地域に次ぐ直接投資の受入地域であるラテン・アメリカおよびカリブ海地域（表2-14）でも見られる．これら地域では，アジア危機以降，対内直接投資の流入も若干鈍化したが，民間の債務性

表2-13　東アジア・太平洋地域への資金フロー

（単位：10億米ドル）

	1970	1980	1990	1997(pre.)	1998
ネットの資金フロー	2.2	13.1	27.8	122.6	95.6
（長期債務（IMFを除く））	1.2	10.6	12.2	46.7	24.1
（対外直接投資（ネット））	0.3	1.3	11.1	64.3	61
（株式・証券投資）	0	0	2.3	9.2	8.4
（贈与（技術協力を除く））	0.8	1.2	2.1	2.4	2.2
ネットの資金移転	1.6	3.5	10.7	89.3	58.2
（長期債務に対する金利支払い）	0.2	4.6	11.9	22.2	25.5
（直接投資についての利益送金）	0.4	5	5.1	11.1	11.9

（Global Development Finance）

表2-14　ラテン・アメリカ，カリブ地域への資金フロー

（単位：10億米ドル）

	1970	1980	1990	1997(pre.)	1998
ネットの資金フロー	4.2	29.9	21.8	116	83.2
（長期債務（IMFを除く））	2.9	23.2	10.2	41.8	21.4
（対外直接投資（ネット））	1.1	6.1	8.2	61.6	57.9
（株式・証券投資）	0	0	1.1	9.9	1.6
（贈与（技術協力を除く））	0.2	0.6	2.4	2.6	2.4
ネットの資金移転	0.8	7.5	−3.3	68.6	30.7
（長期債務に対する金利支払い）	1.4	17.6	18.8	33.8	37
（直接投資についての利益送金）	2	4.9	6.4	13.6	15.5

（Global Development Finance）

の資金および公的資金の流入の鈍化は一層大きかった．

　直接投資が発展途上の投資受入国にもたらすプラスの影響は3点考えられる．

　第1に，これまで本章で論じてきたように，他の資金形態に比して，安定性を持つこと，

　第2に，他の資金形態と異なり，投資家が直接的に現地事業に関与しこれを実効支配する意志を持つために，事業を成功させるためには，必然的に，資金以外の経営資源の海外現地法人への移転を伴うこと，

　第3に，出資部分については，海外現地法人にとっては，明らかに非債務性の資金であり，期限返済を迫られるものではないため，投資受入国にとっても，債務返済困難に陥る危険性が少ないこと，また，親会社から子会社への長期貸付部分についても，親子間のローンであり，通常の銀行貸出とは異なる柔軟な処理が期待できること，

　以上から，投資受入国から見て，他の資金形態以上に，対内直接投資を促進する理由がある．このため，近年，発展途上国の多くは，対内直接投資奨励に熱心であり，様々な振興策を取っている．その詳細は第6章および第7章で述べるが，ここではこうした奨励策を取るに際しては，海外直接投資を行う外国投資企業の側の投資動機・理由を了知しておくことが必要であることを指摘するにとどめたい．すなわち，初期の段階の外国投資企業は，輸出よりも海外現地事業によって外国市場にアクセスするほうが総合的に有利であるときに，海外現地生産を決意する．現代の多国籍企業は，グローバルな最適化を目指して，海外直接投資を行う．いずれも企業としての経済合理性を求めての行動であり，投資受入国の開発目的と完全に合致するものではないかもしれない．ここでの要諦は，両者の共通の利益を最大化し，利害の不一致点を最小化すること，一言でいえば，相互補完性を高めることである．企業にとって最も望ましい投資環境とは，カントリー・リスクが小さいことおよびビジネス機会が大きいことを前提とした上で，市場の機能を十分に活用できること，市場にかかわる法律等の諸制度の透明性が高く安定していること，制度が変更される場合には，十

分に予見可能性があること，そして市場にかかわる諸制度が国際標準に近いことである．これに対して，投資受入れ発展途上国の側では，対内直接投資受入れについての様々な規制を残したまま，政策優先分野には優遇措置を供与しつつ規制も緩和するという政策誘導を行う傾向がある．有効な政策手段が少ない発展途上国にとってはやむをえない面もあるが，「企業のグローバリゼーション」と開発とが有効に共存するためには，外国投資企業と発展途上投資国との一層の協議が必要であろう．

このテーマについては，次章（第3章）では，日本企業の対外直接投資動向に則して検討する．また，第4章で，一般的に海外直接投資行動の動機・理由とみなされている様々な理論・仮説について検討する中で，このテーマについても再考する．

1) 2000年度上期の大蔵省届出統計によれば，対外直接投資は，前年同期比半減したのに対し，対内直接投資は大幅増となった．このため，「対外直接投資」／「対内直接投資」の比率は，1.5程度にまで低下した．

参 考 文 献

植田和男（1992）『国際収支不均衡化の金融政策』東洋経済新報社
IMF, International Financial Statistics
IMF, Balance of Payments Statistics
World Bank, Global Development Finance

第 3 章

日本の海外直接投資動向およびその特徴

1. 日本の海外直接投資動向にみる特徴
　　——世界の趨勢，特に欧米のそれとの比較において

　日本の海外直接投資動向は，世界の趨勢とはかなり異なる，際立った特徴を持つ．第1に，何よりも欧米諸国に比べて，その歴史が浅く，比較的最近，特に1980年代に入って，本格的な対外直接投資が始まった．第2に，1980年代後半の劇的な増勢とは異なり，1990年代には一転して，日本の対外直接投資は伸び悩み，あるいは，穏やかな増加基調に変わっており，現在に至るまで，1989年のピークを回復していない．

　その一方，第1章で述べたように，1990年代に入って，世界の対外直接投資は欧米諸国を中心に急激に拡大しているので，日本の対外直接投資のウエイトは相対的にかなり低下している．

　ところで，日本の直接投資動向をより詳細に検討するにあたり，まず，ベースになる日本の直接投資統計について，簡単にレビューする．

　日本の直接投資統計は，第1章で述べた直接投資の国際的な定義に基づき作成されている．現実には日本では，大蔵省の作成する届出ベースの統計と日本銀行の作成する国際収支統計とが存在する．このほかに，通産省が行っている

包括的なアンケート調査がある．

　日本銀行の作成している国際収支ベースの統計は，外国為替銀行からの報告に基づき，現実に発生した，対外直接投資および対内直接投資の送金額を記録するものであり，現実の直接投資資金の動向を正確に知るには最も適した統計である．ただし，この統計では，国別の詳細は，主要国についてのみしか与えられていない．また，業種別詳細は与えられていない．したがって，直接投資動向の具体的な分析を行うにあたっては，困難な面がある．

　これに対して，大蔵省の届出ベースの統計は，海外直接投資を行おうとする個人・法人が，事前に送金総額を，大蔵省に届け出るものであり，必ずしも，現実の投資送金額をあらわすものではない．その意味では，日本銀行統計に比べると動向をあらわす上で，正確性にかける．しかし，この統計の利点は，国別，業種別，更には，国別業種別の詳細な数値が与えられる点である．日本の直接投資動向について論ずるとき，多くの場合，大蔵省届出統計が用いられるのはこのためである．本書でも基本的に大蔵省届出統計に基づいた分析を行い，必要に応じ，日銀統計および通産省調査でこれを補うこととする．

　なお，日銀統計の数値に比べて，大蔵省統計の数値はかなり大きいが，この理由は，1つには，先に述べた，両者の性格の相違によるものである．すなわち，前者（日銀）は，現実の送金額を，後者（大蔵省）は包括的な投資総額の事前届出をあらわすためである．言い換えれば，大蔵省統計は，現実の送金額の先行指標的な性格を持つともいえる．

　両者の数値が異なるもう1つの理由は，前者（日銀）は，過去の投資額の引き揚げ分を差し引いたネットの送金額という性格を持つのに対し，後者（大蔵省）は，基本的に過去の投資の引き揚げ分を考慮しないグロスの性格を持つためである．

　なお，米国の商務省統計[1]では，年1回のファイナンシャルサーベイで，現実の投資送金額について，株式投資，親会社―子会社間の長期貸付，および，再投資といった形態別に，国別業種別の詳細なデータを提供している．日本でもこうした，実際の送金額についての国別業種別の内訳を与える投資統計の一

さて，近年における日本の直接投資動向の際立った特長は，本節の冒頭に述べた2つの点に集約されるわけであるが，大蔵省届出統計にあらわれた戦後日本の直接投資動向のより長期的なトレンドを表3-1および3-2に基づき，概観

表3-1 日本の対外直接投資動向（全産業）

年度	対外直接投資フロー（百万米ドル）	北米（%）	中南米（%）	アジア（%）	欧州（%）	円米ドルレート 円／ドル
1968	557	33	7	14	28	
1969	665	19	15	30	14	
1970	904	21	5	19	37	
1971	858	27	16	28	10	
1972	2338	17	12	17	40	
1973	3494	26	24	29	10	273
1974	2395	23	29	31	8	293
1975	3280	28	11	34	10	299
1976	3462	22	12	36	10	292
1977	2806	26	16	31	8	257
1978	4598	30	13	29	7	201
1979	4995	29	24	20	10	229
1980	4693	34	13	25	12	217
1981	8932	28	13	37	9	228
1982	7703	38	20	18	11	250
1983	8145	33	23	23	12	236
1984	10155	35	23	16	19	244
1985	12217	45	21	12	16	222
1986	22320	47	21	10	16	160
1987	33364	46	14	15	20	138
1988	47022	48	14	12	19	128
1989	67540	50	8	12	22	143
1990	56911	48	6	12	25	142
1991	41584	45	8	14	23	133
1992	34138	43	8	19	21	125
1993	36025	42	9	18	22	108
1994	41051	43	13	24	15	99
1995	50694	45	8	24	17	96
1996	49172	48	9	24	15	112

（大蔵省届出統計より筆者作成）

表3-2 日本の対外直接投資動向（製造業）

年度	対外直接投資フロー （百万米ドル）	北米 (%)	中南米 (%)	アジア (%)	欧州 (%)
1969	133	3	17	50	1
1970	236	34	11	41	9
1971	290	11	20	43	7
1972	525	10	31	53	1
1973	1,496	18	37	33	6
1974	874	12	27	41	7
1975	924	15	27	40	4
1976	1,025	22	24	28	5
1977	1,074	20	23	31	5
1978	2,038	16	11	42	8
1979	1,693	26	20	26	10
1980	1,706	23	12	42	9
1981	2,305	44	11	30	9
1982	2,076	39	19	26	7
1983	2,588	38	19	29	10
1984	2,505	50	13	21	14
1985	2,352	52	14	20	14
1986	3,806	58	7	21	10
1987	7,832	62	2	21	11
1988	13,805	67	3	17	11
1989	16,284	59	1	20	19
1990	15,486	44	4	20	30
1991	12,311	48	3	24	22
1992	10,057	42	3	31	21
1993	11,132	37	3	33	18
1994	13,784	35	8	38	14
1995	18,623	39	2	43	11
1996	20,829	44	7	33	14

（大蔵省届出統計より著者作成）

すると3つの特長が看取される．

　第1に，日本の直接投資は戦後一貫して持続的な拡大傾向にある．ただし，本節の冒頭に述べたように，1970年代までは，直接投資規模は非常に小さいものであった．例えば，日本の製造業の海外生産比率（製造業の国内総生産に対するもの）は，かなり長期にわたって，2-3％の水準にとどまり，10％に達

したのは，この数年内の話である（通産省，海外事業基本調査に基づく）．言い換えれば，対外直接投資を通じた海外現地生産が，日本経済全体にとって，大きな意味を持ち始めたのは，ここ数年のことであるといえる．これに対して，米国企業の場合は，過去数十年にわたって，一貫して，20％以上の海外生産比率を達成している．すなわち，長期にわたって，米国経済にとって，海外直接投資及び海外現地生産の持つ意味は，日本企業および日本経済にとってよりもはるかに重要であった．ただし，日本企業の場合も，長期的に持続的・安定的な対外直接投資の拡大が続いた結果，直接投資のストックは着実に増加している．今後たとえ，年々の直接投資のフローに多少の増減があったとしても，海外現地生産の重要性は益々高まるものと見込まれる．

第2に，この持続的な増加は，単調なものではなく，過去に何度か急激な直接投資の拡大期とその後の安定的な推移の時期とを経験している．いわば「階段状の増加」ともいうべきものを経験している．こうした急激な投資の拡大期は，1970年代初頭，1980年代初頭，および1980年代の後半の3回あり，過去3度の投資ブームといわれた．更に，これに加えて，レベル的には1980年代末のピークにはおよばないものの，1990年代中ごろにも，若干の投資ブームを経験しており，これを第4回目の投資ブームと考えることもできる．

第3にこうした投資ブームの内容は時期によって様々に異なる．

第1回の投資ブームの際には，主たる投資先は，表3-1および表3-2に見るように，韓国・台湾等のアジアおよびブラジル，アルゼンチン等の中南米といった発展途上地域が多かった．この時期の直接投資は，ブレトンウッズ体制の崩壊後の急速な円高期に生じたものであり，急速にコスト競争力を失っていく繊維産業，家電産業等が，労働集約的生産の基地を，こうした中南米およびアジア地域に求めたものである．同時に，この時期に，これら発展途上地域では，労働集約的産業についての輸入代替的戦略を取るものが多かったため，日本企業によるアジア，中南米地域への労働集約的生産基地の移設には，これら諸国の輸入代替政策に対応した国内市場確保の意味もあった．

これに対し第2回および第3回の直接投資ブームは，先進国を対象に生じた

ものである．第2回目の投資ブームは，1980年代初頭に生じた．この原因は，1970年代後半から1980年代初頭にかけて，日本と米国および欧州諸国との間で，カラーテレビ，VTR，自動車等で相次いで深刻な貿易摩擦が生じたことである．こうした貿易摩擦を回避しつつ，輸出で確立した市場を確保するために，多くの日本企業は，本格的に先進国において現地生産を開始した．この結果，表3-1および表3-2に見るように，アジアおよび中南米はもはや日本企業にとっての主たる投資先地域ではなくなり，米国が最大の投資の受け手として，クローズ・アップされ，日本の年間対外投資フローの3割以上を占めるようになった．また，欧州諸国も投資の受け手としてのシェアを高め，次第にアジアに匹敵するようになった．

　第3回目の投資ブームは，1980年代後半，非常に劇的な形で生じた．このブームの契機は，1985年のプラザ合意である．周知のとおり，1980年代前半，日本円および欧州諸国通貨は米ドルに対して割安，米ドルはこれら通貨に対して割高の傾向にあり（「円安ドル高」），日本は米国に対して大幅な貿易・経常黒字，米国は日本に対して大幅な貿易・経常赤字を経験していた．1985年のプラザ合意は，主要国通貨間のレートが適正な経済状態を反映するまで，構造的な調整を行う必要があることを先進5カ国（日米独英仏）が確認し，これを主要国の協調的行動によって実施することを合意したものである．市場がこうした国際協同行動を重視した結果，1985年を境に，円の対米為替レートは急激に上昇し，この円高傾向は，多少の波はあるがほぼ一貫して1990年代央まで続いた．円高は，輸出による欧米市場へのアクセスにダメージを与え，逆に現地資産をより低いコストで入手できるようになることから対外直接投資・現地生産を促進する．1980年代後半には，米国向け直接投資は日本の対外直接投資全体の4-5割を，欧州向け投資は，2割前後を占めるようになり，欧米向けが日本の直接投資の主流になった．なお，この時期，中南米向けの直接投資もかなり大きな割合を占めたが，この大半は，パナマ，ケイマン，オランダ領アンチル諸島等への金融保険部門の投資であり，形式的には，直接投資であるが実態的には，節税効果を狙った金融資産の運用が多く証券投資（間接投資）

といってよいものである．なお，欧米向け投資は，1980年代前半から引き継いだ，製造業の本格的な現地生産のための投資に加えて，金融保険，不動産，サービス業（映画産業等）への巨額な投資プロジェクトが目立ったことが大きな特徴である．この結果，非製造業の投資が直接投資フロー全体の7割を占めるようになった．

この時期の，アジア向け投資は，欧米向け投資に比べて相対的には減少したが，金額的には堅調に増大した．この理由は，日本企業にとって，アジア諸国が次のような投資の立地としての優位性を持っていたためである．第1にアジア諸国の多くは，事実上，自国通貨を米ドルにリンクさせていたために，円高の為替リスクをこうむることがなかった．第2に，労働集約的生産にあたっては，日本よりもコスト競争力があった．この結果，特に，ASEAN諸国に対する日本企業の直接投資が進んだ．日本企業のアジア向け直接投資は，この時期にいわゆるアジアNIEsからASEAN諸国へとアジア域内で大きく方向転換が図られたが，この背景には，先の1985年のプラザ合意後，韓国等のアジアNIEsでは，現地通貨高・生産コスト高といった投資環境の悪化を生じ，日本企業がその投資先を，労働集約産業にとって，より有利な条件を持つASEAN諸国に振り替えたことがある．なお，この時期はちょうど，1980年代前半の輸入代替型経済政策の不調に悩むASEAN諸国が，外国投資の積極的な取り入れによる輸出振興政策へと転換した時期でもあり，外国投資企業の事情と投資受入国の事情とがちょうどマッチして，日本企業のアジア向け直接投資は順調に拡大した．こうしたアジア向け直接投資の堅調さは，この時期の欧米向け直接投資の劇的な拡大の蔭に隠れやすい事象であるが，留意すべき点である．

1990年代に入ると日本の対外直接投資は一転して低迷期を迎える．大蔵省届出統計ベース（円ベース）で見て，1989年度に史上最高の対外直接投資フロー額を経験した後，1990年度には微減，1991年度には大幅減，その後も微減と，1993年度まで，日本の対外直接投資は減少傾向をたどった（表3-3）．その後，1993年度をボトムとして，漸増傾向をたどり，1997年度に1つのピークに達した後，1998年度には，再度，減少を経験した．しかしながら，

表3-3　日本の対外直接投資フローの国別内訳

(単位：億円)

年度	1989	1990	1991	1992	1993	1994	1995	1996	1997	1998	1999
中　　国	587	511	787	1381	1954	2683	4319	2826	2438	1363	838
インドネシア	840	1615	1628	2142	952	1808	1548	2720	3086	1378	1024
タ　　イ	1703	1696	1107	849	680	749	1196	1581	2291	1755	910
マレーシア	902	1067	1202	919	892	772	555	644	971	658	586
フィリピン	269	383	277	210	236	683	692	630	642	485	688
シンガポール	2573	1232	837	875	736	1101	1143	1256	2238	815	1073
香　　港	2502	2610	1260	966	1447	1179	1106	1675	853	770	1083
台　　湾	662	653	554	376	343	292	439	587	552	287	318
韓　　国	799	419	357	291	289	420	433	468	543	387	1093
アジア	11003	10343	8107	8316	7672	10084	11921	13083	14948	8357	7988
米　　国	43691	38402	24671	17993	16936	18016	21845	24789	25486	13207	24868
北　　米	45485	39958	25763	18972	17591	18525	22394	25933	26247	14011	27629
英　　国	6989	9959	4945	3853	2946	2259	3332	3873	5054	12522	13070
欧　　州	19727	20975	12832	9176	9204	6525	8281	8305	13749	17937	28782
中南米	6991	5289	4547	3525	3889	5499	3741	5008	7775	8274	8295
世界計	90339	83527	56862	44313	41514	42808	49568	54094	66229	52169	74390

(大蔵省届出統計より著者作成)

1999年度には，前年度全体の対外投資額を上回る対外直接投資フローを経験しており，全体として，日本の対外直接投資は，1990年代初頭の低迷期を脱しつつあると見られる．1990年代初頭における不振の最大の原因は，北米向け直接投資の減少であり，これは，投資母国である日本のバブル崩壊後，北米への金融保険，不動産，サービス業の投資が大幅に減少したためである．北米向け製造業投資もまた不振であったが，これは，次節で述べるように，在北米現地法人の事業収益性が1980年代後半から1990年代初頭にかけて，低迷したことに起因している．

　北米向け直接投資は，1990年代前半を通じて，低迷したが，これは，バブル崩壊後日本企業の多くに，こうした投資を行う余力がなくなったことと，過去の (1980年代後半以降の) 投資の成果が思わしくなかったことに帰することができる．特に，1980年代のように非製造業分野のモニュメンタルな巨額案件のM&A (企業買収・合併) による直接投資は今後も容易に回復が見込め

ない．その一方，別のタイプのM&A，すなわち，先端産業分野において，北米企業ないしは欧州企業の優れた経営資源を即効的に取り入れようとするためのM&Aは，今後一層盛んになる可能性がある．

また，一方で，従来型の，新規プロジェクトに対する製造業の直接投資（いわゆるグリーン・フィールドの投資）も拡大する可能性がある．次節で述べるが在北米の日系企業の収益性は，1990年代を通じて次第に回復しており，この結果，日本企業も新規投資に関してより積極的になる可能性がある．実際，米国自動車市場の好調から日本の自動車会社の中には，直接投資フローを拡大しているものもある．

欧州においてもほぼ同様のことがいえる．日本企業の収益性は，1990年代を通じて徐々に回復しており，日本企業は従来型の製造業投資および企業競争力強化のためのM&Aを増強する可能性がある．EU市場統合および通貨統合が現地市場を目ざした新たな投資を喚起する可能性もある．

一方，アジアでは，1980年代以降一貫した収益性の高さから，1990年代に入っても，日本企業の投資は他地域に比べて順調であった．ただし，アジア域内では，投資先の再配置が進行し，1990年代央には，中国向け投資の伸びが著しく高くなった．更に，第6章で述べるように，アジア危機を経験して，日本のアジア向け投資は，新たな転機を迎えていえるといえる．

2. 日本企業のグローバリゼーション

企業という主体から見たグローバリゼーション（「企業のグローバリゼーション」）の基本的な定義については既に第1章1節で論じた．グローバリゼーションを実施する能力のある企業は直接投資・海外現地生産や国際貿易を通じて，世界的規模の最適化を図り，貿易に比して，直接投資がますます重要な手段になっているというのがそこでのポイントであった．この点を日本企業に当てはめて考えてみるとどうであろうか．本章の冒頭1節で，海外生産比率を用いて，日本企業の対外直接投資・海外展開は欧米企業に比べるとかなり出遅れたと論じた．欧米企業との格差を，海外市場へのアクセス手法という視点で捉

えると，日本企業と欧米企業との違いが顕著になる．日本の場合，輸出によって海外市場にアプローチするのが7割，直接投資・海外現地生産によって対応するのが3割であるのに対し，欧米企業の場合，輸出の割合は3割に過ぎず，直接投資・海外現地生産が7割であるとの見方もあるが，現在では，日本企業の場合も，もう少し海外現地生産のウエイトが高まっている．通産省調査からみると，日本の場合，海外現地生産が未だ輸出額におよばないが，そのギャップは急速に縮まっている[2]．ただし，これは，世界全体の海外現地法人の売上が世界全体の輸出額の2倍近くに達するという世界のグローバリゼーションのトレンド（第1章2節）とは依然としてかなり隔りがあるといわざるをえない．

　一言でいえば，日本企業の場合，かなり長期にわたり，「輸出によるグローバリゼーション戦略」に重点を置いており，「直接投資を中心としたグローバリゼーション戦略」の展開は遅れた．1980年代以降，日本の対外直接投資はかなりの割合に達したが，こうした輸出から直接投資へのシフトの原因は，欧米諸国との貿易摩擦とか円高とかいった，「輸出によるグローバリゼーション戦略」を妨げるような外生な要因であることが多い．

　日本企業がなぜ長期にわたって輸出によるグローバリゼーション戦略に固執したかについては，改めて第5章で論ずるが，一言でいえば，日本企業の競争優位を，国内生産において最も有効に発揮できたからである．すなわち，日本企業にとって，低コスト・良質の工業製品を，効率的に大量に生産し得る立地，また必要に応じ多品種少量の生産を行い得る場は日本である．投資の立地としての競争優位を持つ日本で効率的に生産した製品を輸出することによって，輸出によるグローバリゼーション戦略を成功裏に遂行することができた．

　しかし，円高および貿易摩擦はこうした日本企業の生産システムおよびグローバリゼーション戦略にとっての与件を覆す大きな外生的ショックであり，日本企業は，「輸出によるグローバリゼーション戦略」[3]から「直接投資および海外現地生産によるグローバリゼーション戦略」に転換することによって，こうした外生的ショックに立ち向かわざるをえなかった．

ひとたび，こうしたグローバリゼーション戦略の転換が図られれば，次には，世界的規模での，直接投資および海外現地生産の最適化が図られねばならない．すなわち，世界的視野で，最適な生産拠点，販売拠点，研究開発拠点，資金調達拠点，部品調達拠点等の立地が求められねばならない．ここで，1つの重要な指標となるのは，日本企業の保有する海外現地法人の，各主要地域・国別の収益性である．単純化して考えれば，ある特定地域・国に所在する海外現地法人の収益性が他地域のそれよりも高ければ，この地域・国には，追加的な投資機会が存在することを意味する．この場合，日本企業は新たな（追加的な）海外直接投資をこの地域・国に対して行おうとするだろう．逆に，もしも，ある特定地域・国の収益性が他地域よりも低ければ，日本企業は，この地域・国に対する投資を手控えるようになるであろう．こうして追加的な海外直接投資を，各地域国の収益性を指標として，これを見比べながら追加的な直接投資フローを操作することによって，世界規模での最適化を達成するものと考えられる．このように，海外直接投資および海外現地生産を通じた世界規模での最適化，すなわち，グローバリゼーションが徹底すれば，長期的には，各主要地域・国の収益性は，次第に均等化する傾向を持つと考えられる．こうしたグローバリゼーション戦略に基づけば，海外直接投資のフローは，収益性の低い地域・国には手控えられ，収益性の高い地域・国には拡大することになる．

　表3-4に国際協力銀行の毎年の調査に基づく主要地域別の収益性また表3-5に通産省の海外事業基本調査に基づく主要地域別の売上高経常利益率が示されているが，これまでの議論から，こうした指標は，毎年の直接投資のフローを考える際の基準になるものと考えられる．ちなみに両指標は，相対的に収益性の高いアジアと相対的に収益性の低い欧米，中南米といった重要な共通点を持っている．

　ただし，ここでもう一点留意すべきことがある．表3-6には，国際協力銀行の毎年の調査に基づく，各主要地域別の海外直接投資の理由が示されている．これによると，先進国であると途上国であるとを問わず，日本の主要製造業企業にとって，最も重要な投資の理由は「投資先の現地市場の確保および開拓」

表 3-4 日系現地法人の主要地域別収益性

年度	NIEs	ASEAN	中国	他のアジア	USA/カナダ	EU	中南米
1991	3.12	3.15		2.81	2.27	2.93	
1992	3.34	3.19		2.97	2.26	2.55	
1993	3.31	3.15	2.88	2.97	2.26	2.29	2.61
1994	3.04	3.2	2.83	2.97	2.46	2.35	2.65
1995	3.17	3.15	2.75	2.63	2.72	2.52	2.91
1996	3.24	3.2	2.55		2.88	2.81	2.89
1997	3.31	3.21	2.65		3.07	2.99	3.16
1998	3.29	2.76	2.67		3.14	2.99	3.05
1999	3.07	2.74	2.61		2.97	2.78	2.67

(国際協力銀行)

5段階評価
1：不満足　　2：やや不満足　　3：平均　　4：やや満足　　5：満足

表 3-5 売上高経常利益率（製造業）

年度	中南米	米・加	欧州	アジア	世界
1983		1.9	4.2	3.9	3
1984		0.9	2.8	4.7	1.9
1985		－0.5	1.7	2.9	1.3
1986		0.7	1.2	2.3	1.4
1987		0.4	2	4	2.2
1988		0.7	2.3	4.4	2.9
1989		0.2	2.3	3.8	1.8
1990		－0.9	3.2	5	1.8
1991	－2.4	－1.9	－0.6	4.8	0.9
1992		－0.3	－2.5	5.1	1.1
1993	3	0.1	－1	3.8	1.4
1994	7.6	1.9	1.2	4.1	2.9
1995	11.8	2	1.3	4.1	3.1

(通産省調査)

である．これは，本節の冒頭述べた「輸出によるグローバリゼーション戦略」から「海外直接投資・海外現地生産によるグローバリゼーション戦略」への転換が，当初，輸出市場の維持・確保のために行われたことを考えれば，当然のことと考えられる．

表 3-6(1) 主要地域別直接投資動機の推移（中南米，アセアン，米・加）

中南米 (単位：％)

	1990	1991	1992	1993	1994	1995	1996	1997
A	66.7	60.9	36.7	55.2	42.5	60	47.6	55.4
B	8.3	17.4	16.7	20.7	32.5	44.4	45.2	42.9
C	0	0	3.3	3.5	2.5	8.9	4.8	8.9
D	8.3	8.7	13.3	17.2	7.5	28.9	23.8	26.8
E	16.7	0	3.3	6.9	5	8.9	7.1	1.8
F	8.3	8.7	3.3	3.5	2.5	2.2	2.4	3.6
G	41.7	21.7	6.7	10.3	5	24.4	26.2	23.2
H	41.7	4.3	10	13.8	12.5	20	14.3	16.1
I	8.3	8.7	3.3	3.5	12.5	20	21.4	23.2
J	8.3	0	13.3	3.5	5	2.2	7.1	12.5
K	0	4.3	3.3	0	0	0	0	1.8
L	0	4.3	0	0	7.5	13.3	7.1	7.1
M	8.3	4.3	0	0	2.5	4.4	11.9	3.6

アセアン (単位：％)

	1990	1991	1992	1993	1994	1995	1996	1997
A	39.8	47.8	46.4	50.5	54.8	64.7	63.6	65.7
B	19.5	12.2	15.5	20	13.5	31.5	32.7	37.1
C	17.7	8.7	10.3	21	23.2	36	25.3	25
D	13.3	16.5	12.4	32.4	23.9	42.6	38.3	45
E	0.9	2.6	3.1	1	1.3	1.5	1.2	1.4
F	9.7	12.2	16.5	7.6	7.1	5.6	4.9	6.4
G	31.9	23.5	18.6	20	22.6	31	37	35.7
H	38.1	27.8	27.8	20	20.6	40.1	36.4	30
I	4.4	6.1	8.2	17.1	17.4	32.5	24.1	20.7
J	6.2	12.2	9.3	1	4.5	5.1	3.7	6.4
K	0.9	4.3	5.2	1.9	1.3	3	3.1	1.4
L	2.7	0.9	4.1	10.5	9.7	21.8	8.6	16.4
M	2.7	3.5	2.1	2.9	3.9	6.6	8.6	10.7

米・加 (単位：％)

	1990	1991	1992	1993	1994	1995	1996	1997
A	53.4	57.7	54.9	55.6	55.9	77.3	82.1	76.8
B	22.7	25.2	18.7	12.2	9.8	25	29.5	22.2
C	5.7	2.4	4.4	5.6	6.9	16.7	10.5	9.1
D	0	2.4	0	1.1	5.9	13.6	11.6	8.1
E	20.5	9.8	16.5	6.7	12.7	11.4	10.5	6.1

F	10.2	10.6	8.8	2.2	2	1.5	4.2	3
G	25	18.7	12.1	20	30.4	23.5	30.5	31.3
H	1.1	0	2.2	0	2	2.3	2.1	2
I	9.1	5.7	4.4	3.3	11.8	21.2	16.8	19.2
J	2.3	1.6	5.5	3.3	2	1.5	3.2	5.1
K	1.1	1.6	1.1	0	1	0.8	3.2	1
L	2.3	0.8	1.1	8.9	17.6	24.2	21.1	20.2
M	18.2	10.6	8.8	13.3	9.8	15.2	13.7	18.2

A：既存市場の確保　　B：新規市場の開拓　　C：対日輸出基地　　D：第3国向け輸出基地　　E：貿易摩擦対応　　F：国際的垂直分業　　G：国際的水平分業　　H：低コスト労働の確保　　I：組立て企業への部品供給　　J：原材料の確保　　K：投資先国からの要請　　L：為替リスクの回避　　M：現地市場にあった商品の開発

(国際協力銀行)

　当然のことながら，収益性の確保と売上の確保とは，全ての企業にとっての2大命題であり，この両者を両立させることが最も望ましい．それが困難なとき，当面は，売上の確保のための投資行動がまず優先されるが，長期的には収益性の規準が貫徹されるというのが一般的なパターンであると考えられる．すなわち，海外現地生産によって現地市場を確保するためには生産拠点および販売拠点等の構築のために一定期間にわたる投資が必要であり，この立ち上がり期間中は収益性低下の犠牲を甘んじて受けざるを得ない面がある．しかしながら長期にわたって低い収益性から脱却できなければ，この地域・国における事業そのものを見直さざるをえなくなる．このため，短期では売上の基準が，長期では収益性の基準がより重視されることとなる．売上と収益性の関係は，海外に設立する生産・販売拠点の性格にも依るであろう．巨大な国内市場を有する米国に対する直接投資の場合，そのほとんどが，現地市場の維持・確保・拡大のための投資である．こうしたケースでは，かなり長期にわたって，売上の確保が収益性の確保よりも優先されるであろう．売上の確保のための投資にはかなりの金額と期間とを要するためである．これに対して，投資先国自身の国内市場はそれほど大きくなく，むしろ，輸出拠点としての色彩が濃いアジア

表 3-6(2) 中国向け直接投資の動機

(単位：%)

	1991	1992	1993	1994	1995	1996	1997	1998	1999
A	22.9	39	33.6	34.3	48.1	62.4	63.5	55.8	68.8
B	28.6	37.3	44.9	54.2	54.1	53.9	54.8	47.9	48.4
C	8.6	8.5	19.6	22.3	36.6	35.5	31	22.1	23.4
D	8.6	6.8	15.9	15.7	32.2	34.8	31	19.6	20.3
E	2.9	3.4	0.9	0	1.1	0.7	1.6	N.A.	N.A.
F	2.9	5.1	3.7	1.8	4.4	3.5	2.4	N.A.	N.A.
G	14.3	6.8	15	17.5	31.1	33.3	27.8	24.5	14.1
H	40	11.9	30.8	31.3	59	46.1	33.3	41.1	29.7
I	0	3.4	12.2	10.2	21.3	12.8	9.5	12.9	14.1
G	5.7	11.9	1.9	1.2	4.4	1.4	4	N.A.	N.A.
K	14.3	16.9	6.5	5.4	8.2	4.3	3.2	N.A.	N.A.
L	0	5.1	6.5	4.8	13.7	5.7	6.3	6.1	N.A.
M	2.9	3.4	1.9	1.2	6	12.8	8.7	9.8	14.1

A～Mの記号の意味は表 3-6(1) に同じ. (国際協力銀行)

NIEs や ASEAN 諸国向けの直接投資の場合には，収益性に対する反応はより鋭敏であると考えられる．収益性が，輸出拠点としての競争力・効率性を敏感に反映すると考えられるためである．

以上の議論を踏まえて，これまでの日本の対外直接投資フローの動向（表 3-1，3-2 および 3-3）と収益性（表 3-4 および表 3-5）の関係を整理するといくつかの特徴が看取される．その第 1 は，1980 年代後半における日本の対外直接投資の大幅拡大期には，その主力は，北米および欧州向けの直接投資であったが，この時期には，この地域での海外現地法人の売上高経常利益率は一貫して不振であり，むしろ悪化する傾向すらあった．これに対して，1990 年代に入ると，収益性が，アジア地域に比べて相対的に芳しくなかった欧米への投資は相対的に不振になり，代わって，比較的収益性のパフォーマンスの良いアジア向けの直接投資が順調に伸びた．その意味で，本節でこれまで述べてきた収益性と直接投資フローとの関係は，1990 年代のほうが，より適合的であると考えられる．

同時に，もう1つの点，すなわち，現地市場確保のための投資か，或いは，輸出拠点の設立のためかといった点も，大きな影響をおよぼしていると考えられる．1980年代後半の米欧向け直接投資は，再三述べているように，円高と貿易摩擦に対応して現地市場を確保するためのものであった．したがって，収益性に対する感応度は当初比較的鈍かった．これに対して，アジアNIEsやASEAN諸国に対する投資は同じ円高と貿易摩擦に対応するものでも，輸出基地建設の割合がかなり高い．したがって，収益性に対する感応度もかなり高いものと思われる．同じ，アジアでも現地市場に対する供給の期待がかなり高い中国では，かなり異なる状況が生じている．前節で述べたように，1990年代を通じて，日本の中国向け投資は急激に増加した．これは第1章および第2章に見たように，世界的に，中国向け投資が急増したのと同様の傾向である．しかしながら，日本企業の場合，中国における現地生産事業の収益性が，他のアジア諸国に比べて，むしろ悪いことが注目される．それにもかかわらず，日本の中国向け投資は1990年代の大半を通じてほぼ堅調に増加しており，特に1990年代中ごろには，急速に拡大した．この間の関係は，ちょうど1980年代後半の，日本の北米および西欧向け直接投資の急激な拡大を髣髴させる．既に述べたように，1980年代後半には，北米・西欧向け直接投資フローの拡大と，これら地域での現地生産事業の収益性低下とが同時に生起したのである．その後，1990年代初頭には，欧米向け投資は若干減少したことは既にみた通りである．このように考えると，日本の中国向け投資も，収益性に顕著な改善が見られない限り，今後は減少に転ずる可能性があり，現実にこの2～3年，そうした減少傾向も看取される．

　なお，1990年代央以降には，北米および欧州の収益性に顕著な回復が見られる．この結果，日本企業のこれら地域への投資にも，ある程度回復が見られる．もちろん，米欧向け直接投資の再度の増加の理由としては，収益性の回復に加えて，自社の競争力回復のためのM&Aの急増もある．

　いずれにせよ，日本企業が「海外直接投資と現地生産を通じたグローバリゼーション」に注力すればするほど，長期的には，世界規模での最適化戦略を通

じて，主要地域・国別の収益性均等化への力が働くものと考えられる．

ただし，こうした，「輸出によるグローバリゼーション」から「海外直接投資と現地生産を通じたグローバリゼーション」への転換は，常にスムースに進むわけではない．転換に伴う問題点の詳細については，第5章で論ずるが，そのポイントは，国内の立地基盤をベースにして，企業固有の国際的な競争優位を築いてきた日本企業にとって，「輸出によるグローバリゼーション」から「直接投資によるグローバリゼーション」への転換の過程で，海外現地生産において，いかに国内をベースにした固有の競争優位を維持するかという根本的な問題の解決を迫られることである．しかしながら様々な問題があるにしても，こうしたグローバルなネットワーク展開の中で，企業の競争優位を再構築し，増強していくのでなければ，グローバリゼーション戦略の成功はおぼつかない．これこそが効率的な生産プロセスを保有することを主な国際競争力の淵源とする日本企業の抱える基本的なテーマである．

同時に，日本企業が解決を迫られるもう1つの重要なテーマがある．それは，これまで日本企業が必ずしも十分な国際競争力を有しなかった情報・通信等の最先端分野において，M&A等の手法を利用しつつ，如何に速やかに，国際競争力を獲得するかという問題である．これについては次節で論ずる．

3. 海外直接投資とM&A

第1章で述べたように，クロスボーダーM&Aの隆盛は世界的な現象であり，最近の海外直接投資の8割以上を占めるようになっている．北米および欧州を出自とする多国籍企業がこの動きの中心であるが，既に触れたように，日本企業のこの分野での活動は非常に限られたものである．すなわち，日本企業は，1990年代，アジア向けを中心に，製造業の新規投資（いわゆるグリーンフィールドのFDI）には熱心であったが，先進国間のM&Aにはそれほど積極的ではなかった．これは，上記2節で述べたように，日本企業は相対的に収益性が高く，輸出拠点の立地に優れ，企業固有の競争優位の回復に大いに寄与すると見られたアジアでは，国際ネットワークの構築に熱心であったが，先進国を中

心としたM&Aには，積極的になれない事情があったためである．その理由の第1は，1980年代後半から1990年代初頭にかけて日本企業が行った，非製造業中心の大規模企業買収プロジェクト（M&A）の多くが不成功でありいわゆる，「高値買いの安値売り」で大幅な損失を出す結果に終わったことである．このことは，多くの日本企業に，M&Aで成功するには特殊なノウハウ・専門知識・技術が必要であり，かりにそれらを保有していたとしても，M&Aはリスクの多いビジネスであることを痛感させた．

第2に，製造業におけるM&Aの経験も必ずしも芳しいものではなかった．既存企業の買収（M&A）による現地生産と慎重な事前準備に基づくグリーン・フィールドからの新工場たち上げ（グリーン・フィールド投資）を比較した場合，後者のほうが自社の生産システムの優位性を生かしやすく，やりやすいとの考え方を持つ日本企業は数多く存在する．日本企業の優位性は，既存企業をそっくり買収した場合には，十分生かすことはできず，むしろ教育訓練に余分な投資を必要とするので不効率であるとの考え方である．こうした2つの理由から，1990年代に入っても，日本企業は欧米企業に比して，M&Aに消極的であった．

しかしながら，90年代のIT革命の劇的な進行は国際ビジネス環境を全く変えてしまった．技術革新のテンポが速まり，新製品の研究開発に成功しつづけない限り，国際競争に勝ちつづけることは難しくなった．その一方で，IT革命の幅が広がると，広い研究開発の領域を一社の限られた経営資源でカバーすることは困難になり，企業間の連携で対応する戦略的提携や他企業の経営資源を即効的に利用するためのM&Aが活発になった．いわば，国際競争力を強化し，国際競争に生き残るための有力な手段として，M&Aが位置付けられるようになった．周知のとおり，欧米企業間でクロス・ボーダーM&Aが活発化しているのはこうした事情による．

日本企業は，先に述べた2つの理由から，こうしたM&Aの戦略的重要性を認識し，これを利用することに，若干遅れをとったように見られる．これが，1990年代を通じて，日本企業の対外直接投資が相対的に重要性を失い減少し

たことの1つの理由でもある．しかしながら，最近になってようやく日本企業もM&Aが自社の競争力強化のために重要な役割を果たすことを認識し出した．2000年度上期の日本の対外直接投資・対内直接投資は共に大きく伸長し，しかもその中身はかなりの程度M&Aによるものであったことに，欧米型への変化の兆しが端的にあらわれている．

　今後検討しなければいけない最大の問題は，伝統的に日本企業が持っていた生産システム上の優位性とM&Aの多用による新た競争力獲得という2つの対極にある要素をどのように効率的に結びつけていくかである．前者の優位性の基盤については，第5章で改めて論ずるが，著者は，一言でいえば，取引当事者の長期取引志向が存在することが最大の基盤と考える．これは，短期的な機会主義を廃し，長期取引志向を重視する考え方であるが，こうした伝統的な見方と，市場で即効的に必要な経営資源を調達しようとする考え方との間にどのような調和を取っていくのかが日本企業に与えられた現下の最大の課題である．この点については，改めて第5章で論ずる．

1) 米国商務省は月刊誌 Survey of Current Business を発刊しているが，年1回直接投資統計の特集をベンチマーク・サーベイとして行っている．
2) 通産省，海外事業基本調査，1996年による．
3) ここでのグローバルな最適化は，生産立地の最適地は日本であると前提したうえで，最適な輸出市場を探索することを意味する．

参 考 文 献

安保哲夫，板垣博，上山邦雄，河村哲二，公文博（1991）『アメリカに生きる日本的生産システム―現地工場の「適用」と「適応」』東洋経済新報社
稲葉和夫（1999）『海外直接投資の経済学』創文社
小島清（1985）『日本の海外直接投資』文眞堂
小林英夫（2000）『日本企業のアジア展開』日本経済評論社
篠崎彰彦，乾友彦，野坂博南（1998）『日本経済のグローバル化―対内外直接投資と貿易構造の実証分析』東洋経済新報社
砂田透・本地三千子・千明誠（1993）『日本の東アジアにおける海外直接投資―家電産業の分業体制の変化と技術移転』通商産業省通商産業研究所
関満博（1993）『フルセット型産業構造を超えて』中公新書
通商産業省『わが国企業の海外事業活動』各版
洞口治夫（1992）『日本企業の海外直接投資，アジアへの進出と撤退』東京大学出版

会
藤本隆宏・武石彰（1994）『自動車産業，21世紀へのシナリオ—成長型システムからバランス型システムへの転換』生産性出版
堀坂浩太郎・細野昭雄・長銀総合研究所編（1996）『ラテン・アメリカ企業論—国際展開と地域経済圏』日本評論社
堀坂浩太郎・細野昭雄・長銀総合研究所編（1996）『ラテン・アメリカ民営化論—先駆的経験と企業社会の変貌』日本評論社
松田健（1996）『アジアから見た日本の「空洞化」—金型産業の世界地図が変わる』
Catholic University of Louvain ed.(1990), "Japanese Presence in Europe" Europe-Japan Economic Research Centre, Catholic University of Louvain
Doherty, Eileen M. ed. (1994), "Japanese Investment in Asia — International Production Strategies in a Rapidly Changing World" The Asian Foundation, BRIE
Garnaut, Ross and Drysdale, Peter (1994), "Asia Pacific Regionalism: readings in International Economic Relations", Harper Educational Publishers and the Australian National University
OECD (1994), "Trade and Investment: Transplants" Paris: OECD
Kohsaka, A. & Ohno, K., (1996) "Structural Adjustment and Economic Reform: East Asia, Latin America, and Central and Eastern Europe", Tokyo: Institute of Developing Economies
Tejima, Shigeki (1995), "Future Trends in Japanese FDI", *Transnational Corporations*, Vol. 4, No. 1
Tejima, Shigeki (1998), "Foreign Direct Investment of the main investors in Latin America and The Caribbean — Japan", Inter-American Development Bank and Institute for European-Latin American Relations (eds.) *Foreign Direct Investment in Latin America: Perspectives of the Major Investors*. Madrid: Inter-American Development Bank and Institute for European-Latin American Relations, pp. 83-103
Thomsen, Stephen and Nicolaides, Phedon (1991), "The Evolution of Japanese Direct Investment in Europe — Death of A Transistor Salesman", Harvester Wheatsheaf
Graham, Edward M. and Krugman, Paul R. (1991) "Foreign Direct Investment in the United States, second edition" Washington D.C.: Institute for International Economics
UNCTAD (1996), "Incentives and Foreign Direct Investment", New York and Geneva: United Nations

第 4 章

直接投資についての諸理論および仮説

1. 合理的行動としての直接投資が国民経済及び国際経済におよぼすインパクト

　前章まで，日本および世界の直接投資の動向を中心に論じてきたが，こうした企業行動はどのような理由で生じたか，という根本的な命題を検討する必要がある．これまで述べたように，直接投資は世界経済の一体化・グローバル化の主力になりつつあり，投資母国にも，また，投資受入国にも大きな影響を与えるので，こうした企業行動の実態の正確な把握が必要である．本章では，直接投資行動に関しこれまで行われてきた議論の大きな流れをとりまとめる．ただし，過去の理論・仮説を学説史的に精緻に網羅するのではなく，そのうちの主要なもの幾つかにつき現代の直接投資を考える際の有効な分析用具として見直すことを意図したものである．

　ところで，直接投資に関する議論の1つの出発点は，なぜ企業は直接投資という行動パターンを取るかという点を，他の取引形態との比較で検討するものである．例えば，「輸出」や「技術ライセンス契約」との比較で，こうした他の取引手段を利用することなく，直接投資という手段を用いるのはなぜかを考える．これは，言い換えれば，企業の合理的選択行動の結果，直接投資が選ば

れる理由および過程を明らかにすることに他ならない．

次に，直接投資が選択され，実施された後に，これが投資母国および投資の受入国，更に，国際経済社会全体にどのようなプロセスを経て影響を与えるかが，検討されねばならない．特に，国内市場に比べて十分大きい，或いは一国の経済規模と比べてすらも十分大きく，場合によっては，統合された世界市場の中でもかなり大きな規模を持ち得る多国籍企業が，合理的に行動した場合，国民経済および国際経済社会にどのようなインパクトを与えるかの検討が必要である．

また，若干異なる角度であるが，直接投資は，国際的な資金移動の1つの形態でもあるので，他の資金形態，例えば，証券投資や銀行貸付と比較したときに，どのような類似点・相違点，ないしは，利点・問題点があるのかを検討することも重要である．

実際，直接投資論の嚆矢とされるハイマーの直接投資に関する仮説の出発点となったのは，「直接投資の行動パターンは，通常想定される国際金融の動きとは異なり，国際的金利差に反応して瞬時に移動するものではない」ことに着目したことである．ハイマー自身は，1960年代における国際資金の流れの観察の結果，こうした着眼を得ているが，われわれは既に第2章で，1990年代の国際資金の流れを見て，直接投資と証券（間接）投資および銀行貸付とは全く同じ行動パターンを取るものではないこと，直接投資の動向が比較的安定しているのに対し，証券投資と銀行貸付とは，非常に変動が激しいことを見てきた．

投資受入国の開発という視角からも，1997年のアジア危機を契機として，証券投資および銀行貸付のVolatilityの高さとの対極にある直接投資の安定性に着目されることが多く，直接投資が投資受入国の経済開発におよぼすプラスの効果が改めて見直されている．

2. マクドーガル・モデル

まず，国際的な金利差に反応して，（水が高いところから低いところに流れ

るのとはちょうど逆に），低金利国から高金利国に資本が流れるという，最も基本的な状況からスタートすると，マクドーガル・モデルに基づいて，国際資本移動に伴い，投資母国と投資受入国の利益と損失およびその生産要素の所得配分ならびに国際経済全体に大きな影響が生ずることを知ることができる．

　世界がJ国とU国の2つのみから成り立つとする．前者を先進国（グループ），後者を発展途上国（グループ）と考えてもよい．次にこのJ，Uの2国（或いは2国家群）よりなる世界で生産しているのは，ただ一種類のみの財Mであり，この財の生産に要する生産要素は「資本」（K）および「労働」（L）の2つであるとする．「労働」とは財Mの生産に必要な労働投入量，「資本」とは，財Mの生産に必要な工場機械設備であると考える．資本に対する支払い（資本から見れば報酬）は「資本レンタル料」（r）であり，労働に対する支払い（労働から見れば報酬）は「賃金」（w）である．資本市場，労働市場共に，J，U両国において，完全競争状態にあり，資本の限界生産力＝「資本レンタル料」，労働の限界生産力＝「賃金」である．「資本」「労働」「資本レンタル料」「賃金」の全ては，世界でただ1つの生産物である財Mで計ることができるとする．すなわち，Mの1単位の価格は1であるとし，「資本」の支出も「賃金」「資本レンタル料」の支払いも全て，Mで行われる．なお，これまでの議論は全て実物の財，生産要素および生産要素に対する報酬を取り扱っており，貨幣の概念は存在しないが，共通した価値尺度であり支払手段でもあるM財が貨幣の役割を果たしているとも考えられる．この場合，実物である工場設備の建設のための支出（資本ストックの追加）は，同額の資金の資本支出（投資）と同じ意味であり，この場合，「資本レンタル料」は「実質金利」と同意語になる．

　J国では，労働に比べて資本が豊富であり，いわば先進国（グループ）である．U国では，労働に比べて資本が希少であり，いわば発展途上国（グループ）である．この前提から，J国ではU国に比べて，「金利」は低く，「賃金」は高い．

　ここで，ヒト（「労働」）の移動は自由でなく，一方，「資本」は，自由に国

際移動すると考える．

　以上のような想定のもとで，もしも最初の出発点では J, U 両国間にヒト（労働）の国際移動もカネ（資本）の国際移動も存在しないとすれば（また，両国で各々が生産している同一の財についての両国間の国際貿易は存在しないとすれば），この 2 つの国は各々鎖国状態にある（以下 63 ページ 20 行目までの議論は基本的に日本輸出入銀行直接投資研究会報告書「直接投資と経済政策」の浦田秀次郎による）．この場合，資本豊富な J 国の金利は資本が希少な U 国よりも低く，J 国の賃金は，U 国の賃金よりも高い状態が続く．縦軸に金利，横軸におのおのの国が保有する資本の量を測ったとき（J 国にとっての原点は Oj，U 国にとっての原点は Ou であり，それぞれ反対の方向に測る），図 4-1 の状態となる．J 国は U 国に比べて資本が豊富なので，$O_jC > O_uC$ であり，r_j（$= O_jr_j$）（J 国の金利（資本レンタル料））$< r_u$（$= O_ur_u$）（U 国の金利（資本レンタル料））である．ただし，JD は J 国における資本に対する需要曲線（資本の限界生産力曲線），UE は U 国における資本に対する需要曲線（資本の限

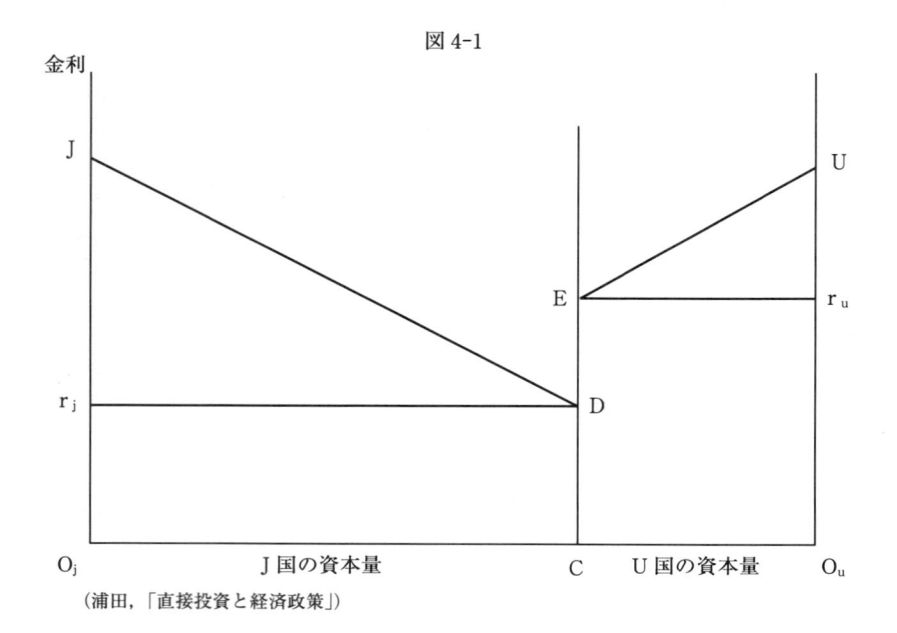

図 4-1

(浦田，「直接投資と経済政策」)

界生産力曲線）である．

　この状態から，もしも国際的な資本移動が可能になれば，何が起きるかが示されているのが，図4-2である．J国の資本は，U国ではより高い金利（利子率）を獲得することが期待できるので，U国に移転する．この状態は，両国の利子率が re において等しくなるまで続く．このときJ国に残存している資本ストックは OjL，U国の新しい資本ストックは OuL であり，LC分の資本がJ国からU国に移転している．いわば，国際資本移動の起きる前は，J国では過剰であり，U国では過少で，世界的に見ればアンバランスであった資本ストックの賦存状況が，金利差をパラメーターにした国際資本移動の結果，適正水準に調整されたことを意味する．この結果は世界全体にとってプラスである．プラスの効果は具体的に図示できる．これは面積 DEF の生産の追加である．

　すなわち，国際資本移動の起きる以前，J国のM財の生産は OjJDC[1]であった．また，同じく，U国のM財の生産物は，OuUEC であった．ここで，DC = Ojrj であり，EC = Ouru である．国際資本移動後は，J国のM財の生産は，

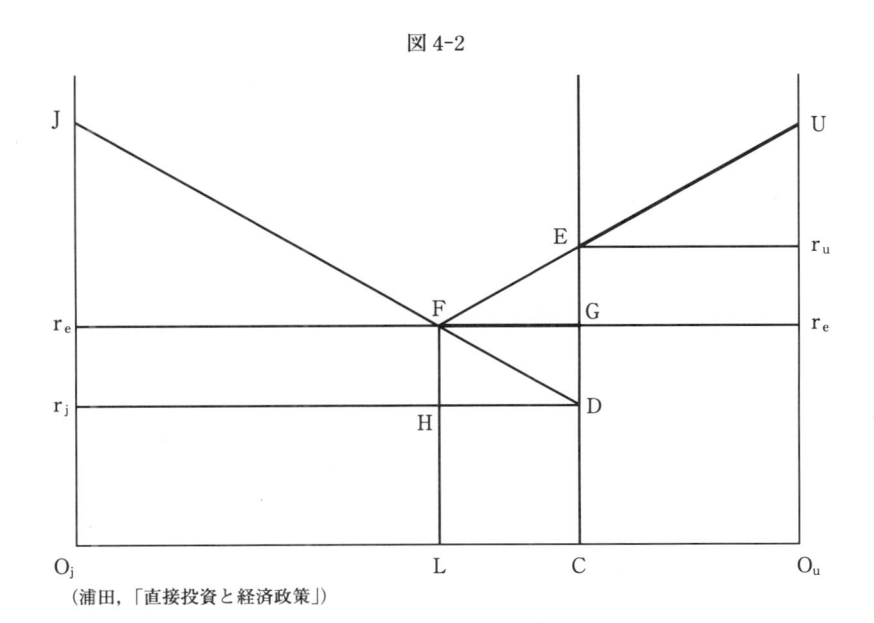

図 4-2

（浦田，「直接投資と経済政策」）

OjJFLとなり，U国のM財の生産は，OuUFLとなる．世界全体で，国際資本移動が起きる以前と以後では，移動後のほうが，生産物が，面積DEFの分だけ増加している．それだけ世界全体でみて効率的な生産が行われ，所得が世界全体として増加したことを意味する．これが国際的な資本移動が金利差に基づいて発生したことから生ずる利益である．

ただし，J，U2国間の所得分配がどのように変化するか，また，資本に対する支払い（資本レンタル料＝金利）の総額と労働に対する支払い（賃金）の総量がどのように変化するかを調べる必要がある．

まず，J国の生産は，資本ストックがCL分だけ減少することによって，CLFD分だけ減少する．一方，U国の生産は，資本ストックがCL分だけ増加することによって，CLFE分だけ増加する．ただし，ここで留意すべきは，J国は，自国内の生産の減少にもかかわらず，U国に輸出した資本CLから得られる金利収入CLFGを受け取ることである．このため，生産減少にもかかわらず，J国の所得はむしろDFGの分だけ増加することになる．これに対し，U国では，J国からCL分だけ資本輸入する結果，生産は，CLFEだけ増加するものの，CLFGだけの金利支払いをJ国に対して行わなければならない．この結果，U国の所得増加はGEFだけである．このように，世界的な資本ストックの再配分によって得られるより効率的な生産・所得増の結果は，この世界を構成するJ，U2カ国で分け取りされる．

次に注目されるのは，資本と労働という生産要素に支払われる所得の変化である．国際資本移動以前，J国では，資本に対する報酬，すなわち，レンタル料（金利）の総額はCOjrjDであり，労働に対する報酬は総生産額（総所得）のうちの残りの部分，すなわち，DrjJであった．同様にして，U国では，資本に対する報酬はOuCEruであり，労働に対する報酬は，ruEUであった．

資本移動の完了後，資本の出し手国であるJ国において，資本に対する報酬はCLHDの分だけ減少する．これは国内で投入する資本ストックが，資本移動（流出）の結果，減少したのでやむをえない．しかし，先に述べたように，資本に対する報酬は，国際的資本移動に対する報酬に対する支払いでCLFG

第 4 章　直接投資についての諸理論および仮説　63

だけ増加している（減少分との差し引きでネット DHFG の増加）ほかに国内金利が，rj から re まで上昇したために，国内での資本に対する報酬も HrjreF の分だけ増加する．J 国において，資本に対する報酬の増加は，この 2 つの部分の和である．一方，J 国における，労働に対する報酬は，DrjJ から，FreJ まで減少する．両者の差し引きの結果が，先に述べた J 国全体としての所得増 DFG である．明らかに，J 国全体としては，総生産（総所得）は増加し，資本に対する報酬も絶対的に増加するのに対して，労働に対する報酬は絶対的に減少する．

これに対して資本の受入国である U 国では国際資本移動によって資本を受け入れた結果，J 国のケースとは全く異なる状況が生ずる．すなわち，U 国全体では総生産（総所得）は増加するものの，資本に対する報酬は明らかに OuCEru から OuCGre へと絶対的に減少する．生産増加に見合う資本への報酬 CLFG は，CL 分の投資を U 国に対して行った J 国の投資家に帰属するためである．一方，労働に対する報酬は，ruEU から reFU へと絶対的に増加する．

このように，国際資金移動によって均一的な国際金利が成立すれば，資本の出し手国も資本の受入国も共にその総所得は増加するが，生産要素に対する支払いは全く逆の効果を持つ．すなわち，資本の出し手国では，資本に対する報酬は絶対的に増加するが，労働に対する報酬は絶対的に減少する．これとは対照的に，投資の受入国では，資本に対する報酬は絶対的に減少するが，労働に対する報酬は絶対的に増加する．

このマクドーガル・モデルでは，直接投資と間接投資との識別はしていない．しかし，前章で述べたように，直接投資といえども，長期的には収益性に反応することを考えれば，長期における直接投資行動を説明するものとしてやはり金利差はある程度妥当性を持つものと考えられる．このとき，生産要素に対する所得分配が，資本の出し手国と受け手国とでは全く逆になることは興味深い．例えば，長期の直接投資行動をこのモデルの枠組みで考えると，直接投資企業にとっては，自国よりも外国により多くの投資機会（長期の設備投資機会）があれば海外直接投資を行うのは，当然のことである．これによって従来よりも

大きな投資収益を獲得する可能性がある．これに対して，こうした企業行動は，投資母国の労働者にとっては就労の機会が減少するので歓迎すべきことではない．なぜなら，マクドーガル・モデルによれば，投資の母国で，現実に労働に対する報酬は絶対的に減少するためである．例えば，NAFTA成立の際，全米自動車労組が，米国自動車会社のメキシコ投資に対し強く反対したのは彼らの立場からすれば合理的な行動であると見られる．また，対外直接ブームの際に繰り返し起こる日本産業の空洞化への懸念と雇用機会の減少に対する強い危惧も，雇用される立場からは当然の反応と考えられる．これに対して投資の受入国の側では，対内直接投資を受け入れて，生産・所得を拡大するのに熱心であるのは当然である．労働者にとっては新たな雇用機会の拡大を意味するので，外国直接投資の受入は大いに歓迎すべきことである．一方，現地で投資を行っていた現地企業の立場はより困難である．外国企業の参入・現地への対内直接投資は，現地企業にとっては，競争の激化を意味する．従来よりも激しい競争の結果，現地の資本に対する報酬は減少するであろう．したがって，現地企業はこうした国際資本の流入に警戒的である．

このように，マクドーガル・モデルは，直接投資を含む国際資本移動が投資母国・投資受入国および世界全体に与える効果について優れた含意を持つ．

しかし，本節の冒頭に述べたように，現実には直接投資と間接投資・銀行貸付とはかなり異なる行動パターンを示す．共に金利差に反応するといっても，その反応の速度がかなり異なり，直接投資のほうが安定的な増減を示す．海外での設備投資や研究開発投資の性格をも持つ海外直接投資と，金融的な利益を上げることを唯一最大の目的とする証券投資等では，金利差に対する反応速度に相違を生ずるほうがむしろ当然である．

見方を変えれば，海外直接投資は資金を安定的に固定するだけ，証券投資・銀行貸付よりも多くのリスクを負うことになる．それにもかかわらず，合理的な行動として，海外直接投資が選択されるのは，それを補うのに十分な利益を，直接投資によって獲得する必要がある．そこで，われわれは，次に，直接投資に関する仮説の発端とも言うべきハイマー・キンドルバーガー仮説を検討する

必要がある．

3. ハイマー・キンドルバーガー仮説

　ハイマーは直接投資のユニークな行動パターンに注目する．直接投資のユニークな性格はいくつかの点から説明できる．まず第1に，再三述べているように，直接投資の動きは金利差に伴う資金移動では十分説明できない．最近の動向に照らして考えると，前節および第3章で論じた点を踏まえたわれわれのこれまでの検討では，直接投資は，長期の現地事業の収益性には反応する可能性があるが，少なくとも短期の金利差に伴う資金移動では説明できない．第2に，直接投資は先進国間で，しかもしばしば同一産業内で生ずることが多い．第1の点とも関連するが，本来金利差が大きいのは先進国と発展途上国の間であり，先進国間ではそれほどではないにもかかわらず，近年の直接投資の3分の2は，第1章で見たように，先進国間で行われている．金利差で説明できない，こうした直接投資のユニークさは，長期的な観点から収益性が高い現地事業を実効支配することを目ざす直接投資の基本的な性格によっているものと考えられる．

　ハイマーは，現地事業を外国企業が自ら経営するにあたっては，純粋の現地企業が直面するよりも多くの様々なリスクを負っていることが通常であり，こうした不利益にもかかわらずこれを補って余りある利益を上げることができる場合にのみ，企業は海外直接投資を行う，と想定した．単純だが，説得力のある企業行動の定式化である．なお，ここでいう企業が直面するリスクには，①現地企業に比べて，現地市場情報を持たず，現地における原材料・部品・資機材の調達面でもハンデを負うという事業リスクに加えて，②投資受入国通貨の為替リスク（投資母国への利益送金が自由にできない等），同じく，③投資受入国が国際収支危機や対外債務危機に陥るリスク（すなわち，カントリー・リスク），更に，④投資受入国政府による外資企業への差別的な政策（接収・国有化，出資制限，参入業種制限等）のリスク等様々なものがある．現代では，このうちのあるもの，特に，②と④については，様々なレベルの国際投資協定によって，リスク軽減が図られている．③についても1980年代の債務危機以

降，国際的な対処の枠組みが出来つつある．①については，まさに，企業が何らかの手段でこれに対処できない限り，海外事業での成功は望めない．

一方，海外直接投資を通じて海外事業を自ら行うことによって得られる利益としては，①低い生産コストで生産要素を利用できる，②自ら海外事業を行うことで効率的な国際的生産・販売ネットワークを構築できる，③現地市場で直接，流通網を構築できる，④現地市場に適合した製品を生産できる，⑤企業の優位性を生かして市場シェアを拡大する，といった諸点が考えられる．総合すれば，国境を越えた，様々なタイプの同一企業内組織の中で，各立地の比較優位・競争優位を利用しつつ，原材料・中間財・資金を確保し，各市場の特性に合わせた，自社の生産技術による生産ネットワークと独自の販売網およびブランド・ネームを確立し，更に，新製品の開発体制も整備することが可能になったときに，企業にとって海外直接投資の利益は最大となる．

上記の海外直接投資に伴うリスクと，得られる利益とを比較考量した上で，さらに，もう1つ考慮することがある．海外市場へのアクセス手段として，よりリスクの少ない手段である輸出や技術ライセンシング契約でなく，海外直接投資という手段を用いるべき合理的な理由があるときにのみ，海外直接投資が実現することになる．こうした選択の裏づけとなるのが，繰り返しになるが，①他に卓越した生産手法・技術，②他に卓越した経営管理手法・技術，③強力な販売網およびブランド・ネーム，④優れた研究開発の集積および新製品開発能力，⑤優れた原材料・中間財・資金の調達能力等の，企業固有の国際競争力に他ならない．

輸出，技術ライセンシング，直接投資といった選択の中で，技術ライセンシングが，選ばれないのは，先に述べたように，売り手と買い手との技術についての情報に格差があり，技術売買市場が不完全にしか機能しないために，売り手と買い手との技術評価に合意が成立しにくいためである．技術の中身を良く知らなければ，買い手はこれを買う意欲を持たないし，技術の本質を買い手が了知するまで売り手が情報を公開してしまえば，買い手は，もはや，これを買う必要がなくなる．こうした技術売買市場の困難さ・市場の機能の不完全さ，

言い換えれば技術情報取引にあたっての市場の機能不全，すなわち「市場の失敗」もまた企業がその技術を用いて自ら海外事業を行うように仕向ける要因である．但し，最近は米国企業によるアジアのEMS（Electronics Manufacturing Service）企業への委託生産が有力になるといった現象もみられ，常に直接投資による企業内生産が最も効率的というわけではないことを示唆している．

ところで，多国籍企業が企業固有の優位性を企業組織の国際展開によって確保しようとするとき，国際市場構造の寡占化を強め，この結果，国際的な市場競争を弱め，最終的に，市場の成果を悪化させる惧れのあることをハイマーは指摘している．こうした指摘・警告の教訓は，現代的な経済政策としては，第1章でも触れた，各国競争政策共通化の努力の中に生かされている．

一方，ハイマーの師であるキンドルバーガーは，多国籍企業による直接投資行動は，ユニークであるとするハイマーの発見を，伝統的な国際経済学の理論体系の中に取り込み，たとえ，市場が不完全であるとしても，多国籍企業は，直接投資行動を通じて，この不完全性を回避し，国際的な要素価格均等化に貢献し，世界経済の効率化を促進するという，理論化を試みた．

多国籍企業は，企業成長の一段階として必然的に海外直接投資を行うものであるが，それを開始するにあたって，2つの条件を満足しなければならない．すなわち，第1に，当該多国籍企業にとって，海外収益が国内収益を超えるときに，また，第2に，多国籍企業の子会社の収益が現地企業の収益を超えるときに，直接投資は開始されるとした．これも明確でわかりやすい基準である．ただし，ここで留意すべきは，先に第3章で述べたように，また，今後第5章で論ずるように，日本企業の対外直接投資の急激な拡大期には，こうした基準は満足されていなかったことである．したがって，日本企業の直接投資行動を説明する際には，キンドルバーガーの基準を超えた説明が必要である．

ヘクシャー・オリーン・モデルに基づきキンドルバーガーの考え方を整理すると，まず，2国（例えば，資本豊富で労働希少なJ国と資本希少で労働豊富なU国），2財（例えば，資本集約的なMi財と労働集約的なMa財），2生産要素（例えば，資本Kと労働L）で世界が構成されているヘクシャー・オリ

ーン・モデルでは，貿易を通じて，2財の財価格が均等化するだけでなく，2生産要素の価格も均等化する（「生産要素価格均等化定理」）．このことを通じて，この2国からなる世界は，あたかも1つの世界国家が成立したかのような効率的な生産と消費が達成できる（図4-3参照）．すなわち，たとえ，国境によって生産要素の移動が不可能であっても，貿易によって財の国際移動が完全に自由に行われれば（図4-3において，J国で生産点はAjからPに，U国でAuからPにシフトする．消費点は，各々Aj, AuからCに移る），あたかも国境のない1つの世界国家が成立して，財および生産要素の双方が自由に移動可能であるのと同等の効率的な生産と消費を達成できる．次に，条件を全く逆にして，財の貿易が完全に遮断されても，生産要素の移動が自由であれば，例えば，資本のJ国からU国への移動によりJ国のPPFが内側に縮小し，U国のPPFは外側に拡大することを通じて先の自由な貿易の場合と，全く同等の効果

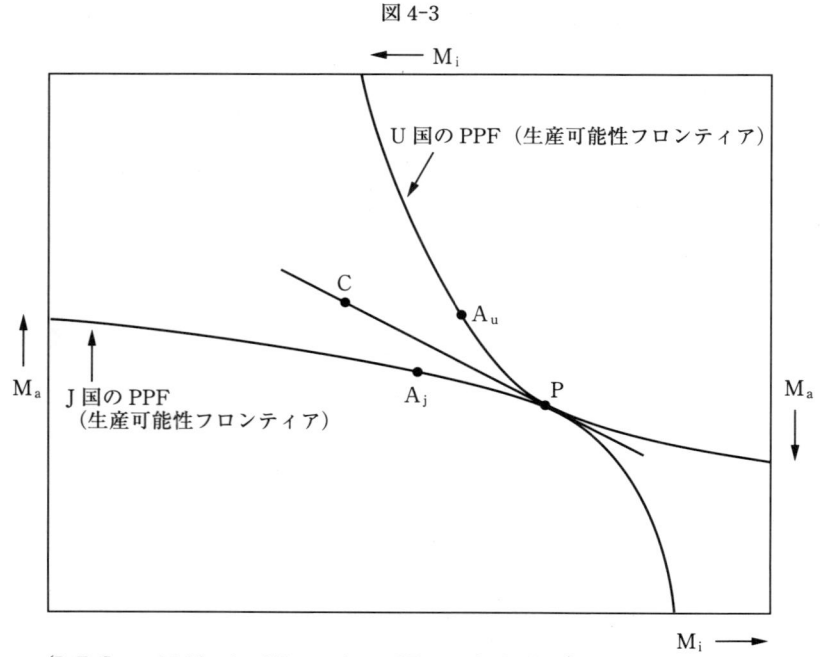

図4-3

(R. E. Caves, Multinational Enterprise and Economic Analysis)

が得られ，世界経済が1つに統合されたかのような効率的な生産と消費が達成できる．ここでは，貿易の自由化の効果と生産要素移動の効果は全く代替的である．ところで，こうした，ヘクシャー・オリーン・モデルの前提になっているのは，財市場および生産要素市場共に完全競争状態にあるということである．すなわち，J国においても，U国においても，各々，自国内で，

「Miの限界費用」／「Maの限界費用」＝「Miの限界効用」／「Maの限界効用」＝「Miの価格」／「Maの価格」 (4.1)

「Mi部門の労働の限界生産力」／「Mi部門の資本の限界生産力」＝「Mi部門の賃金」／「Mi部門の資本レンタル料（金利）」＝「Ma部門の労働の限界生産力」／「Ma部門の資本の限界生産力」＝「Ma部門の賃金」／「Ma部門の資本レンタル料（金利）」 (4.2)

が成り立っている．ここで，貿易の自由化，または，国際資本取引の自由化が行われれば，上記の (4.1) 式および (4.2) 式はA国およびU国に共通の値について成り立つことになる．

キンドルバーガーが主張するのは，現実の世界では，(4.1) 式および (4.2) 式で想定するような財市場および生産要素市場での完全競争状態は存在しないかもしれないが，企業が国際的な企業内取引を行うことを通じて，市場の不完全性を排除することが可能であろうということである．企業の国際的な内部化行動は，財価格の均等化と生産要素価格の均等化に貢献し，企業のグローバルな活動が市場の不完全な機能を補う結果，最終的には，ヘクシャー・オリーン・モデルの想定する世界経済の一体化による生産および消費の効率性は達成されるということになる．すなわち，ハイマーの想定とは逆に，多国籍企業の活動は，世界経済全体の効率化促進のための主たるエンジンと位置付けられる．グローバリゼーションの積極面に光をあてたものである．

直接投資および多国籍企業の活動の重要性についての認識から出発しながら，両者の結論は対極にあるが，経済政策的見地から，最も関心があるのは，キンドルバーガーの指摘するグローバリゼーションの積極面を達成するための条件は何か，また，ハイマーの競争制限への懸念の実現を回避するための条件

は何かということであろう．

　先に指摘したように，日本企業の場合，本格的に，海外直接投資に着手するにあたってキンドルバーガーの収益性に関する2つの条件を，クリアーしていなかった．すなわち，日本企業の海外現地法人の収益性は，1980年代以降ごく最近に至るまで，日本の親会社のそれよりも悪く，また，例えば，在米日系企業の収益性は，現地米国企業の収益性よりもはるかに悪い．したがって，日本企業の海外直接投資動機はキンドルバーガーが想定していたものとは異なることになる．

　しかしキンドルバーガーの考え方を支えるような日本企業の行動もある．第3章で，長期的[2)]には，日本企業は，主要地域別の収益性を最適化するように行動していることを論じた．これは世界規模で展開した生産・販売拠点等のグローバルな最適化行動に他ならない．言い換えると，仮に市場に不完全性があっても，企業は国際的な企業内取引を通じて最適化行動をとっている．その意味で，キンドルバーガーの言う，多国籍企業の活動が，生産要素価格を均等化させるという仮説は，長期的には，ある程度の妥当性を持つものと考えられる．

　グローバル化が進むとき，ハイマーが考えるように，世界の主要市場での国際競争が弱められるのか，それとも，キンドルバーガーが示唆するように，国際競争は強められ，完全競争に近い状態になるのかは，現実の動向を詳細に検討することなしには，容易に結論できない．おそらく，ケース・バイ・ケースの判断が重要になると考えられる．このため，国際市場での競争制限的な傾向が強まらないような各国間の調整，および，競争制限的な行動を禁止するための国際協調に基づく各国の法整備が必要である．このとき第9章で論ずるように，合併等によって企業規模が拡大するときのプラスの効果（「新規市場・製品の創出の可能性」）とマイナスの効果（「競争制限」）の総合的評価が必要になろう．その意味で，ハイマー・キンドルバーガー仮説は，多国籍企業による直接投資・グローバリゼーションを考える際の貴重な，基本的手掛かりを提供している．

ところで，そもそも，市場の機能不全を企業が補完するということの具体的・実態的意味は何であろうか．そこで，われわれは，企業とは何か，企業の機能と市場の機能との役割分担は何かといった基本的な点について検討を加えた上で，再度，直接投資の決定要因について検討すべきものと考える．そこで次に，R. コースの企業の本質およびそれを基盤とする取引費用の経済学について検討する．

4. 企業の本質について

R. コースは企業の本質について根本的な問題提起を行っている．すなわち，伝統的な経済学で想定しているように，もしも資源配分のメカニズムとしての市場の機能が完璧であるとすれば「なぜ企業が存在するのであろうか」という点である．さらに言うなら企業の存在は必要ないであろう．市場の機能が完璧であるとき，市場取引に関するコストはゼロである．これは，市場を用いれば，最適な取引相手の発見，取引相手への取引条件の伝達，取引相手との取引条件交渉，取引成立後の契約書の起草，契約締結後の契約履行の強制・履行状況の監視といった現実的に手間の掛かる仕事には，理論上はコストが掛からないことを意味する．もしそうであれば，そもそも企業が発生し，存在する意味も，必要性もないというのが，R. コースの問題提起である．何故ならあらゆる経済活動に市場が存在し，その全ての市場取引に要するコストがゼロであるとすれば，事業活動を行おうとする合理的な個人（「企業家」）にとって，全ての経済活動を市場を通じて行なうのが最も望ましく余分なコストの掛かる企業組織は必要ないからである．この合理的な個人は事業活動に必要なものを全て市場によって調達することができるし，個人が合理的に行動すれば，全ての経済活動に関して，当然市場調達・取引を選択する．何故なら市場取引に要するコストはゼロだからである．

この企業は従業員を雇用する必要はない．全て外注の派遣社員を，必要な都度，市場を通じて調達すればよい．市場はこの企業にとって最も必要な有能な社員を，適正なコスト・価格で，いつでも，無限に，供給してくれるはずであ

る．こうした人材派遣市場を利用するコストは，この市場を如何に頻繁に利用したとしてもゼロである．支払う必要があるのは人材利用に対する直接的な費用（人材の価格）のみである．

同様にして，機械組み立て工業にとって，必要な数多くの主要部品についても，最も信頼できる適切な部品メーカーを世界中から瞬時に選択し，適正価格で購入すればよい．この市場取引に掛かるコストもゼロである．最近の GM 等米国自動車企業によるインターネットを利用した世界規模での部品調達はこうした市場取引コストの大幅な削減を，ハイテク技術を利用する事によって達成しようとしたものと考えられる．

更に，こうして集めた部品を組み立てるラインですらも，最も低い価格と高い品質をオファーするアセンブル・メーカーに外注すればよい．また，でき上がった製品を販売するのも販売業者に外注するべきである．

市場を利用すればあらゆる経済活動について，最も適切な取引先を最も短い時間で発見でき，最高の品質の財・サービスを最低の費用で発注できるので，企業家である個人にとっては，あらゆる経済活動について市場取引を行うことが，最適の選択となる．同様の事を行うのに，企業組織を作り上げて，企業内で行おうとすれば，市場での調達ほどもうまくいきそうもない．何故なら，企業組織を形成するには，市場の利用とは異なり，明らかにコストが掛かるし，企業内の経済活動，すなわち，部品製造とか，組み立てとか，販売とかが世界で最も効率的なものである保障は全くないからである．むしろ取引の範囲が企業内に限定されているだけ，市場での調達よりもはるかに非効率である可能性が高い．こうした状況のもとで，市場を利用することなく，企業内活動で代替しようとするのは全く非合理的といわざるをえない．すなわち，市場の機能があらゆる取引について完璧であるとすれば，企業が発生する余地は全くないことになる．

しかし，現実には市場と共に企業が存在する．しかも第 1 章で見たように，企業の規模は国民経済，或いは世界経済全体と比較しても，無視しえないほど巨大になっている．こうした企業活動の興隆はとりもなおさず，「市場の機能

が完璧であり，市場の取引に掛かるコストがゼロである」という最初の前提が誤っていることをあらわしている．企業家は全ての経済活動に関し市場取引を行うのではなくて，取引の内容・性格によっては，合理的な選択の結果として，企業組織を組成し，その組織内の取引によって代替することを選択したはずである．それでは，市場取引を選択するか，企業内取引を選択するかの基準は何か．どちらのルートでも，同じ品質の財を，同じ価格で得られると仮定すれば，合理的な選択の基準は，市場取引に要するコストと企業内取引に要するコストのいずれが大きいか小さいかという点に集約されるだろう．すなわち，市場取引コストのほうが小さい場合には，市場取引が採用され，企業内取引コストのほうが小さい場合には，企業内取引が採用される．言い換えると企業の範囲とは，当該企業にとって，企業内取引コストのほうが市場取引コストよりも小さい性格を持つ，経済取引の集合体となる．言い換えれば，こうした企業内取引を行うのに必要な組織の規模が企業の規模を定める．

　これまでの議論で明らかとなったのは，現実に市場を利用すれば，場合によっては，かなりのコストが掛かるのが実態であること，企業はそうした市場の利用コストを削減するために工夫された装置であること，すなわち，市場と企業とは両者の機能をお互いに相補い合うものであり，市場制度だけに依存するよりも，より幅の広い，合理的な選択の可能性を企業家にとって与える制度および組織であることである．

　市場を利用するにしても企業を利用するにしても，1つの取引を行うには，取引コストが発生するが，どのような場合に，市場での取引費用が特に大きくなるかが，O. ウイリアムソンにより明らかにされた．

5. 取引費用（Transaction costs）の経済学

　O. ウイリアムソンによれば，市場を通じて取引を行うにあたってコストが発生する理由は3つある．

　第1に，完全競争的な市場の機能で想定されるところとは異なり，現実には，市場取引の主体は「限定合理性」しか持たないことである．すなわち，市場に

おける売り手も買い手も，取引に必要な全ての情報を瞬時に，コスト・ゼロで集められるわけではなく，またこうした情報に基づき，完璧に合理的な判断ができるわけでもない．現実には，売り手も買い手も限られた情報に基づき，限られた判断力を用いて行動している．これが，限定合理性である．この場合，市場の特性が大きな意味を持つであろう．すなわち，市場での取引当事者にとって，取引に必要な情報の多くが容易に入手しやすいタイプの市場であれば，限定合理性の問題はそれほど大きくないかもしれない．しかし逆にこうした情報を入手しにくいタイプの市場，例えば，労働市場や機械組み立て工業の中間財市場では，市場取引のコストは大問題になり得る．

　第2に，取引主体の機会主義の問題がある．市場での取引当事者が，取引相手は，第1で述べた限定合理性しか保有していないことを相互に認識しているとき，お互いに，できる限り相手を出し抜いて，自己の利益を高めようとする．この結果は，後に述べるように，多くの場合，取引当事者のいずれの利益も損なうことにつながる．すなわち，取引当事者が，完全な情報と合理性を持っていれば，自己の利益を取引当事者が追求することは最適な資源の配分をもたらす（完全競争市場での市場取引のケース：お互いに相手についての情報を十分に持っているので，機会主義の余地はない）が，限定合理性しか持たない場合，機会主義的な自己の利益の追求は，取引当事者の少なくも一方の利益を損ない，長期的には，双方の利益を損なう．したがって，機会主義の問題は，第1の限定合理性の問題と強く連動している．限定合理性の問題が深刻な市場の場合には，機会主義も深刻になる．第1で述べた機械組み立て工業の中間財市場のケースでは，一般に中間財製品の内容・実態については，それが高度に専門的であり，高い技術に基づくものであるほど，売り手である部品供給者のほうは自分が売ろうとしているものの内容を十分に承知しているが，買い手のほうは，これに対する十分な知識を持たないであろう．したがって，売り手のほうが機会主義的に行動し，それに成功する可能性は高い．

　第3に，関連特殊資産（Relation-Specific Asset）への巨額の投資の問題がある．売り手が買い手の要求に応じて，特殊な製品を製造・納入するために，巨

額の設備投資を行わざるをえない場合，こうした巨額の設備投資は一度行われてしまえば，売り手にとっての深刻なサンク・コストの負担となる惧れがある．すなわち，これは買い手の機会主義的行動を引き起こす．買い手のほうが，売り手は既にこうした関連特殊資産への投資を行っていることを知っており，しかもこうした生産設備は，この買い手のみが必要とする特殊製品以外の他の製品の生産に転用することは困難であることを知っていれば，極端な値引きを要求することもあり得る．売り手としては，関連特殊資産への巨額の設備投資をサンク・コストと考えて，回収不可能と認識するしかないので，結局，買い手の値引き要求を受け入れることとなる．しかし，もしもこうした，関連特殊資産への投資そのものが持つリスクを売り手が強く懸念すれば，関連特殊資産に対する投資そのものが行われない．その結果，売り手も買い手も共に大きなダメージを受ける．売り手は，取引先を失い，買い手は必要な部品供給先を見出すことができない．つまり，市場取引で，こうした取引を実現しようとする場合，機能不全を起こす可能性が高い．

　こうした困難な状況が最も発生しやすいのは機械組み立て産業において，主要基幹部品を市場で調達しようとする場合である．

　以上の3条件が，全て成立するとき，売り手にとっても買い手にとっても，市場での取引コストは，非常に大きくなり，これに対応するのは容易ではなくなる．すなわち，現存の市場取引のコストを前提とすれば，通常の市場取引は困難であることから，様々な形で，市場の取引コストを削減する方向での努力がなされる．

　その1つの解決の方向は，取引当事者の一方が，他方を買収することによって，市場取引を企業内取引に置き換えてしまうことである．こうすれば，買い手側からの機会主義も，売り手側からの機会主義も，基本的に消滅することになる．何故なら，売り手も買い手も同一企業内の1部局に過ぎなくなり，企業全体の利害に基づいて，各部局の利害を超えた総合調整を行い得るはずだからである．もちろん，企業内取引にもコストが発生するはずであるが，市場取引に伴うコストよりも企業内取引に伴うコストのほうが小さい限り，こうした市

場取引から企業内取引へのシフトは進行しつづけるはずであり，企業規模はそれにつれて拡大する．企業の規模の限界は，これを超えれば，もはや，企業内取引のコストが市場の取引コストよりも大きくなってしまう点である．

6. 「企業の本質」および「取引費用の経済学」の指し示すもの

以上のコースおよびウイリアムソンの論点を筆者の考え方によって，図4-4を用いて整理すると次のようになる．縦軸には市場の取引（具体的には，市場での調達（購入））にかかるコストおよび企業内取引（企業内での内製）にかかるコストを取り，横軸には，企業規模をとる．議論の簡単化のために平均生産費用はいずれの場合も同一で一定とする[3]．したがってこれからの議論では，市場の取引にかかるコストと企業内取引にかかるコストに注目する．

図4-4は単にコース，ウイリアムソンの考え方を，筆者の理解で図示したものである．これを，筆者は，必ずしも日本企業の実態をあらわしているとは考

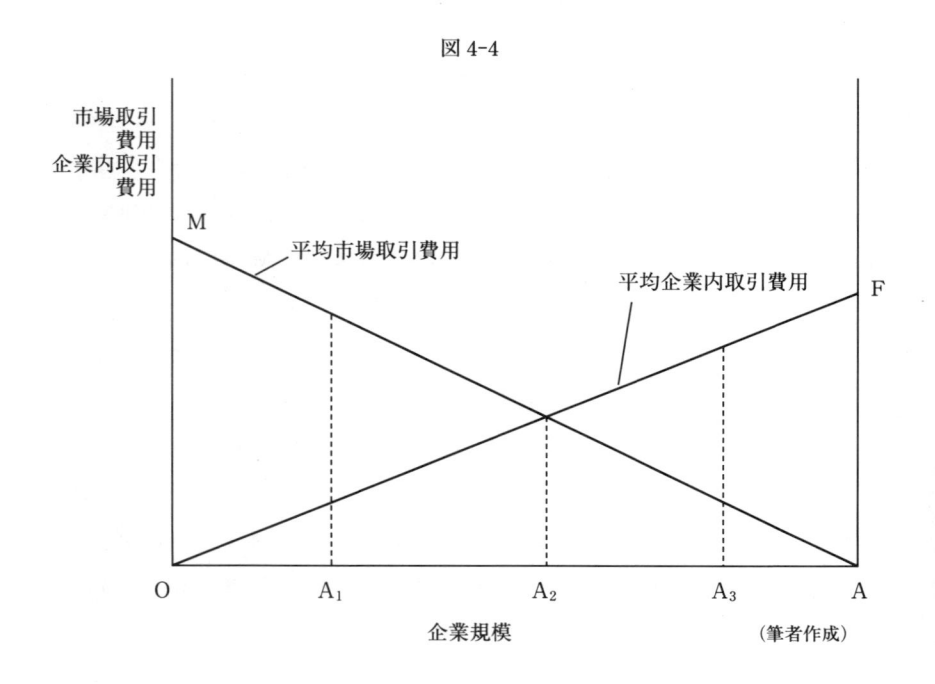

図4-4

縦軸：市場取引費用／企業内取引費用
横軸：企業規模

M から右下がりの直線「平均市場取引費用」、O から右上がりの直線「平均企業内取引費用」が F に至る。交点の横軸が A_2、その左に A_1、右に A_3、右端が A。

（筆者作成）

えない．第5章の図5-1以下が，むしろ，現実をよく説明するものと考える．著者の考え方の詳細は，第5章で改めて論ずるが，ここでは，忠実に，コース，ウイリアムソンの考え方に従う．横軸を右に向かって進むほど市場取引に比べて企業内取引の割合が高くなり企業規模は拡大すること，縦軸の市場および企業内の取引に掛かるコストは，1単位の取引に掛かる平均費用であることに，特に，留意されたい．また，OF曲線は，この企業にとっての平均企業内取引費用曲線，MA曲線は，この企業にとっての平均市場取引費用曲線をあらわす．

MA曲線が，OMのときに最大で，A点でゼロになる右下がりの曲線であるのは，企業内取引が全く行われていない状況（O点）では，この企業は，市場取引に際して最も交渉力が弱い状況にあるためである．O点からA点に向かい，内部取引が増加するほど，この企業の市場取引における交渉力は増し，平均市場取引費用は減少する．最後に，市場取引が全く行われていないA点では，平均市場取引費用はゼロである．

これとは逆に，OF曲線が，O点でゼロであり，FAのときに最大である右上がりの曲線になる理由は次のとおりである．企業内取引が全く行われていないO点の状態ではこの費用はゼロである．O点からA点に向かって右にシフトするにつれて，企業内取引の割合が増加すればするほど，企業組織は拡大せざるをえず，組織が拡大すれば，一般的に，組織運営・組織内の調整に伴う平均費用も増加するためにOF曲線は右上がりになる．

ところで，今この場での議論では，単純化のために，OF曲線は右上がりの直線であり，MA曲線は右下がりの直線であると考える．第5章では，このOF曲線とMA曲線のより複雑な特性を用いて，日本企業と欧米企業の対称的な相違について，詳細に論ずる．

次に注目すべきは，企業規模が，OA1のとき，平均市場取引費用（AMTC）は平均企業内取引費用（AFTC）よりも大きく，この状況は，AMTC＝AFTCとなるOA2点に達するまで続くことである．企業規模がA2を超えて，A3に達すれば，明らかに平均企業内取引費用は平均市場取引費用を超える．

明らかに，OA1の企業規模のもとでは，この企業は企業内取引を選ぶ．平均企業内取引費用は平均市場取引費用よりも小さいからである．OA2の企業規模のもとでは，企業内取引を選ぶか市場取引を選ぶかは，全く中立的である．どちらを選んでもコスト的に無差別だからである．OA3の企業規模のもとでは，この企業は明らかに市場取引を選ぶ．市場取引のほうが平均費用が低いからである．OA2の企業規模こそ，このタイプの取引についての，コースの言う，「企業の限界」であり，これを超え，例えば，A3点に達すれば，企業内取引ではなく，市場取引が合理的な選択の結果となる．

7. 内部化仮説

これまで見てきたように，市場に不完全性がある場合，これを補うものとして，企業内取引が拡大し，市場取引を企業内に取り込むことによって，市場の不完全性の欠陥を補うことが明らかになった．こうした市場取引の企業内取引への変換を企業内への内部化（Internalization）と考えることができる．企業が巨大化し，市場での競争制限の惧れが生ずるといったマイナスの側面よりも，市場取引の不完全性を回避するという内部化のプラスの経済効果を強調したところに，バックリー，カッソン等の内部化仮説の重要な意義がある．

こうしたプラスの効果が伴う企業の内部化行動を海外直接投資行動の説明のために援用することができる．

先にキンドルバーガーの仮説において，ヘクシャー・オリーン・モデルの枠組みの中で述べたように，市場が完全に機能するとの前提のもとに，比較優位に基づく国際貿易が行われ，その利益が世界経済全体に普及して，要素価格の均等化が達成できるのであれば，直接投資が生ずる余地はないし，多国籍企業が出現することもない．バックリー，カッソン等は国際的な財・サービスの取引市場が完全には機能していない場合，直接投資が促進されて国際的なスケールで企業の内部化が生ずる結果，世界経済の効率化が促進されるものと想定した．その意味で，キンドルバーガーの多国籍企業についての見方に近い．直接投資は，ミクロの企業の立場からは，国際的な取引コストを節約するために，

海外現地法人を設立し，国際的な企業内貿易を推進して，いわば国際貿易の内部化を推進するための手段であるが，世界経済全体の視点から見ても，こうした国際的な内部化を通じて，国際分業や貿易を推進し，結果的に世界的な資源配分の効率化をすすめて，技術・知識の世界への伝播・普及を行うものであるとの見方である．

　内部化仮説で注目すべきもう1つの点は，市場の競争制限を排除しようとする反独占政策の立場からは，ともすれば，警戒的な視点から見られることの多い，他企業の買収・合併等を通じた企業の内部化行動について，積極的な経済合理性の観点から説明しようとするところにある．特に，こうした内部化の合理性が成り立つのは，中間財取引の内部化（中間財企業の買収・合併のケース），ある種の熟練労働力市場および経営資源の取引のケースである．前者については，先にO.ウイリアムソンによる「取引費用の経済学」の項でも述べたが，売り手と買い手との間に情報の非対象性が存在し，両者が共に機会主義的に行動し，売り手が取引に特殊な資産に対する投資を行わざるをえず，回収不能のサンク・コストを生ずる危険性のあるとき，両者は次第に，限られた特定の取引パートナーとの取引関係に閉じ込められることになる．取引相手を変更することは売り手にとっても買い手にとっても新たな取引コストが大幅に発生することを意味するからである．

　しかもこうした特定の取引相手との長期的な取引を，厳密に成文化された長期取引契約によって管理することは非常に困難である．すなわち，長期にわたって発生し得る全ての事象について明確に対応策を定めた完璧な契約を結ぶのは，事実上不可能であるし，仮にできたとしても，膨大な費用が掛かることになる．更に，また，この契約の執行・強制にも費用が掛かるこのような状況のもとでは，部品取引を市場内に完全に内部化してしまったほうが経済合理性にかなう場合がある．企業内に内部化すれば，企業内組織管理のもとに，売り手部門と買い手部門との間の相互の機会主義は回避し得るし，完璧な長期契約を作成する必要もない．ただし，先に6節で述べたように，こうした内部化は，企業の限界の中においてのみ意味を持つ．企業の限界を超えてしまえば平均市

場取引費用のほうが，平均企業内取引費用よりも小さくなるからである．すなわち，企業の肥大化による不効率が発生する．最も，自動車産業のように，生産コスト的に規模の経済を達成するためには，相当大きな企業規模を有しなければならない産業の場合には，内部化の利益が達成可能な企業の限界もまた大規模であろう．しかしながら，次に第5章で論ずるように，平均市場取引費用曲線と平均企業内取引費用曲線の特性・形状によっては，取引費用を最小化する企業規模は6節の図4-4の場合よりも，更に小規模に抑えることが可能である．

いずれにせよ，バックリー・カッソン等の内部化仮説の貢献は，組み立て企業による部品企業の買収および垂直統合は，買収・統合を通じて，最終財販売価格の引き上げ，販売量の縮小を図り，市場での競争を制限して，独占的（或いは寡占的）利益を追求，消費者の利益を損なう，といった類のマイナスの効果のみを持つものでは必ずしもないことを明らかにしたことである．中間財市場の垂直的統合は，市場の失敗，或いは市場取引費用の増大に対応して市場取引に掛かるコストを最小化しようとしたプラスの側面も持つ．もしも自動車産業に代表される機械組み立て産業の最終組み立てメーカーが，海外で現地生産を行えば，現地での部品企業との取引に掛かる取引費用を削減するために，垂直統合により，中間財市場を内部化しようとすることは大いに考えられる．

ただし，次の第5章で論ずるように，中間財市場の売り手と買い手の市場行動の特性によっては，必ずしも100％の市場の内部化が最善ではない．中間財市場といえども，部品企業の完璧な垂直統合が組み立て企業にとって必ずしも最適なわけではない．

次に，内部化の利益が明らかなもう1つのケースは，各企業の保有する経営資源の取引である．製品製造技術，製造・販売等のノウハウ，新製品の研究開発・デザイン能力といった各企業に固有の経営資源は，市場では，適正な値段はつけにくい．各企業に固有の経営資源は，他の企業には利用しにくい面もあり，経営資源の売り手側にとって満足できる評価が買い手側からなされるわけではない．この場合，売り手である企業は経営資源を国際的な売買市場で売却

することを断念し，自ら直接投資を行い，海外に進出して，自ら経営資源を利用して，現地事業を行おうとする．このように経営資源を国際市場で売却するのではなく，海外事業にあたって自ら内部化することが，利益である場合には，海外直接投資が行われる．

このような内部化モデルは，第一に市場の失敗を企業の機能が補うケースを従来よりも一層強調したこと，第二に垂直的統合の競争制限的側面よりも，内部化により，市場の機能を補完するプラスの意義を明らかにしたこと，更に，第三に経営資源の市場が十分に機能しない場合，内部化が海外直接投資を推進する簡明な説明を与えることなど，顕著な貢献をしている．しかし，最大の問題は，中間財市場においても，現実には，完璧な内部化が企業にとって必ずしも最も効率的な手段であるとはいえず，日本企業に見られるように部分的な内部化，部分的な市場の利用が，より一層の効率性を生ずる可能性が大きいことである．この点については，次の第5章で著者のモデルを踏まえて，詳しく議論する．また，内部化のプラス面を強調した点は評価できるとしても，垂直統合も含め様々な形で行われる，企業間の国際競争が結局は市場の競争を阻害するのか，或いは，これを強化するのか，どのような場合に，競争が強化され，どのような場合に阻害されるのかについて明確な見通しを持っていない点については，ハイマーと同様に，限界があるといわざるを得ない．更に，近年急激に盛んになり，今や直接投資の主流になりつつあるクロス・ボーダーM&Aは他社の経営資源を即効的に，企業買収によって入手しようとするものであるが，このM&Aを内部化仮説で解釈するとどうなるのかという点も明確な答えが必要であろう．

以上の，ハイマー・キンドルバーガー仮説から内部化仮説までの種々の議論を一般化し，統合するような試みが，J. ダニングによって提示された．次の8節ではこれについて述べる．

8. 折衷理論

J. ダニングは，海外直接投資の決定要因を考えるにあたり，3つの要素が決

定的であると考えている．すなわち，①所有特殊的優位（Ownership Specific Advantage），②立地特殊的優位（Location Specific Advantage），③内部化の優位または内部化インセンテイブ（Internalization Advantage, Internalization Incentive）の3つである．

3節のハイマー・キンドルバーガー仮説で述べたように，企業が事業リスク，カントリーリスクの大きい海外で現地事業を行い，成功するためには，現地企業に比して卓越した企業固有の競争力を有しなければならない．この競争力をJ. ダニングは，所有特殊的優位（Ownership Specific Advantage）と呼んだ．海外投資を行う際の必要条件として，こうした国際競争力を持っていることを前提とすれば，次に，この企業は，事業の立地先を投資母国ではなく，海外に求める必然性を持たなければならない．当然，自らの保有する所有特殊的優位（Ownership Specific Advantage）を十分生かし得るような，投資母国よりも優れた立地条件を有するような投資先国を選定することになる．こうした立地特殊的優位（Location Specific Advantage）の主要因としては，その国の持っている資源の賦存状況（ヘクシャー・オリーン・モデルの想定する比較優位に相当）に加えて，その国の社会的・経済的インフラストラクチュア，その国の市場の競争状態，裾野産業の発達度，政治的安定性・政策といった諸要因が考えられる．

企業が自分の保有する所得特殊的優位に最も適合した立地特殊的優位を有する投資先国を見出すことができたとして，最後の条件として，実際にこの新しい投資先国に対して，輸出でもライセンス輸出でもなく，現地法人を設立して，自ら優位性を利用しつつ事業を行うインセンティブ，すなわち，内部化インセンティブ（Internalization Advantage, Internalization Incentive）を持たなければならない．

結論として，上記の3つの優位性が全て満足されたときに初めて海外直接投資が起きる．この3条件には，ハイマーの企業固有の競争力も，取引費用の経済学や内部化仮説の考え方も全て取り入れており，その意味で，総合的な折衷理論と呼ぶにふさわしい．

こうした折衷理論は，海外直接投資の動機・行動パターンを考える際の基本的枠組みとして，単純かつ明確で便利である．

次の第5章で，日本企業の海外直接投資行動のパターンについて論ずる際にも，この3つの優位性の考え方を参考にしながら分析を行うこととする．ただし，この3つの優位性に対する日本企業の対応は，欧米企業とはかなり異なったものになる．日本企業の場合，この3つの優位性がすべて満足されたときにはじめて，対外直接投資が拡大したとはいいがたいためである．

本章の最後に従来の理論・仮説の系譜とは若干異なるが，示唆に富むプロダクト・ライフ・サイクル仮説を簡単にレビューする．

9. プロダクト・ライフ・サイクル仮説

R. バーノンは，1個の製品ないしは産業の栄枯盛衰に着目し，こうした製品・産業のライフ・サイクルの中で，企業は外国市場に対し輸出を行い，或いは海外現地生産を行うことを明らかにした．バーノンの仮説は，1960年代の米国企業の実態，特にその海外直接投資行動についての分析に基づいているが，現代の多国籍企業の直接投資とそのインパクトを考える際にも十分示唆に富むものである．

プロダクト・ライフ・サイクル仮説に依れば，イノベーティブな新製品は，高付加価値な新製品に対する国内市場での需要が大きく，更に，そうした新製品を創出するに十分な研究開発能力を持った最先進国で作り出される．こうした研究・開発の立地としては，市場・人材・資本・技術等の圧倒的な厚みを持つこの最先進国が最も優位性を持っている．当初はこうした新製品に対する需要は，当該最先進国にしか存在しないが，他の先進国の所得レベルが上がってくれば，これら新製品は，こうした国々にも輸出されるようになる．ここで想定されているのは第2次世界大戦後，米国で作り出された自動車，カメラ，家電製品等の多くの新製品が欧州，日本をはじめとして，世界中で熱狂的に受け入れられたことである．こうした新製品の世界への普及度が高まるにつれて，次第に他国製の類似品も出回るようになる．新製品の創出者であった最先進国

は，研究開発能力については他の国に卓越しているが，生産コストについては，それほど国際競争力がない．したがって，新製品がある程度成熟して，類似品との価格競争が激化するにつれて，生産技術も次第に確立されることを前提に，国外にその生産拠点をシフトしようとする．具体的には政治的・経済的・文化的に共通した部分の多い他の先進国に直接投資を行い，ここを生産拠点にして世界中に製品を供給するようになる．ここで想定されているのは，1960年代の米国多国籍企業による欧州への大規模な直接投資である．

新製品の成熟化が更に進み，生産工程も完全に規格化された低価格の汎用品の段階に到達すると，新製品としての寿命は終わり，完全に価格競争力だけが問題にされるようになる．生産拠点は発展途上国にシフトする．ここで注目されるのは，最先進国から他の先進国へ，更に，発展途上国へと，新製品の成熟化の段階に応じて，生産拠点のシフトが生ずることであり，その際には，当然のことながら，大規模な直接投資が行われる．

このバーノンの描いたプロダクト・ライフ・サイクルは，現代にそのまま当てはまるわけではない．何よりも今や，世界にただ1つの最先進国が存在して，独占的に新製品の研究開発を行っているわけではなく，多くの先進国を出自とする多国籍企業が，新製品創出のための研究開発にしのぎを削っている．その意味で世界は多極化している．生産拠点としてはほとんど先進国に近い高度な発展段階にあるものも含め，いくつかの発展途上国が有力な投資先候補になっており，新製品の開発と同時に，そうした発展途上国への移管が行われることも多い．更に，新製品が開発された段階で，直ちに，アジアのEMS (Electronics Manufacturing Service) 企業に委託生産するケースも，最近は増加している．

そうした新たな進展にもかかわらず，新しい製品・産業の創出とその国際的な展開，直接投資と生産拠点のシフト，貿易と投資との関係の基本的なメカニズムを，プロダクト・ライフ・サイクル仮説は的確に捉えている[4]．

1) 資本ストックに追加的な1単位を加えれば，新たな資本の限界生産物が得られる．

資本ストックがゼロの状態から出発して，資本を1単位ずつ追加して，現在の資本ストックに達するまでの全ての限界生産物を集計したものが，現在の資本ストックの総生産物となる．資本移動が起きる以前のJ国では，これはすなわち，OjJDCの面積である．
2) ここでの「長期」はある程度のタイムラグを許容して，数年―10年程度の時間幅で考えればという程度の意味．
3) この前提については，第6章で再度論ずるが，成熟した大規模機械組立産業の有力な組み立て企業および主要部品企業は，主要中間財（部品）生産にあたっては基本的に規模の経済を達成しており，平均生産費用はかなり低い一定水準（これ以上の費用削減は難しい水準）に達しているものと考えてもそれほど非現実的ではないと考えられる．
4) 第7章で論ずるように，日本企業の直接投資に伴う技術移転に際しては，「新製品」よりも，品質改善・生産性向上等のような「生産システム」の移転が，中心になるので，プロダクト・ライフ・サイクル仮説は，そのままでは，適用できない．

参 考 文 献

長岡貞男・平尾由紀子（1998）『産業組織の経済学』日本評論社

日本輸出入銀行海外投資研究所（1996）『直接投資と経済政策―理論の新展開と国際経済問題』直接投資研究会報告書

Buckley, P. J. and Casson, M.(1976), The Future of Multinational Enterprise, London : Macmillan（清水隆雄訳『多国籍企業の将来（第2版）』文眞堂，1993）

Coase, Ronald H. (1988), The Firms, The Markets, and The Law, Chicago and London, The University of Chicago Press（宮沢健一・後藤晃・藤垣芳文訳『企業・市場・法』東洋経済新報社，1992）

Porter Michael E. (1990), The Competitive Advantage of Nations（土岐坤・中辻萬冶・小野寺武夫・戸成富美子訳『国の競争優位』ダイヤモンド社，1992）

Hymer, S. H. (1976), The International Operations of National Firms : A study of Direct Foreign Investment, MIT Press（宮崎義一編訳『多国籍企業論』岩波書店，1979）

Jacquemin, A. (1985), The New Industrial Organization（南部鶴彦，山下東子訳『新しい産業組織論』日本評論社，1992）

Kindleberger, C. P. (1963), International Economics, Richard D. Irwin Inc.（相原光・志田明訳『国際経済学』評論社，1968）

Kindleberger, C. P. ed. (1967), The International Corporation : A Symposium, The Massachusetts Institute of Technology（藤原武平太，和田和共訳『多国籍企業―その理論と行動』，日本生産性本部，1971）

Milgrom, Paul and Roberts, John (1992), Economics, Organization & Management, Prentice Hall, Inc.（奥野正寛・伊藤秀史・今井晴雄・西村理・八木甫訳『組織の経済学』NTT出版，1997）

North, Douglass C. (1990), Institutions, Institutional Change and economic Performance, Cambridge University Press（竹下公視訳『制度・制度変化・経済成果』晃洋書房，

1994)

Williamson, Oliver E. (1986), Economic Organization: Firms, Markets and Policy Control, London: Wheatsheaf Books Ltd., (井上薫・中田善啓監訳『エコノミック・オーガニゼーション―取引コストパラダイムの展開』晃洋書房, 1989)

Williamson, Oliver E. ed.(1995), "Organization Theory from Chester Barnard to the Present and Beyond", New York and Oxford: Oxford University Press

Williamson, Oliver E. and Winter, Sidney G. ed. (1993), "The Nature of the Firm ― Origins, Evolution, and Development", New York and Oxford: Oxford University Press

第 5 章

直接投資理論と日本の海外直接投資行動の特質

1. 伝統的な諸理論から観たときの日本の直接投資行動
　　──特にその説明力の視点から考える

　第4章では，これまで様々な角度から論じられてきた直接投資の理論・仮説を，実際の最近の直接動向を踏まえて，著者の視点で整理した．本章では，伝統的な諸理論・仮説を踏まえつつ，日本企業の直接投資行動の特質に注目して，これを定式化した著者のモデルを提示する．そのための第1段階として本節では，過去の理論・仮説は日本企業の直接投資行動を説明するに際してどの程度有効であろうか，というポイントに絞って論ずる．

　第4章で論じた様々な理論・仮説に共通する認識は，企業が海外直接投資を行い，海外で直接的に事業を行うにあたっては，国内での同種の事業よりも高い収益を上げることができること，また輸出や技術輸出（技術ライセンス契約）よりも，自ら海外事業を行う（海外事業を内部化する）方が，高い収益を上げられることの2点が満足されることが必要であるというものであった．更に，この2つの基本的条件が満たされるためには，当該企業がこうした条件を成り立たせるための能力を持つこと，端的には，十分な国際競争力を持つことが必要であった．第4章で述べたJ. ダニングの折衷理論の考え方を用いれば，企

業の所有特殊的優位（Ownership Specific Advantage），投資先国の立地特殊的優位（Location Specific Advantage）そして，企業の内部化のインセンティブ（Internalization Incentive）の3条件がすべてクリアーされれば，そしてそのときにおいてのみ，海外直接投資による海外での直接的な事業経営が成功し，企業は，国内事業を上回る事業収益を，自社の保有する海外現地法人の事業経営を通じて実現できることになる．

そこで，次に検討すべきは，日本企業の場合，こうした直接投資についての理論・仮説の最も基本的な条件が，成立しているかどうかという点である．

結論からいえば，日本企業の場合，これまでこうした条件は必ずしも満たされていなかったものと考えられる．通産省が継続的に実施している海外事業基本調査に依れば，海外直接投資を行っている日本企業の海外現地法人の収益性は親会社のそれよりも低い．ごく最近に至ってようやく在アジアの日系現地法人の収益性が親会社のそれに近づいてきた程度であり，依然として親会社のそれにはおよばない．しかも，アジア危機以降，明らかに在アジアの日系現地法人の収益性は，低下しており，過去のピークを回復していない（第3章および第6章参照）．アジア以外の主要地域である，北米，欧州，中南米等では，日系現地法人の収益性は，近年改善してきたとはいえ，概ねアジア地域の現地法人の収益性を下回っている．繰り返しになるが，日本の対外直接投資が，急速な拡大を生じた1980年代後半以降には，決して海外事業の収益は国内のそれに比して高くはなかったことに留意すべきである．それでは，なぜ，海外直接投資が急激に拡大したか．第3章で既に論じたことであるが，日本企業の場合，海外直接投資の動機として，海外市場の確保および海外売上の確保の動機が最も強い（49-51ページ，表3-6(1)及び(2)参照）．言い換えると，海外市場での輸出売上が円高および貿易摩擦によって脅かされたときに，何を置いても，市場と売上確保のために，海外進出せざるをえなかったというのが多くの日本企業の実態であろうと思われる．すなわち，多くの平均的な日本企業にとって，「企業発展の自然な流れの中で，必然的により収益性の高い海外事業に乗り出した」という，欧米企業の行動パターンに基づく伝統的な直接投資の理論・仮

説はそのままでは成り立たず，むしろ，外生的な，国際マクロ経済および政治に引きずられて（プル・ファクター），否が応でも大規模な海外直接投資に乗り出さざるをえなかったというのが実態であろう．もちろん，円高によって国内の生産コスト構造が急速に変わり，より有利な立地を求めて海外に進出したという面もあろう（プッシュ・ファクター）[1]．後者の投資動機は，アジア諸国に対して特に強く，これがアジア向け直接投資のほうが他の地域，特に北米・欧州に比して，より良好な収益パフォーマンスを示している理由と思われるが，そのアジアの現地法人の収益ですらも国内の親会社の収益状況におよばないのは，直接投資を実施するための，上記の基本的な2つの条件（すなわち国内事業よりも高い収益性と輸出や技術輸出よりも高い収益性）を日本企業の場合には，満たしていないためであると考えられる．

　言い換えると日本企業の場合，内発的なグローバリゼーションというよりは，内外の政治経済環境の変化によって，グローバリゼーション戦略をとることを余儀なくされた，いわば「意図せざるグローバリゼーション戦略」或いは，海外市場と輸出売上の確保のためにある程度収益性を犠牲にしても取らざるを得なかった「セカンド・ベスト（次善の策）としてのグローバリゼーション戦略」という性格が非常に強かったものと考えられる．

　ではなぜ輸出戦略において強力な競争力を発揮する日本の製造業企業が，第4章で述べた諸理論・初仮説の描くような企業発展の自然な流れに沿って，上記2つの条件をクリアーしたうえで直接投資および海外現地生産を通じたグローバリゼーション戦略を取るようにはならなかったのかが，解明すべき次の課題となる．

2. 日本の海外直接投資行動の特性
　　　——特に欧米企業の行動の特性との比較において

2.1. 所有特殊的優位
2.1.1. 日本企業の所有特殊的優位性とは何か？
著者は日本企業の特性を，先のJ. ダニングの企業の所有特殊的優位（Own-

ership Specific Advantage），投資先国の立地特殊的優位（Location Specific Advantage），そして，企業の内部化のインセンテイブ（Internalization Incentive）の3条件に即して検討すると，理解しやすいと考える．

まず第1に，日本企業は，企業の所有特殊的優位（Ownership Specific Advantage）を保有していたであろうか．これは間違いなく保有しているものと考える．日本の大規模な機械組立産業，すなわち，自動車産業や家庭用耐久消費財を中心とした電気・電子産業は，依然として強力な輸出競争力を持っており，高性能で多様化された製品を低コストで供給することができる．こうした，日本企業の競争力は，低コストで良質しかも多様化された製品を大量にかつ速やかに供給することのできる日本の機械組み立て産業の生産システムに依拠しているものと考えられる．

こうした生産システムの競争優位には，第1に，企業内のシステム，すなわち，低コスト・高品質の製品を生み出す効率的な生産ラインを保つような様々な工夫，第2に，企業間のシステム，すなわち，低コスト・高品質の部品調達を保証するような組立企業と部品企業との関係の2つの要因がある．

2.1.2. 企業内システム

第1の，企業内のシステムとは，一言でいえば，米国企業が確立したフォーディズム，或いは，テイラーシステムと呼ばれる，機械組立産業の大量製方式に対する反省から生じた．1980年代の米国自動車産業が経験したように現実には様々な弊害や問題点を生じたことに鑑みて，こうした問題点を可能な限り削減し，システムを改善しようとする意味を持つものである．フォーディズム，或いは，テイラーシステムとは，部品の取り付けから最終組み立てに至るまでの作業を各工程に細分化して，各工程ごと作業ごとの職務内容を可能な限り標準化・明確化し，単純化することによって，分業による生産性向上を図ったものである．各作業ごとの労働量も正確な定量化が図られ，それに基づいて，報酬も算定された．こうした，分業の利益が大きいことは，アダム・スミスの古典的なピン製造の事例からも明らかであるが，フォーディズムの場合，時間がたつにつれて，こうした伝統的な大量生産方式の弊害が，あらわれるようにな

った．1980年代の米国自動車産業の経験がその象徴である．この時期，米国自動車産業は，工場ラインの労働者の意欲の低下，無断欠勤，労働生産性の低下，品質の低下といった，製造業の根幹にかかわる深刻な問題に悩まされるようになり，日本の自動車産業との競争で苦境に立たされると共に，何らかの解決を迫られた．トヨタイズムその他いくつかの名前で呼ばれる日本企業の生産システムは，こうしたフォーディズムの弊害に対して，従業員のモラルを高める，中間財取引市場での機会主義を削減して，取引費用を低めるといった手段を講ずることにより，有効な解決策を示している．

こうした様々な手段は，企業内の現場での工夫と企業間の関係に大別される．順次この2つについてみる．まず，本節2.1.2で企業内の生産現場での種々の工夫について考える．次の，2.1.3では企業間のシステムについて検討する．企業内の生産現場での工夫については，多くの場で論じられているが，その主要なものを改めてあげれば，次ぎのとおりである（T. Ozawa による）．すなわち，①細分化された各々の作業に特化する単能工ではなく，作業のローテーションを行いながら関連する複数の作業に習熟する多能工の養成を目指した．②品質管理は最終製品の最終試験のときに行うのみでなく，各工程ごとに行って，自分の次の工程に対する品質責任を持たせた．③各々の工程・作業で必要とされる部品の在庫は必要最小限にとどめ，ゼロを目標とした．④各作業の責任は，個人だけが負うのではなく，作業グループで助け合うことを原則とした．⑤日々の作業改善および品質改善の努力が期待され，こうした改善のための集団活動（QC サークル）が奨励された．

このような日本企業による生産システムの改善努力は，作業現場の労働者を，単に標準化された一定の物理的・肉体的労働を行う単純労働者として取り扱うのではなく，各作業現場の作業内容を日々改善するために創意工夫を行う頭脳労働者として取り扱うことによって，現場の労働者に対する動機付けを行い，モラルの向上を期待できるところに大きな意味がある．こうした動機付け・モラルの改善こそ，フォーディズム，或いは，テイラーシステムが陥った，現場労働者のモラル低下・生産性低下・品質劣悪化の罠に陥らないための有

効な制度的装置であったと考えられる．

　しかしながら，更にその根底にある大きな制度的前提は，日本企業の労働者は，企業間の移動よりも企業内のローテーションをより重要なものと考えるということである．現在日本においても終身雇用は崩れ始めており，ヒトの流動化が高まったといわれているが，少なくも，日本企業の競争力の重要な淵源となっていたのはこの労働者の顕著な選好，すなわち，他企業に転職するよりも，一企業内にとどまる志向の強さであったと考えられる．言い換えれば，日本の労働者は単能工としてある特定の作業の専門家になり，その業務に忠誠を尽くして，より望ましい待遇を求めて企業間を移動するという志向はそれほど持たず，むしろ，現在勤務している企業に長期間とどまって勤務することを希望し，それを円滑に進めるためには，その企業に固有の知識・企業内の関連業務を幅広く知ることを志向する．一方，企業側もこうした労働者の志向を前提として，長期的な視野から，定期的なローテーションを含む幅広い作業への習熟を期待する．企業としても，労働者の長期就労志向が強ければ安心して，長期的な教育・研修投資を行うことができる．この志向が弱ければ，こうした長期教育投資はできない．

　先に第4章で，市場取引に大きなコストの掛かる代表例として中間財市場の例について述べたが，労働市場・人的資本市場もこれと同等或いはそれ以上に市場の取引コストが大きくなり得る市場である．労働または人材の買い手である企業のほうでは，そのサービスを購入する労働者・人材の真の価値をはじめから知ることは非常に困難である．おそらくある程度正確な評価をするためには一定期間雇用することが必要である．サービスの売り手である（潜在的な・将来の）従業員の方でも雇用主が，自己を正当に評価し正当な処遇をするのか否か見極めるのは容易でなく，やはり，一定期間雇用されて見なければその実態はわからない．こうして，労働市場・人的資本市場においても，売り手・買い手共に，かなり大きな市場取引コストが生ずることを覚悟しなければならない．一般的には，双方共に機会主義的に行動して，企業はできるだけ「割安」に雇用し，求職者はできるだけ「割高」に自分を企業に売り込もうとするであ

ろう．また，企業にとって，従業員に対する教育・訓練は企業の価値・競争力を高めるために最も重要な戦略の1つであるが，もしも従業員が非常に機会主義的に行動して，高価な教育・訓練を受けた直後に離職すれば，教育・訓練投資を行った企業に大きな損害を受ける．一方，従業員にとっても，たとえ，長期にわたり高度な訓練を受けたとしても，この訓練が現在勤務する企業に固有のもので，他の企業では全く役に立たないものであれば，その投資効率は低く，習熟に要する時間の機会費用を考えれば，投資の効果はマイナスであることすらあるであろう．したがって彼等はこうした長期にわたる教育を受けることに積極的になれない面もあろう．このように労働市場・人的資本市場は売り手と買い手の双方にとって市場の取引コストは大きく，相互の機会主義的行動のリスクは非常に高い．

　こうした労働市場の特性を考えるとき，これまで述べてきた日本の機械組立企業の生産現場における従業員と経営側の双方が長期雇用志向を前提とした企業内システムのあり方は非常に有効である．その本質とは，一言でいえば，労働市場において需要者側も供給者側も短期の機会主義的利益を求めるよりも長期の安定した雇用関係を志向することを前提にした，市場取引費用および企業内取引費用の削減のためには非常に有効な装置であると要約してよいだろう．こうした制度的工夫のもとで，日本の機械組立産業の企業内生産システムは世界に卓越した品質および価格双方の国際競争力を発揮することができた．これが，日本企業の保有する所有特殊的優位の第1である[2]．

2.1.3. 企業間システム

　日本企業の保有する所有特殊的優位の第2に，企業間の効率的な関係がある．これは，先に第4章でも述べた，部品・中間財の調達に関する制度工夫であるといってよい．第4章5．6．7節で述べたように，複雑で高付加価値な中間財の市場では，売り手と買い手の間の情報の非対称性，相互の機会主義，用途特殊な資産への投資といった（正に上記2，1，3で述べた労働および人的資本市場と同等の）特性から，市場取引における取引費用が高くなりやすい．日本の機械組立企業は，これに対し，比較的少数の限定された部品企業との長期取引

を重視すると同時に，主要基幹部品については内製も行うということで，低コスト・良質の部品を調達することに成功した．こうした，①組立企業による，限定された部品企業との長期安定的な取引と，②組立企業自身による部分的な部品内製との組合せという部品調達システムが持つ第2の所有特殊的優位性は，先の第1の所有特殊的優位である労働市場における長期安定的な取引関係（いわば，労働市場の内部化）と同様に，中間財市場で発生する膨大な市場の取引費用と企業内の取引費用とを最小化するために組立メーカーと部品メーカーとの長期取引を利用しようとするものである．どのようにして，こうした取引費用（正確には平均市場取引費用と平均企業内取引費用との和）が最小化されるかのメカニズムについては，次の3節で述べるが，これが，正に日本企業の保有する所有特殊的優位性であると考える．こうした企業の優位性のあり方は，欧米企業とはかなり異なる．例えば，先に第4章9節で見たように，プロダクト・ライフ・サイクル仮説で想定された最先進国を出自とする多国籍企業は，その投資母国に卓越した新製品の研究・開発能力に所有特殊的な優位を保有している．しかし，生産コストについては競争力は保有していなかった．だからこそ，新製品の技術を，生産コスト面で有利な（立地特殊的な優位性を持つ）他の先進国に持ち込んで，生産・輸出拠点を設置したのである．こうした新製品に関する技術は如何に複雑なものであっても，投資受入国の政治経済社会制度および倫理観と直接的な関係を持たないために，投資受入国側に技術的能力さえあれば，受け入れやすい．

　これとは対照的に，中間財市場および労働市場の売り手と買い手双方の長期取引志向という，ユニークな市場特性を基盤にした日本企業の生産システムを直接投資によって投資受入国に持ち込もうとしても，投資受入国の市場慣行とうまくマッチしない限り，受入国が先進国であろうと途上国であろうと容易に受容されない面がある．ただし，第7章で述べるように，日本企業の側では，こうした日本企業固有の優位性は現地に移転させ，根付かせてこそ初めて役に立つので，ここに積極的に技術移転努力を行わねばならない事情がある．

2.2. 立地特殊的優位

先に2.1で述べた日本の機械組立企業の所有特殊的優位を生かすのに最も優れた立地は言うまでもなく，日本自身である．日本には，高品質の部品・中間財を低コストで生産する中間財メーカーが多く存在するし，同じく高度の訓練を受けた熟練した多能工が多く存在する．しかも，部品市場において，中間財メーカーも組立企業[3]も短期の機会主義的利益を追求するよりは長期の安定的取引関係の維持を志向する．労働市場においても，同様のことが成り立つ．このとき，日本企業は次の2.3節で述べるように，部品調達を部分的に内製（内部化）することによって，市場取引費用と企業内取引費用の和を最小化することができる．

それではこうした条件が，海外に期待できるかといえば，日本と同等の条件を持つ国はまれであるというべきであろう．北米およびEUといった先進国では，良質の部品メーカーおよび熟練労働者を見出すことは比較的容易かもしれない．しかし，これらの国では多くの場合，中間財市場および労働市場の供給者は短期的な機会主義的利益を求める可能性が高い．一方，アジア諸国の場合，市場の供給者の長期取引志向は欧米よりは高いかもしれないが，良質の部品供給者は非常に限られている惧れがある．熟練労働者の数にも限りがあろう．

しかし，立地特殊的優位を考える際，他の要因も考慮すべきである．日本企業は，その所有特殊的優位を海外で十分に発揮し得ないとしても，市場を確保するためには，現地市場での生産を行う．第3章で述べたように，1980年代後半に，現地法人の収益性が一般的に低下する中で，大規模な対米投資が進んだのは，米国市場確保のためである．日本企業の所有特殊な優位は生かせなくても市場確保のための立地の役割は大きい．

また，アジアへの投資が進んだのは，円高が継続的に進行する中で，日本の親会社の生産コストが競争力を失い，アジアへのシフトを余儀なくされるものが出たためである．ここでも，日本企業の所有特殊な優位は生かせないが，アジアの投資受入国の低生産コストおよびアジア諸国通貨のドル・リンクという立地特殊的優位は享受できる．

その意味で完璧ではないが，日本企業は投資先の立地特殊的競争優位をある程度利用してはいる．ただし，繰り返しになるが，日本の企業の所有特殊的優位を生かすには十分ではない．

第4章で検討したように，内部化理論およびプロダクト・ライフ・サイクル仮説に見る欧米企業のパターンは，企業の所有特殊的優位と投資先国の立地特殊的優位とが結びついて相乗効果を生じ，企業収益の一層の拡大を図るように見えるが，日本企業の場合，特に機械組立産業の場合には，そうした相乗効果は期待しにくい．

2.3. 内部化インセンテイブ

日本の機械組立企業が，海外市場にアクセスする場合，伝統的には，輸出に依存しており，その場合には，内部化インセンティブは非常に小さかったと考えられる．しかし，貿易摩擦や円高の結果，輸出によるアクセスが困難になると，事実上，直接投資・現地生産しか，海外市場へのアクセスの方法はなくなり，内部化インセンティブは高まる．

ただし，ここで留意すべきは，貿易摩擦・円高を契機として，所有特殊的優位，立地特殊的優位，内部化インセンティブの3条件が形式的に満足されて直接投資が行われても，投資先国の人的資本市場，中間財市場のプレーヤーが短期の機会主義から長期取引志向に変容しない限り，日系現地法人は，海外で所有特殊的優位を十分に発揮する保障は全くないことである．

これは先に述べたように，所有特殊的優位と立地特殊的優位との間に真のリンケージがないためである．このまま，放置すれば状態は改善しないどころかむしろ悪化する可能性すらある．立地特殊的優位に積極的に働きかけ，これを自企業の優位性発揮に役立つように積極的に利用する必要がある．実際海外に進出した日本企業は多かれ少なかれこうした努力を行っている．

3. 日本の海外直接投資行動についての新しい仮説モデル

3.1. 平均市場取引費用と平均企業内取引費用

本節では，本章のこれまでの議論を踏まえて，日本企業の所有特殊的優位と直接投資とのかかわりについてのモデルを定式化する．ここで対象とするのは，機械組立企業の所有特殊的優位であり，それは，中間財市場と労働（人的資本）市場における市場取引費用（並びに企業内取引費用）を削減することにかかわるものである．最初に，第4章6節で用いた図4-4をベースにしてこれを拡張する．再掲した図4-4にST（strategic）曲線（戦略曲線と名付ける）を加えたものを，この章では，図5-1とする．ST曲線は，後に述べるように平均市場取引費用（AMTC）と平均企業内取引費用（AFTC）との和である．この図の前提を，本章での議論を踏まえて，再度繰り返すと，縦軸は製造業企業が中間

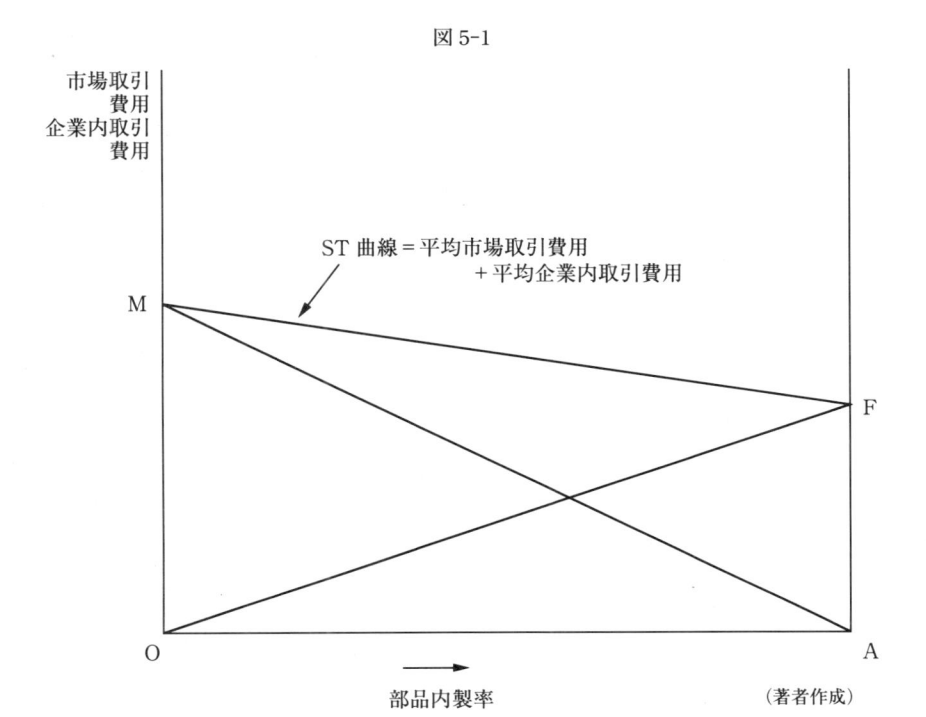

図 5-1

（著者作成）

財を市場で調達または自企業内で内製するときの（平均）市場取引費用および（平均）企業内取引費用をあらわす．部品市場での中間財供給企業も，また，部品内製を行なう当該製造業企業も中間財生産についての規模の経済を達成しているとの前提のもとに，平均生産費用は，一定であると仮定して，図5-1では省略している（以下の図では全て同様）[4]．

次に図5-1の横軸は，当該企業の中間財の内製率（およびこうした内製の増加に伴う当該企業規模の拡大）をあらわす．図5-1においては，図4-4と同様に，平均市場取引費用曲線MA曲線と平均企業内取引費用曲線OF曲線は簡単化のために，直線とした．

MA曲線が，OMを平均市場取引費用（AMTC）の最大値とし，Aをゼロとする右下がりになるのは，以下の理由による．まず，OMが最大値になるのは，当該企業が，必要とする中間財(群)の内製を，全く行っていないとき，中間財についての知識は最も少なく，内製という代替手段を持つことの交渉力もないために，当該企業の中間財市場での交渉力は最も弱く，最大の平均市場取引費用（AMTC）を甘受しなければならないためである．当該企業が中間財(群)の内製率を高めるほど，中間財についての知識は増加し，内製という代替手段のウエイトが増すことによって交渉力は高まるので，平均市場取引費用は減少する．最後に内製率が100％になれば，中間財の市場での取引は存在しなくなるので，当然，平均市場取引費用はゼロになる．

次に，OF曲線が，Oをゼロとし，OFを平均企業内取引費用（AFTC）の最大値とする右上がりになるのは，以下の理由による．当該企業が，中間財(群)の内製を全く行っていないとき，当然，平均企業内取引費用はゼロになる．当該企業が中間財の内製を開始し，この割合を次第に高めれば，当該企業の組織はこれにつれて拡大せざるをえない．組織の拡大は，企業内の調整費用の累積的な拡大を生ずるので，内製率が高まるにつれて平均企業内取引費用は増加する．最終的に，内製率が100％のときに，平均企業内取引費用は最大のOFに達する．

ところで，図4-4および図5-1の意味を再考すると，当該企業は，R. コー

スや O. ウイリアムソンが論じたように，中間財の調達にあたって，自企業内で中間財を自ら製造するか，中間財市場で調達するかの2つの選択肢を持つ．その選択の基準は AFTC と AMTC のどちらが小さいかであった．

　この議論を少し整理すれば，内生または外注のいずれか1つを選択するのではなく，当該企業にとって必要な中間財（群）の一部を内製し，残りを外注することも可能である．現実には多くの組立企業は，そのようにしている．その場合，内製の程度に応じて様々な平均市場取引費用と平均企業内取引費用との組合せを持つ．もしも平均生産費用が一定であるなら，組立企業にとって，最大の関心事は，平均市場取引費用と平均企業内取引費用の和が最小になるような内製率を選択することである．

　図4-4および図5-1で想定したように，MA 曲線および OF 曲線が直線であれば，こうした最適内製率の選択は容易である．すなわち，MA 曲線と OF 曲線の総和である ST 曲線が最小値となるのは，全て中間財市場を通じての調達が行われる O 点か，全て企業内での内製が行われる A 点しかありえない．しかし，MA 曲線と OF 曲線を直線とするのは，単純化しすぎである．ここで，われわれは，本章の1節および2節で検討した長期取引志向の効果を考慮する．

3.2. 中間財市場における長期取引志向の効果

　まず，平均市場取引費用曲線 MA に注目すると，中間財の市場取引にあたり，全く中間財の内製をしていない A 点において，最も交渉力が弱く，平均市場取引費用（AMTC）が大きいことは先の3.1で述べたとおりである．当該組立企業が自社内での中間財生産の割合を高めるにつれて，中間財市場での交渉力を高め，それにつれて，平均市場取引費用を削減することができることも，既に述べたとおりであるが，問題は，MA 曲線が，直線であるとは，当該組立企業の交渉力の増加に伴って，比例的に，平均市場取引費用が減少すると仮定していることである．必ずしもそうなる必然性はない．

　中間財市場において，中間財供給業者の長期取引志向が強い場合には，供給

業者は，顧客である組立企業の動向に非常に敏感に反応すると考えられる．中間財市場がある程度特定された範囲内の供給業者と需要家である組立企業から成り立っている場合，こうした取引相手先についての注意深い観察とそれに基づく取引上の敏感な反応は，常に生ずるものと考えられる．

ところで，もしも，当該組立企業が，中間財生産ゼロの状態から，自社内での中間財生産に着手したらどうなるか．これは，当該組立企業にとっては，先に述べたような，中間財市場での交渉力強化を意味する（交渉力強化の程度がFA直線にあらわされていると考えても良い）が，取引相手である中間財供給企業にとっては，それ以上の意味を持つ．中間財供給企業は，組立企業の内製開始を中間財市場での，当該組立企業による調達政策の重大な変更と受け止め，これまでの安定的な部品購入の継続を維持するために，平均市場取引費用（中間財供給企業にとっては短期的な機会主義的利益を意味する）の大幅な引き下げを行う理由がある．これまで中間財市場で100％中間財を調達し，しかも最大の平均市場取引費用を甘受していた当該組立企業は，中間財供給企業にとっての最優良顧客であるために，当該組立企業との長期安定的な取引関係を維持するためには，可能な限り短期的な機会主義的利益を犠牲にしても良いとの政策を，中間財供給企業は実施するものと考えられる．このため，当該組立企業の平均市場取引費用は当初は急激に減少する．

しかし，当該組立企業の中間財内製の割合が高まれば，必然的に，中間財供給企業の対応も変わってくる．当該組立企業の中間財市場での調達割合が低下する一方，同企業の中間財およびその生産についての知識や経験・能力が高まり中間財市場での交渉力がますます増強されれば，この組立企業の顧客としての重要度は，中間財製造企業の目から見て加速度的に低下することになる．言い換えると，当該組立企業との間の長期安定的な取引関係維持のために中間財供給企業が行う，短期的機会主義的利益の削減額は，組立企業の内製が進むほど（その交渉力が大きくなるので）大きくなるが，その追加的な削減分は，組立企業が中間財内製を開始した時点が最大であり，その後，部品内製の割合が高まるほど，逓減する．すなわち，中間財市場で，中間財供給企業が組立企業

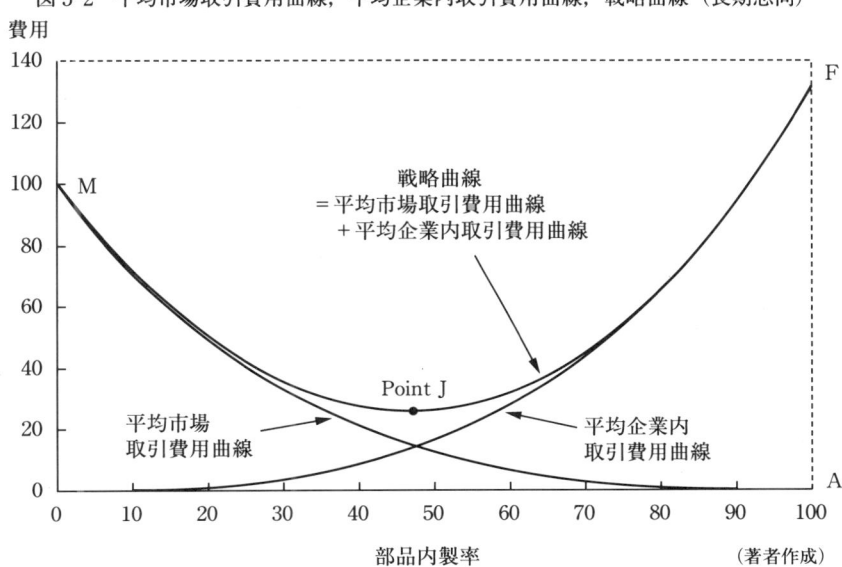

図 5-2 平均市場取引費用曲線，平均企業内取引費用曲線，戦略曲線（長期志向）

[図：横軸 部品内製率（0〜100），縦軸 費用（0〜140）．M点(0,100)から右下がりの平均市場取引曲線，A点(100,0)近くから立ち上がる平均企業内取引費用曲線OF，両者の和である戦略曲線上にPoint J．F点(100,約135)．（著者作成）]

との長期取引関係を短期的な機会主義的利益よりも選好すれば，平均市場取引費用曲線 MA は，図 5-2 に示されたような，横軸に対して凸型の右下がりの曲線になる．

3.3. 労働市場における長期取引志向の影響

次に，平均企業内取引費用曲線 OF に対する労働市場の長期取引志向の影響について，検討する．3.1 でみたように，中間財の内製の割合が増加するにつれて，企業組織は拡大し，それに伴い，企業内部での利害調整に要するコストは飛躍的に増加するために，平均企業内取引費用もまた増加する．ただし，平均企業内取引費用が，内製の割合と比例的に増加する（この場合には OF 曲線は直線になる）必然性はない．

2.1.2 で論じたように，労働市場において，労働の売り手（労働者）および買い手（企業）が長期取引志向である場合，生産現場の小集団活動を中心とした生産作業の日々の改善，品質の維持向上努力，部品在庫ゼロに向かっての努

力等々様々な改善努力が，労働者の自発的協力を得ながら実施され，平均企業内取引費用の増加は低い水準に抑えられる．長期安定的な雇用関係の維持（端的には，終身雇用制度）と当該企業に特殊なノウハウについての教育・訓練（投資）を受けることに熱心な労働者は，短期の機会主義的利益を追求するようなリスクは冒さない．したがって企業規模が拡大しても平均企業内取引費用は緩慢にしか増加しない．

しかし，ここで注目すべきは，労働者の動機付けは小集団活動の中で，小規模のグループのチーム・ワークによって問題解決・作業能率の改善を図っていくことを基盤としているために，企業規模が大きくなるにつれて，次第にその効力は低下するであろうという点である．すなわち，企業規模が大きくなればなるほど，そして企業組織が複雑になればなるほど，生産作業現場での日々の改善活動に対する企業経営者からの正当な評価は難しくなっていく．また，製造業企業といえども，企業規模の拡大につれて，生産作業現場の重要性自体が低下していく可能性がある．企業規模が大きくなって生産現場の小集団による日々の改善活動が正当に評価されなくなれば，また，社内官僚主義が肥大化して，生産作業現場自体の相対評価が低下すれば，日本企業の労働者といえども，長期取引志向は維持しつつも，可能な限り，機会主義的に行動する場合もあろう．

こうした検討結果を要約すると，労働市場の売り手と買い手とが長期取引志向をする日本企業の場合といえども，企業規模が大きくなるにつれて，企業内取引費用は累積的に増大する惧れがある．図5-2に見るように，労働市場の参加者の長期安定的な取引関係志向によって，当初は非常に低水準に抑えられていた平均企業内取引費用は，企業規模の拡大につれて累積的に増加すると見られる．こうなると一種の「大企業病」が発生したと考えることができる．当初の小集団的な一種の自主管理に対する信頼が強いだけ，「大企業病」の弊害は大きくなる可能性すらある．こうした企業内取引費用の急激な増大を防ぐためには現場での，絶えざるモラル向上運動，社内官僚主義の防止，企業のダウン・サイジング，分社化等の措置が必要になってくる．

図5-2に見るように，平均企業内取引費用曲線OFは，横軸に対して凸な右上がりの曲線となる．

3.4. 日本企業の所有特殊な優位

図5-2で，右下がりで横軸に対して凸型の平均市場取引費用曲線MAと右上がりで横軸に対して凸型の平均企業内取引費用曲線OFとを縦方向に足し合わせたのが，ST曲線（戦略曲線）である．組立企業にとっては，平均生産費用が一定なので，「平均市場取引費用＋平均企業内取引費用」が最小になる点で，中間財の内製率を定めれば，最適な結果が得られる．これはいうまでもなく，ST曲線が最小の値を示すJ点である．J点を選択することによって，日本の機械組立産業は，取引費用が巨大になりがちな，中間財市場および労働市場における取引費用を最小化することができる．これが，日本の機械組立産業が保有する所有特殊な優位であると考えられる．すなわち，必要とする中間財の一部を自社で内部化して生産，残りを市場で調達することによってこうした優位性を実現できる．

ただし，ここで留意すべきは，こうしたJ点での生産による優位達成は，これまで論じてきたように，日本の中間財市場の当事者の長期取引志向および労働市場の長期取引志向に依拠してきたことである．こうした市場特性が存在しなければ，J点での達成は不可能である．その意味で，日本企業の所有特殊な優位は日本という国の立地特殊な優位に基本的に依存していたといえる．それでは，こうした立地の優位が存在しない場合どうなるかを検討する必要があろう．

3.5. 中間財市場および労働市場が短期取引志向であるケース

図5-3に，中間財市場と労働市場とが共に短期取引志向である場合の平均市場取引費用曲線MAと平均企業内取引費用曲線OFとが描かれている．MAが右下がり，OFが右上がりであることは変わりないが，図5-2のケースとは対照的に，MA曲線もOF曲線も横軸に対して凹型の形状をしている．

なぜこうした形状になるかの理由は下記のとおりである．まずMA曲線について，中間財市場の売り手と買い手とが共に短期志向であり，長期の安定的な取引関係よりは，短期の機会主義的利益を求める場合，当該組立企業が中間財の内製を開始したとしても，中間財供給者の反応は鈍い．彼らは，組立企業の交渉力増強に対して，不本意ながらしぶしぶ反応して，わずかな取引費用削減に応ずるのみである．しかし，組立企業側は，中間財の内製をすすめて交渉力を増強すればするほど，中間財供給者に対して，厳しく市場取引費用の削減を求めるようになる．組立企業は，ますます中間財とその生産についての知識・経験を重ねており，また市場での調達に依存しなければならない部品の割合はますます減少しているので，強気の交渉を行うようになる．この結果，組立企業による中間財内製が進むほど，組立企業の交渉力は強まり，平均市場取引費用の削減は逓増的になる．これが，MA曲線が，横軸に対して凹となる理由である．

次に，OF曲線について，労働市場の売り手と買い手が共に短期志向であり，長期の安定的な取引関係よりは，短期の機会主義的利益を求める場合，新規業務の開始（すなわち，中間財生産の開始）に伴い企業規模が拡大し始めると，従業員の機会主義的行動が一気に顕在化する結果，平均企業内取引費用は急増する．ただし，企業の経営者もまた短期取引志向であり，個々の従業員の職務範囲の明確化，職務の目的と職務遂行の実績に基づく評価・報酬システムの明確化，短期間での実績実現要求等の客観性の高い経営管理基準を打ち出すので，企業組織の大規模化に伴う管理の困難化はある程度回避でき，企業規模の拡大に伴う平均企業内取引費用の増加は逓減的なものにとどまる．これが，OF曲線が，横軸に対して凹になる理由である．

図5-3で注目されるのは，先の図5-2でみたような取引費用の最小化を達成するJ点は存在しないことである．ST曲線の形状に明らかなように，組立企業が中間財の一部を自社内で内製し，残りは，中間財市場で調達しようとすれば，取引費用の最小化ではなく，最大化を図ることになる．中間財市場と労働市場が短期取引志向の場合の機械組立産業の取引費用最小化は，完全な市場取

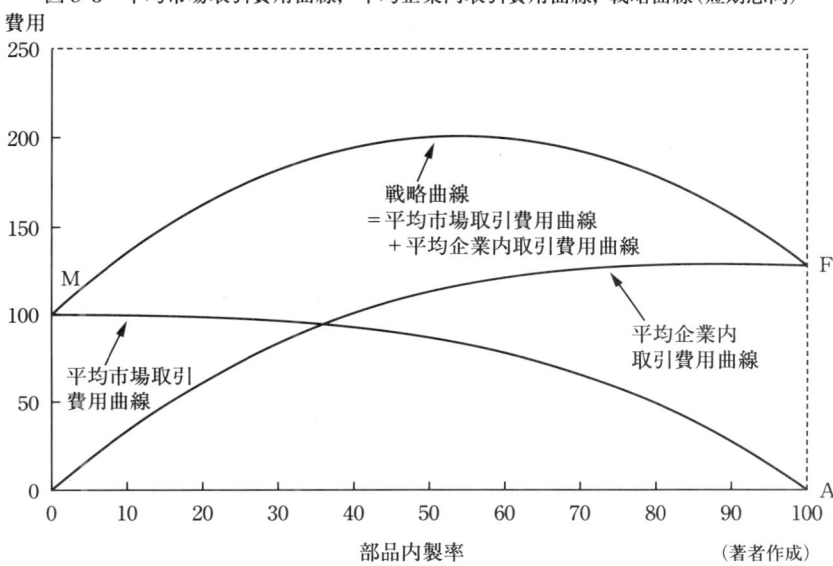

図 5-3 平均市場取引費用曲線，平均企業内取引費用曲線，戦略曲線（短期志向）

費用軸の最大値は250, M点は100, F点は約125, A点は0（部品内製率100における市場取引費用）。戦略曲線＝平均市場取引費用曲線＋平均企業内取引費用曲線。横軸は部品内製率（0〜100）。（著者作成）

引かまたは完全な中間財の内製のいずれかで達成できる．1980年代までの米国自動車会社が，必要部品の多くを内製化していたことの理由は，こうした事情によるものと見られる．また，日本の自動車会社の部品内製率が低いのは，3.4項に見たように，部分的な内製によって，取引費用の最小化を達成できるからである．

ところで，図5-2のJ点では，市場取引費用と企業内取引費用の和は，市場取引費用の最大値（OM），企業内取引費用の最大値（AF）のいずれよりも小さいので，OMまたはAFが最小値となる図5-3のケースに比べて，よりすぐれたコスト効率を発揮できることは明らかである．これが日本の機械組立企業が保有する所有特殊的な優位であり，これは，日本という投資の立地の中間財市場と労働市場の特性を前提として，これを巧みに利用する方式（すなわち，先に2.1.2で述べた企業内システムおよび2.1.3で述べた企業間システム）を確立したことに基づいている．

したがって，日本の機械組立産業にとっての大きな問題は，日本という立地

を離れて，海外事業を行うときに，こうした日本企業固有の所有特殊な優位を
いかにして維持・増強していくかということである．日本以外の多くの国では，
中間財市場と労働市場は短期取引志向が強く，そもそも日本の機械組立企業が，
海外直接投資・海外事業を開始するに十分な理由，立地特殊な優位を持たない．
それではどのようにして日本の海外直接投資が促進され，それが企業の所有特
殊な優位とどうかかわっているのかをみる必要がある．

3.6. 日本企業の海外直接投資とO，L，I優位性

これまで論じたように，日本企業の海外直接投資の決定のプロセスに関して
は，Jダニングの提唱した，折衷理論，すなわち，所有特殊的な優位（以下
「O優位」），立地特殊的な優位（以下「L優位」）および内部化の優位または内
部化インセンティブ（以下「I優位」または，「Iインセンティブ」）の3条件
が，海外直接投資・海外現地事業において全て満足されるときに，海外直接投
資・海外現地事業が行われるという状況は，厳密な意味では成り立っていない
と考えられる．日本の機械組立企業の場合，O，L，I優位が効果的に成り立
っているのは，海外ではなくて，日本国内である．むしろ，本章の冒頭1節で
論じたように，貿易摩擦および円高といった海外直接投資をプルし，また，プ
ッシュする強力な理由があり，これが，大規模な海外直接投資を引き起こして
いたものと考えられる．こうした投資の理由は広い意味では投資先国のL優
位と考えられるが，このL優位の問題点は，海外において，O優位およびI優
位との効果的な結合ができないことである．何故なら，海外市場においては，
図5-2の状況は成り立たず，図5-3の状況が成立しているために，先に2.1.2
で述べた企業内システムおよび2.1.3で述べた企業間システムをそのまま適用
しても，図5-2のJ点の達成は不可能だからである．したがって，海外では日
本企業の競争優位は実現できない．

海外においてもJ点を達成するには，何が必要かといえば，図5-3の状況を
図5-2に変える努力，すなわち，外国の中間財市場および労働市場の市場関係
者の志向を短期の機会主義的利益重視から長期の安定的取引重視へと変えるこ

とである．これは，しかし，容易なことではないかもしれない．市場での行動において何を重視するか，短期的な機会主義的利益を重視するのか，長期的な安定的取引を重視するのかは，個人および企業の考え方・人生観・価値観の根幹にかかわる基本事項だからである．

現実には，米国に進出した自動車企業に代表されるように，日本企業は市場慣行を長期取引志向に改変する方向での努力を営々と行ってきており，かなりの程度それに成功していると考えられる．具体的には，第1に，現地に部品調達に関するサプライ・センターを建設して，現地調達部品の品質向上を図ると共に，「他の部品企業と競争しながらも長期安定的な部品供給を行う」[5]という商慣行についての理解と協力を求めるといった手段を講じた．第2に，現地従業員との間に終身雇用契約を締結し，多能工養成システムについての理解を求める努力がなされている．こうした長期間にわたる着実な努力に加えて，多くの日本の部品企業が，組立企業をフォローするように海外直接投資を行っている．そうした努力の結果，現地の中間財市場と労働市場にも影響を与え，日本の生産システムは，徐々に現地に根付き始めているものと考えられる．こうした改善努力が，第3章でも論じた，1990年代央にかけての日系現地法人の北米・欧州における収益性改善にもつながったと考えられる．もしも海外立地において，図5-3の状況を図5-2のそれに変えることができれば，海外においてもJ点の効率を回復することができ，更に，円高および貿易摩擦回避の目的のために本来持っているL優位と結合させることができれば，日本企業は，北米・欧州向けに更に直接投資を行う可能性もある．しかしあくまでも，ポイントは，現地の市場を，どの程度，短期の機会主義的利益志向から長期の安定的取引志向に変えることができるか，否かにかかっている．

発展途上国への直接投資の場合には，そもそも現地に有能な部品企業が存在せず，有能な熟練労働力も存在しないために，上記のような市場のプレヤーの志向を改変する努力を行う以前に，有能なプレヤーの育成から始めなければならない面がある．その意味で，日本の生産システムを発展途上国に根付かせるためには，先進国以上に困難な面がある．これまで，アジア諸国における日系

現地法人の収益性が，日本の親会社ほどではないが，優れていたのは，円高リスクの回避と低生産コストのメリットのある輸出基地としての機能を持っていたためである．しかし，今後，例えば，アジア地域市場全体への供給を念頭に置いた本格的な自動車産業の育成を，現地部品企業の育成も含めて考えるのであれば，長期的な努力が必要である．長期取引志向の強い部品企業と熟練労働者を育成し，日本の生産システムを根付かせるためには，忍耐強い努力が必要であるし，また，現地での事業成功のためにはこれをなし遂げねばならない．

4. 日本企業のO優位とその限界，新しい直接投資の方向

これまで論じたように，日本企業のO優位は，特定の産業特性に根ざしている．すなわち，生産技術がかなり成熟しており，大量生産方式が確立し，しかも，中間財市場および労働市場に大きく依存する，機械組立産業に固有の優位性であった．機械組立産業の主たる生産要素であり，いわば，主柱である中間財および熟練労働は，本来，市場取引にあたって市場取引費用が巨大になりがちであり，これを削減することに，機械組立企業の競争力強化の淵源があった．そうすることによって，伝統的な大量生産方式（フォーディズム，テイラーイズム）の弊害を効果的に除去することができたからである．日本企業の生産方式はこれに成功したために，世界規模ですすめられた生産システムの改革をリードするという革新的な役割を果たしたわけである．

日本の生産方式が世界に伝播する過程こそが，1980年代のグローバリゼーションの本質であったとする見方もある[6]．

しかし，日本企業のO優位にも限界がある．その第1は，前3節でみたように，長期取引志向という，中間財市場および熟練労働力市場の市場特性に根本的に依存している点である．外国市場におけるこの点の対応策については，3.6.で論じたとおりである．

限界の第2は，この優位性は，成熟した機械組立産業においてとりわけ有効であるが，研究開発による新製品創出を図る先端産業においては，有効ではない．そうした先端産業分野では，もしも新製品の開発に成功し，それが市場で

受入れられれば，平均生産費用は急激に逓減し，その逓減規模に比べれば，中間財や熟練労働力の市場取引費用の規模は問題にならないくらい小さいとみられる（図5-4）．したがって，大規模な収穫逓増（平均生産費用の逓減）が続く限り，中間財も熟練労働力も企業内に取り込み内部化する方が望ましい．

　第3には，日本企業が機械組立産業で，O優位を確立することに成功したことは，先端産業分野で，独創的な研究開発に成功するためには，むしろマイナスに働く可能性すらある．企業内の様々なレベルで，たとえば研究，開発チームの中でさえ，協調主義を過度に強調すれば，独創的な発想の展開を明示的・黙示的に妨げる惧れがあるためである．ここで日本企業は，これまでの生産システムでの優位性は保持しつつ，研究開発面での国際競争力を手に入れるにはどうしたらよいかという，トレード・オフに直面することになる．

　これに対する1つの解答として，研究開発面での不足を補うために，自社の

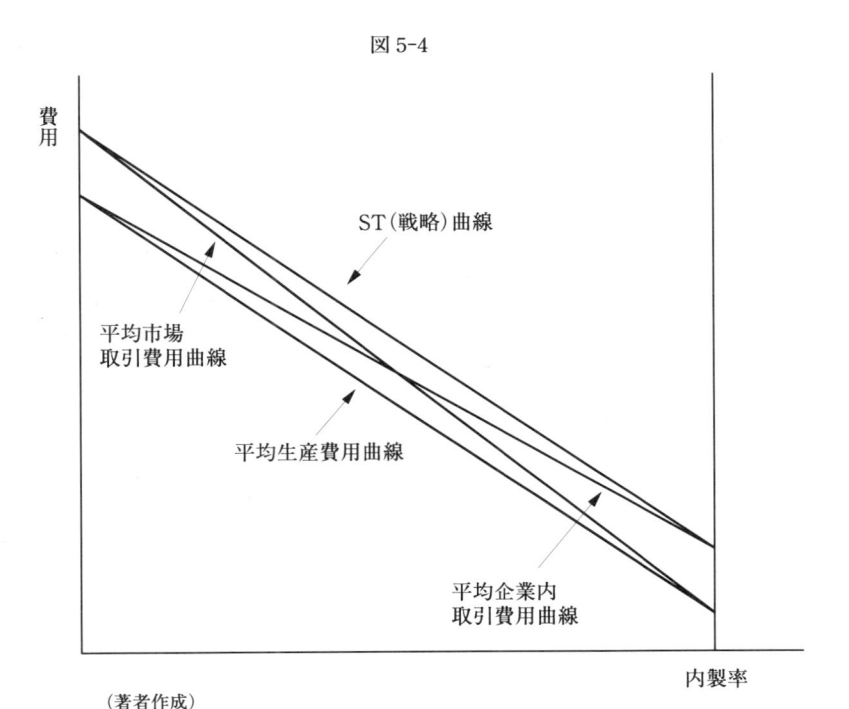

図5-4

費用　　　　　　　　　　　　　　　　ST（戦略）曲線

平均市場
取引費用曲線

平均生産費用曲線

平均企業内
取引費用曲線

内製率

（著者作成）

研究開発能力の増強とは別に，他企業の経営資源をできるだけ有効に利用しようとの考え方がある．これは，第1章でみたように，欧米企業に共通する考え方であり，即効的に自企業の競争力を強化するために，M&Aを通じて，他企業の経営資源を利用しようとするものである．第1章および第3章でも述べたが今後，日本企業においてもこうした種類の直接投資が急増するものと考えられる．こうした先端産業分野におけるM&Aを用いた直接投資は，これまで本章で議論してきた機械組立産業の直接投資とは全く異なる性格を持つことは第1章4及び第3章3で論じた通りである．

まとめると，これまで論じてきた機械組立産業の直接投資のケースでは，日本企業の保有するO優位を最も生かすことのできるのは日本のL優位であり，投資先国のL優位では十分生かしきれなかった．日本企業のO優位は，生産システムの効率性確保には有効であっても新製品の研究開発という意味では，不十分であった．今後増強されると見込まれる先端産業分野のM&Aでは，この分野で不十分であった日本企業のO優位が，例えば，欧米を出自とする企業に対するM&Aという手段を用いて，補完されることが期待されている．

M&Aは，その意味で日本企業の国際競争力を補完する有効な手段であるが，投資母国としての日本にとっても，重要な意味がある．すなわち，研究開発という最も付加価値の高い分野で海外でのM&Aに依拠することは，こうした分野での投資の立地・投資環境という意味で日本が他の先進国に比べて劣位にあることのあらわれでもある．もしも，こうした状況が続けば高付加価値な最先端分野では，日本以外の先進国にますます投資が集中する可能性がある．高付加価値な投資が集中するところには，更に一層投資が集中し，資金のみでなく，人材も，技術も情報も全て集積度が高まる．こうした集積の効果（Agglomeration Effects）が劇的に生じた先進国と，集積の生じていない他の先進国との間の格差が高まるという可能性もある．その意味で最先端分野における投資の立地としての日本の競争力を高めるべき緊喫の必要性がある．

1) 小沢輝智は，継続的な円高と内外価格差が，本来必要とされている以上に，日本

企業を海外立地に向けて押し出す，プッシュ・ファクターとなったことを詳細に論じている．
2) 長期安定的な雇用関係を保つことによって，労働市場および人的資本市場の市場取引に関するコストを削減しようとする試みは生産現場だけでなく，日本企業のあらゆる場で一般的であったが，小集団活動の中で，品質向上と生産システム改善の目標が特定化しやすい機械組立産業の生産現場こそが最も卓越したコスト削減の効果を上げているように見える．
3) いうまでもないことだが，機械組立産業は，最終製品の組立メーカーを頂点にして，その組立メーカーに部品納入する第1次部品メーカーが存在し，更にその第1次部品メーカーに部品納入する第2次部品メーカーが存在するといった技術的な階層構造になり，第1次部品メーカーは第2次部品メーカーとの関係では，組立メーカーの立場にある．同様に，第2次部品メーカーは第3次部品メーカーとの関係では組立メーカーである．
4) もちろん，当該企業の部品内製率が，非常に低い場合には，この仮定は非現実的であるかもしれないが，相当規模の企業がある程度の部品内製を本格的に決意すれば，速やかに規模の経済を達成する必要があるし，これを達成すると考える．
5) 組立企業の立場からみて，同一の部品について，複数の部品供給企業から長期安定的な供給を受けることを，しばしば「ダブル・ソーシング」と称している．
6) OECDのC.オマーンは，「Globalization and regionalization ; the challenge for developing countries」の中で1960年代のグローバリゼーションは，米国の経営資源が世界に伝播する過程，1980年代のグローバリゼーションは，日本の生産システムが世界に伝播する過程と論じている．

参考文献

青木昌彦（1995）『経済システムの進化と多様性—比較制度分析序説』東洋経済新報社

伊丹敬之・伊丹研究室（1994）『日本の自動車産業—何故急ブレーキがかかったのか』NTT出版

伊丹敬之・加護野忠男・伊藤元重編（1993）『リーディングス日本の企業システム，第1巻，企業とは何か』，有斐閣

伊丹敬之・加護野忠男・伊藤元重編（1993）『リーディングス日本の企業システム，第3巻，人的資源』，有斐閣

伊丹敬之・加護野忠男・伊藤元重編（1993）『リーディングス日本の企業システム，第4巻，企業と市場』有斐閣

市村真一編著（1998）『中国から見た日本的経営』東洋経済新報社

今井賢一・伊丹敬之・小池和男（1993）『内部組織の経済学』東洋経済新報社

手島茂樹（1998）「新段階に入った日本企業のグローバリゼーション」『国際ビジネス研究学会年報，1998年』41-59ページ

吉原英樹（1996）『未熟な国際経営』白桃書房

Aoki, Masahiko ; (1988) Information, Incentives and Bargaining in the Japanese economy, Cambridge University Press（永易浩一訳『日本経済の制度分析—情報，インセン

ティブ，交渉ゲーム』筑摩書房，1992）
Aoki, Masahiko and Dore Ronald (1994), The Japanese Firm — Source of Competitive Strength, New York : Oxford University Press Inc.（NTT データ通信システム科学研究所訳『国際・学際研究 システムとしての日本企業』NTT 出版，1995）
Beamish, Paul W. ; Delios, Andrew ; Lecraw Donald J. (1997), "Japanese Multinationals in the Global Economy", Cheltenham, UK, Northampton, USA : Edward Elgar Publishing, Inc.
Dunning, John H. (1993), "Multinational Enterprises and the Global Economy", Addison-Weseley Publishers Ltd.
Oman, Charles (1994) "Globalization and Regionalization : the challenge for developing countries" OECD Development Centre
Piore, Michael J. ; Sabel, Charles F. (1984), The Second Industrial Divide, New York : Basic Books Inc.（山之内靖・永易浩一・石田あつみ『第2の産業分水嶺』筑摩書房，1993）
Tejima, Shigeki (1996), "Japanese Foreign Direct Investment at the new stage of Globalization and its Contribution to the Asian Pacific Region", Duta, M., Hooley, R., Nasution, A., Pangestu, M. ed. *Research in Asian Economic Studies*, Vol. 7 Part B, pp. 369-389
Tejima, Shigeki (1998), "Japanese international investment in the regions of East Asia and the Pacific : a horizontal division of labor?" Mirza H. ed. *Global Competitive Strategies in the New World Economy*, Edward Elgar Publishing Ltd., pp. 214-241
Tejima, Shigeki (2000), "The effects of the Asian Crisis on Japan's Manufacturing Foreign Direct Investment in Asia" Blechinger, V. and Legewie, J. ed. *Facing Asia. . . Japan's role in the Political and Economic Dynamism of Regional Cooperation*, München, German Institute for Japanese Studies, pp. 199-216
Tejima, Shigeki (2000), "Japanese FDI, the implications of "hollowing out" on the technological development of host countries", *International Business Review* 9 (2000), pp. 555-570
Ramstetter E. (1996), "Export Propensities of Foreign Multinationals, Foreign Ownership Shares, and the Effects of Ownership Restrictions in Southeast Asian Manufacturing, in the Fifth Convention of East Asian Economic Association in Bangkok, Thailand
Roos, Daniel, Womack, James P. and Jones, Daniel (1990), The Machine that changed the world, Macmillan Publishing Company（沢田博訳『リーン生産方式が，世界の自動車産業をこう変える．』経済界，1990）

第 6 章

アジアの経済開発と日本の直接投資

1. 直接投資を通じた日本とアジアとの補完関係の構築

　第3章で，日本の対外直接投資動向全体の特徴について論じた．本章では第5章における日本企業の直接投資の特性についての議論を踏まえつつ，アジア向け日本の直接投資とアジアの経済開発の関係に焦点を絞って論ずる．

　日本のアジア向け直接投資が，1980年代後半以降，急増したことは，先の第3章で論じたとおりである．こうした活発な投資増加の背景には，1997年のアジア危機勃発以前，1980年代後半から1990年代にかけて，日本企業とアジアの投資受入国は，直接投資と貿易を通じて相互に利益になるユニークな補完関係を構築していたという事情がある．

　アジア危機の勃発はこうした補完関係の見直しを迫るものであった．この危機によってアジアの投資受入国のマクロ経済は低迷し，また，日系現地法人も売上・収益面で大きな落ち込みを経験したからである．このため，日本企業のアジア向け直接投資も最近減少傾向にある．

　しかし，アジア危機後3年を経過して，日本企業もまたアジア諸国も新しい可能性を模索しつつある．本章では，まず，本1節の残りの部分で，アジア危機以前の補完関係について論じ，2節では，アジア危機が日系現地法人に与え

た影響について検討する．最後に，3節では，アジア危機後の新たな補完関係構築の可能性について検討する．

直接投資を通じた補完関係について論ずる際に，直接投資が投資母国経済および投資受入国経済に大きなインパクトを生じうることをまず指摘しなければならない．

まず投資母国に対する影響を考えると，次のような可能性が考えられる．

第1のケース（「ケース1.1」）として，対外直接投資が急激に拡大する結果，投資母国の主要輸出産業そのものが，投資先国に流出する事態になれば，投資母国の輸出競争力は減退し，当該国内では，「経済空洞化」の懸念が強まるかもしれない．1980年代後半および1990年代央の対外直接投資拡大期には，日本国内で，頻繁に「空洞化の懸念」が論議された．

第2のケースとして（「ケース1.2」），もしも，対外直接投資の拡大が，逆に，当該国の輸出の拡大を伴えば，これは，「経済空洞化」が生じているのではなく，むしろ，「直接投資が輸出産業を補完し，これを増強している」と考えるべきであろう．1980年代後半以降の日本企業のアジア向け投資は，現実には，（ケース1.1）でなく，（ケース1.2）の効果を持ったと考えられる．

一方，投資受入国側が開発途上国であるとすれば，対内直接投資の流入により非債務性の資金を受入れたときに，3つのケースが考えられる．

第1に（「ケース2.1」），当該外資系現地法人が投資受入国市場を目指す事業を行う場合には，成長の制約を課すことになる惧れがある．内需向け事業は，輸出競争力・外貨獲得能力の増強には結びつかず，現地事業に必要な資本財・中間財の輸入分だけ，当該投資受入国の外貨獲得能力は制約されるためである．

第2に（「ケース2.2」），当該外資系現地法人が投資受入国市場よりも輸出市場を目指す事業を行う場合，輸出競争力・外貨獲得能力の増強が，現地事業に必要な資本財・中間財の輸入増を上回れば，ネットの外貨獲得能力の増加によって，当該投資受入国の成長は加速され，当該国の一人あたり所得は増加して，経済開発は持続的に促進される．

第3に（「ケース2.3」），当該外資系現地法人が投資受入国市場よりも少ない割合で輸出市場を目指す事業を行う場合，輸出競争力・外貨獲得能力の増強が，現地事業に必要な資本財・中間財の輸入増を下回れば，当面は，当該投資受入国の成長は加速され，当該国の一人あたり所得は増加して，経済開発は促進されるが，ネットの外貨獲得能力は減少しているので，早晩，貿易・経常収支赤字の制約に直面し，持続的な経済成長は困難となり，開発政策には制約が課される．

上記の考え方に基づき，1980年代後半以降，アジア危機までの日本とアジアの補完関係を整理すると，次のようになる．

日本企業は，継続的な円高と，主要輸出先であった米国およびEU諸国との貿易摩擦への対応から，アジアへの直接投資を増強し，国際的な生産ネットワークを構築することによって，為替リスクと貿易摩擦を回避し，コスト競争力を維持しようとした．労働集約型の生産拠点をアジアにシフトさせても，その操業に必要な資本財および中間財の日本からの輸出は継続したために，全体として日本の輸出が減少することはなかった．これは日本の対アジア直接投資が生じたのは，「ケース1.2」であったことをあらわしている．この点については，本節の後半で数字を挙げて，より詳しく説明する．

一方，アジア諸国，なかでもASEAN諸国は，1980年代後半以降，従来の保護貿易主義的な輸入代替工業化政策の行き詰まりから，外資を利用した輸出製造業の育成をコアとした開発政策に転じた．この結果，製造業輸出の急速な拡大と高度経済成長を達成，外資利用型の輸出産業育成による開発政策は成功をみた．その一方，こうした輸出製造業の操業に必要な資本財および中間財の輸入は増加しており，貿易・経常赤字はGDPの数％に上る国が多かった（表6-1）．アジア危機以前の段階では，上記3つのケースのうち「ケース2.3」が実現したと考えられる．したがって，日本企業（直接投資企業）とアジア諸国（投資受入国）の関係は，相互に利益のある補完関係ではあるが，アジア諸国側から見てかなり大きな貿易・経常赤字が継続するという不安定性を抱える面もあった．もちろん，国際資本移動がスムースに行われる現代では，外国投資

表 6-1　経常収支の GDP 比率

(単位：%)

	1991	1992	1993	1994	1995	1996	1997	1998	1999
日本	2	3	3.1	2.8	2.1	1.4	2.3	3.6	4
中国	3	1.3	－2	1.4	0.2	0.9	3.3	3.4	3.3
韓国	－3	－1.5	0.1	－1.2	－1.9	－4.9	－1.9	12.9	7.9
台湾	6.9	4	3.2	2.7	2.1	4	2.7	2	2.2
香港	6.6	5.3	7	1.2	－4.3	－1.4	－3.5	0	1.2
インドネシア	－3.4	－2.2	－1.5	－1.7	－3.4	－3.4	－2.7	2.5	2.7
マレーシア	－8.8	－3.8	－4.8	－6.3	－10	－4.9	－4.8	6.5	4.6
フイリピン	－1.9	－1.6	－5.5	－4.6	－4.4	－4.7	－5.2	－1.5	－0.7
シンガポール	11.2	12	7.3	16.2	16.9	15.9	15.4	20.6	18.9
タイ	－7	－5.7	－5.1	－5.6	－8.1	－7.9	－2	10.7	9.9
ベトナム		－0.1	－5.9	－7.6	－9.4	－9.8	－6.4		

(APEC)

家の信任を得さえすれば，貿易・経常赤字を直接投資以外の間接投資・銀行貸付でまかなうことは十分可能である．しかし，これら直接投資以外の資金形態は第2章で指摘したように時として過度に急激に移動する（Volatility が高い）ので，長期安定的な経済開発を支えるものとしては不安が残る．アジア危機の際に見られたように，貿易・経常収支の一時的な上昇が投資家の不安心理を募らせ，これが引き金となって，大量の証券（間接）投資資金・銀行貸付の引き上げを生ずれば，まさに不安が実現されてしまうためである．1980年代後半以降形成された日本とアジアの補完関係には，こうした不安定の種を内包している面もあったと考えられる．

　以上の関係を直接投資および貿易の数字面から確認すると，以下のとおりである．

　日本のアジア向け直接投資の1980年代後半以降の伸びがどれほど急激であったかをラフな比較であるが，1985年以降の15年間の直接投資累計額10兆3070億円と，1984年以前の34年間の直接投資累計額4兆6380億円との比較でみると，前者は後者の3倍近くに達している．1985年以降は，業種別には，製造業と非製造業がほぼ拮抗しており，製造業の中では，電機，化学，鉄・非

表 6-2 日本の主要地域別輸出入額推移

(単位：兆円)

暦年	総輸出	総輸入	アジア 輸出	アジア 輸入	欧州 輸出	欧州 輸入	北米 輸出	北米 輸入
1986	35.3	21.6	10.2	9.2	7	3.4	15	6.1
1987	33.3	21.7	10.1	9.6	7.1	3.7	13.8	5.8
1988	33.9	24	10.9	9.9	7.7	4.4	13.1	6.8
1989	37.8	29	12.4	12	8.3	5.3	14.6	8.2
1990	41.5	33.9	14.1	14.2	9.7	6.7	15.1	9.2
1991	42.4	31.9	15.7	13.9	9.7	5.8	14.5	8.6
1992	43	29.5	16.6	13.3	9.4	5.2	14.4	7.9
1993	40.2	26.8	16.4	12.2	7.5	4.5	13.7	7.3
1994	40.5	28.1	17.1	12.8	6.9	4.8	14	7.6
1995	41.5	31.5	18.9	14.6	7.2	5.6	13.1	8.3
1996	44.7	38	20.8	18.1	7.6	6.4	14.1	10.1
1997	50.9	41	22.7	19.8	8.9	6.6	16.6	10.7

(外国貿易概況)

鉄，輸送機（含む自動車）が多い．

　次に，日本のアジア向け直接投資の仕向け地を，対外直接投資フローで見ると，1980年代後半の最初の投資先はアジア NIEs であったが，これら諸国のコスト競争力が急速に失われると共に，日本企業の投資先は ASEAN 諸国にシフトした．特に，1980年代末から1990年代初頭にかけてのタイ，インドネシア，マレーシアに対する投資フローの伸びは著しい．しかし，1990年代に入ると投資先としての中国がクローズアップされ，中国は，1993年にはインドネシアをしのぎ，日本にとってアジア最大の投資受入国となった（44ページの表3-3参照）．中国は1996年まで，アジア最大の投資受入国としての地位を保持した．こうしたアジア域内での主要投資先国の変遷が，1990年代前半における ASEAN 向け直接投資資金の伸び悩みとこれに対応するためのこれら諸国による証券（間接）投資資金・銀行貸付への依存の拡大を生じた面もある．特にアジア危機の引金となったタイでは，1997年の危機に至るまでの間，先に29ページの表2-6でみたように，対内直接投資資金の流入を，対内証券投資の流入が一貫して上回った．ところで，投資先としての中国は，1997年度には再

びインドネシアに凌駕された．更に，1998年度および1999年度には，中国向け直接投資は急速に減少している．一方，ASEAN諸国向け直接投資は，1997年度には前年度比大幅に増加しこの結果，1997年度は，アジア向け直接投資は史上最高の水準を記録することとなった．しかし，その後，1998年度，1999年度と連続して，日本のアジア向け直接投資フローは減少した．特に，1999年度には，日本の対外直接投資フロー全体が前年度比40％以上増加したにもかかわらず，アジア向けは減少したわけで，日本の直接投資が新たな局面に入ったことを窺わせる．この理由としては，第3章に述べたように，北米・欧州における日系現地法人の収益性が回復してきたこと，日本企業が自社の国際競争力強化のために北米・欧州におけるクロス・ボーダーM&Aに，積極的に取り組むようになったこと，および本章2，3節で論ずるように，アジア危機の影響で日本企業がアジア向け直接投資には当面慎重な姿勢をとっていることがあるものと考えられる．

次に，日本とアジアとの間の貿易関係について見ると，日本にとって輸出先としてのアジアの重要性が急速に高まってきたことは明らかである．表6-2によれば，輸出先としてのアジアは，1990年までは，北米に次ぐ地位にあったが，1991年以降は，一貫して最大の輸出先地域である．世界全体への輸出に占めるシェアも，1980年代後半の30％前後から，1990年代後半には，45％前後へと15ポイント近い上昇をみせている．一方，アジアからの輸入も重要度を高めている．アジアからの輸入は1980年代後半既に世界全体からの輸入の4割以上を占めていたが，1990年代後半には，世界の5割近くを占めるに至っている．輸出入の構成で目に付くのは，1980年代後半以降，輸出入共資本財のウエイトが漸増していることである．すなわち，日本の資本財輸出は，1980年代後半における，全輸出の50％前後のシェアから，1990年代後半には，60％前後と10ポイント近い上昇を示している（表6-3）．同様に，輸入でも資本財のシェアは，10％前後から20％以上へと，10ポイント以上の増加を示している（表6-4）．注目されるのは，資本財の輸入先であり，1980年代後半にはその8割以上が，米国，EUといった先進国からの輸入であったが，1990年

表 6-3 日本の輸出の財別構成

(単位：%)

	資本財	(電気機械)	(輸送機械)	(その他)	耐久消費財	(電気器具)	(自動車)
1986	48.6	13.79	11.99	18.32	29.93	3.04	15.76
1987	51.1	15.25	11.82	19.49	27.8	2.45	15.58
1988	52.78	17	9.94	21.15	25.7	2	14.59
1989	54.27	17.44	9.9	22.22	24.39	1.76	14.07
1990	53.97	16.95	10.22	22.15	25.14	1.86	14.4
1991	54.56	17.67	9.95	22.12	24.79	1.98	14.2
1992	55.38	17.62	10.58	22.49	24.24	1.82	14.3
1993	57.56	18.81	11.12	22.95	22.18	1.59	13.06
1994	60.07	20.38	11.36	23.51	19.32	1.35	11.36
1995	61.62	22.13	10.29	24.15	16.48	1.07	9.41
1996	61.4	21.35	10.16	24.75	16.28	0.82	9.73
1997	59.76	20.88	9.68	23.87	17.71	0.72	11.32

表 6-4 日本の輸入の財別構成

(単位：%)

	資本財	(電気機械)	(輸送機械)	(その他)	耐久消費財	(電気器具)	(自動車)
1986	10.34	3.32	2	4.16	3.59	0.17	0.84
1987	10.91	3.59	1.87	4.51	5.31	0.3	1.35
1988	11.92	4.31	1.79	4.99	6.36	0.6	1.62
1989	12.66	4.73	1.56	5.46	7.33	0.66	1.91
1990	14.03	4.87	2.2	6	8.68	0.53	2.64
1991	15.02	5.5	2.33	6.09	7.22	0.63	2.18
1992	15.25	5.47	2.34	6.26	7.21	0.73	2.14
1993	16.14	6.42	2.2	6.28	7.47	0.78	2.1
1994	17.78	7.48	2.3	6.59	8.51	1	2.53
1995	20.55	9.11	1.64	8.27	9.33	1.21	2.97
1996	22.79	10	1.59	9.36	9.3	1.18	2.93
1997	24	10.21	2.01	9.76	8.59	1.09	2.31

(外国貿易概況)

代後半には，発展途上国からの資本財輸入が急増している（1986年の13％から1997年の41％まで）．その大半はアジアからの輸入であり，アジアからの資本財輸入が4割を占めるに至っている．

以上のことから，日本企業のアジアへの直接投資の急増および日本とアジアとの貿易の増加，中でも，資本財貿易の増加が窺える．日本は，アジアへの直接投資を拡大しつつ資本財輸出も増強し，投資と輸出が補完しあう「ケース1.2」を実現した．また，アジアからの資本財輸入は，日系現地法人からのものが大半と見られるが，アジアのコスト競争力を日本の親会社が利用して親会社の競争力増強に資することを目指したものと考えられる．

2. アジア危機が日系現地法人に与えた影響

2.1. アジア危機の影響度調査

周知のとおり，1997年のアジア危機は，アジア諸国のマクロ経済に大きな影響をおよぼした．その影響は大きく分けて，第一に，経済の急速な減速・国内市場の縮小，第二に自国為替レートの大幅な減価，そして第三に，金融システムの混乱の3つであると考えられる．

こうした投資先国のマクロ経済の混乱・不振は当然のことながら，現地で事業を行っている日系企業にも多大な影響を与えた．特に，現地市場向け生産事業を行っている現地法人は多大なマイナスの影響をこうむった．著者は1998年に，日本輸出入銀行（現国際協力銀行）海外投資研究所においてアジア10カ国で生産事業を行っている日本の主要製造業企業256社を対象にアンケート調査を行い（回答，157社），アジア危機の影響と今後の見通しについての調査を行った．以下では，その結果をベースに，後続のフォローアップ調査の結果も加えてアジア危機が日系企業に与えた影響について論じる．

1998年の調査で対象にしたのは，アジア危機で最も大きな影響を受けたと思われるタイ，インドネシアを含むASEAN 6カ国（上記のタイ，インドネシアに加えて，マレーシア，フイリピン，シンガポール，ベトナム）および韓国，台湾，香港，中国の10カ国・地域である．調査の主なポイントは，①アジア

危機が日系現地法人の売上におよぼす影響，②同じく収益性におよぼす影響，③アジア危機後の今後の直接投資についての見通し，の3点である．この3点について，以下順次述べる．

2.2. 国別売上高についての影響

売上に対する影響に関しては，在アジア日系現地法人の，アジア危機以前の売上を100としたときに，アジア危機後の調査時点（1998年）ではどの程度，売上が増減しているか，今後1～3年のうちには売上はどの程度変化するか，また，今後3～5年ではどのように変化するかについて調査している．

表6-5はこの調査の結果を国・地域別に一覧表にまとめたものである．アジア危機以前の売上を100と想定しているので，現在（1998年調査時点）の数値が低いほど，当該国に所在する日系企業は，売上の減少を現実に経験し，大きなダメージを受けたことになる．

なお，表中のSAI（=Simple Average Index）は，単純指数を意味し，回答企業の売上についての回答を単純平均したものである．また，WAI（=Weighted Average Index）は，加重指数を意味し，回答企業の売上についての回答を回答企業の国内（日本）売上規模でウエイトをかけて加重平均したものである．このアンケート調査では，回答企業は，5段階評価で「アジア危機以前に比べて売上が大幅減」の場合には，「1」を，「アジア危機以前に比べて売上が減」の場合には，「2」を，「アジア危機以前に比べて変化無し」の場合には，「3」を，「アジア危機以前に比べて売上が増」の場合には，「4」を，そして，「アジア危機以前に比べて売上が大幅増」の場合には，「5」を各々選択することとなっている．単純指数の算出にあたっては，「1」の回答に「50」，「2」の回答に「75」，「3」の回答に「100」，「4」の回答に「125」，そして，「5」の回答に「150」のウエイトを各々かけて，指数の算出を行った．加重指数の場合には，更に，各回答に回答企業の売上規模によるウエイトをかけた．

表6-5で，まず単純平均指数に注目すると，9カ国（サンプル数の少ないベトナムを除く）平均で見て，「現在」すなわち，1998年調査時点で，売上が，

表 6-5　アジア危機後の, 日系現地法人の売上高指数（国・地域別）
（アジア危機以前を 100 とする）

		1998 年現在	今後 1～3 年 （1999-2001）	今後 3～5 年 （2001-2003）
9 カ国	SAI	88.5	100	112.1
	WAI	73.9	92.2	109.4
タ　イ	SAI	81.3	96.8	109.6
	WAI	76.5	102.4	118.7
インドネシア	SAI	81.6	93.1	108.5
	WAI	58.3	67.1	89.2
マレーシア	SAI	94.8	104.8	111.7
	WAI	101.6	109.1	110.4
フイリピン	SAI	90.3	104.4	122.1
	WAI	79.1	105	127
シンガポール	SAI	91.7	104	116.7
	WAI	95.7	103.6	107.6
韓　　国	SAI	88.8	97.2	107.7
	WAI	100.6	107.8	110.9
中　　国	SAI	111.7	116.7	126.7
	WAI	113.6	114.4	115.8
台　　湾	SAI	103.6	105.4	115.4
	WAI	117.5	116.4	129.6
香　　港	SAI	90.4	98.1	109.6
	WAI	94.1	98.6	114.2

SAI：単純平均指数　　WAI：加重平均指数

（著者の調査に基づく）

88.5 と, アジア危機以前よりも 11.5 ポイント減少したことがわかる. 次に, 同じ項目の加重平均指数を見ると, 73.9 であり, 単純指数よりも小さい. 加重指数が, 回答企業の売上でウエイトをかけた指数であることを考慮すると, 企業（売上）規模の大きな回答企業の在アジア現地法人ほど大きな売上減少を経験していることが窺える. 反対に, 加重指数のほうが単純指数よりも大きければ, 規模の大きな回答企業の現地法人に対するダメージのほうが小さいことになる.

　表 6-5 で, 国・地域別に見て, 単純指数で最も大きな減少を見たのは, タイ, 次いで, インドネシア, 韓国, フイリピン, 香港, シンガポール, マレーシア,

台湾，中国の順となる．アジア危機のマクロ経済におよぼす影響が最も強かったと見られるタイ，インドネシア，韓国の3カ国で，日系現地法人の売上落込みもまた最も大きかったことは注目される．また，中国および台湾では，単純指数の値が100を上回っており，1998年調査時点では，これらの国に所在する日系現地法人には全体として，アジア危機のマイナスの影響はなかったことをあらわしている．

一方，加重指数で見ると，減少幅の大きい順に，インドネシア，タイ，フイリピン，香港，シンガポール，韓国，マレーシア，中国，台湾の順であり，インドネシアとフイリピンにおいて，大規模企業の売上の落込みが大きかったこと，逆に，韓国においては，大規模企業の現地法人はあまり危機の影響を受けなかったことがわかる．加重指数が単純指数を上回ったのは（すなわち，大企業のほうが，現地法人の売上の落込みが少なかった国は），マレーシア，シンガポール，韓国，中国，台湾，香港の6カ国に達した．

次に「今後1〜3年（調査時点を基準にして1999-2001年）」における現地法人売上高の回復見通しを見ると，まず9カ国平均の単純指数では，100の水準を回復しており，比較的短期間のうちにアジア危機以前の水準にもどることが見込まれている．もちろん国による格差があり，インドネシア，タイ，韓国，香港では，今後1〜3年の内にアジア危機以前の水準に近づきはするが，この水準を超えるまでには至らない．一方，シンガポール，フイリピン，マレーシアでは，アジア危機以前の売上水準を回復するのみでなく，これを上回ると見込まれる．台湾，中国では，1998年時点で特に売上の減少を見ておらず，更に今後1〜3年（1999-2001年）のベースでは，一層売上を伸ばす．

留意すべきは加重指数ベースの動きであり，「今後1〜3年」の間では，9カ国平均で，92.2と，アジア危機以前の売上水準に達しない．したがって，大規模な回答企業ほどアジア危機後の現地法人売上高回復について，慎重な見方をしているといえる．しかし，国・地域別に見るとこの慎重な見方が特に強いのは，インドネシアについてであり，タイ，韓国ではむしろ大規模企業のほうが楽観的な見方をしている．

最後に「今後3～5年（調査時点を基準にして2001-2003年）」における現地法人売上高の回復見通しを見ると，まず9カ国平均の単純指数では，100の水準を約12ポイント上回っており，アジア危機の影響からは完全に脱却することが見込まれている．国・地域別に見ても，全ての国で，100の水準をかなり上回っており，特に，中国，フイリピン，シンガポール，台湾の増加が著しい．

加重指数ベースで見ても，インドネシアを除く全ての国で，100の水準を越え，特に，台湾，フイリピン，タイ，香港，韓国では，加重指数が単純指数を凌駕し，中期的には大規模企業ほど積極的な収益性回復の見通しを持っていると言える．留意すべきなのはインドネシアであり，中期のベースでもアジア危機以前の水準には戻らない．大規模企業ほど同国の中期的将来性について厳しい見方をしていることが窺える．

売上についての，短期および中期の見通しをまとめると，インドネシア，タイ，韓国，香港を除いて，今後1～3年でほぼアジア危機の影響を脱却し，今後3～5年では，インドネシア以外の全ての国でアジア危機以前の売上を上回ると見込まれる．タイ，韓国，香港については大規模企業ほど，積極的な見方をしている．かられらにとっては，アジア危機からの現地法人売上の回復に要する期間はインドネシアをのぞき，今後1～3年（1999-2001年）ということになる．今後3-5年（2001-2003年）の中期で売上不振の問題が残るのは大規模企業のインドネシア法人のみである．

2.3. 国別収益性についての影響

売上と同様に，アジア危機が在アジア日系現地法人の収益性におよぼす影響についても，調査した．売上同様，アジア危機以前の在アジア日系現地法人の収益性を，100としたときに，アジア危機後の調査時点（1998年）ではどの程度，収益性が増減しているか，今後1～3年（1999-2001年）のうちには収益性はどの程度変化するか，また，今後3～5年（2001-2003年）ではどのように変化するかに注目した．

表6-6 アジア危機後の，日系現地法人の収益性指数（国・地域別）
（アジア危機以前を100とする）

		1998年現在	今後1～3年 (1999-2001)	今後3～5年 (2001-2003)
9カ国	SAI	81.7	95.3	109.7
	WAI	64.1	78.7	103
タ　イ	SAI	76.3	91.6	107.3
	WAI	63.3	82	109.6
インドネシア	SAI	74.2	89.5	107.3
	WAI	54.9	62	88.2
マレーシア	SAI	84.2	95.2	105.9
	WAI	87.2	99.4	109.4
フィリピン	SAI	82.4	100	120.6
	WAI	78.6	104.7	106.3
シンガポール	SAI	87.1	101.6	113.3
	WAI	95	102.2	107.5
韓　　国	SAI	75.9	92.6	106.7
	WAI	71.3	90.1	110.3
中　　国	SAI	108.3	116.7	123.3
	WAI	103.7	115.2	115.8
台　　湾	SAI	98.2	101.8	113.5
	WAI	115.8	116.4	131.2
香　　港	SAI	92.3	98.1	113.5
	WAI	90.5	99.8	116.6

SAI：単純平均指数　　WAI：加重平均指数

（著者の調査に基づく）

　表6-6はこの調査の結果を国・地域別に一覧表にまとめたものである．この表の見方・考え方は，前表6-5と同じであるので，詳細は繰り返さない．売上に対する影響との対比も含め，幾つかの特徴が看取される．

　まず，第1に，在アジア日系現地法人の収益性に対するアジア危機のマイナスの影響は，売上に対する影響よりも深刻であると見られる．9カ国平均の，現在（1998年調査時点）の単純指数は81.7％であり，アジア危機以前よりも18.3ポイント落ち込んでいる．これは，売上の落込みの11.5％よりも大きい．今後の回復も今後1～3年（1999-2001年）の短期のうちには見込めず，今後3～5年（2001-2003年）の中期になって初めて，アジア危機以前の水準を越

える.

　第2に，国・地域別に見ても，現在（1998年調査時点）の単純指数ベースで，収益面で大きなダメージをこうむったところが多い．特に，インドネシア，韓国，タイの落込みが大きい．アジア危機以前の収益を越えたのは，中国のみ（108.3）である．

　第3に，現在（1998年調査時点）の加重指数が単純指数を上回っているのは，マレーシア，シンガポール，台湾の3カ国のみであり，売上に比べて収益性については大規模企業ほど，深刻なダメージを受けている国が多い．

　第4に，短期（今後1～3年，すなわち，1999-2001年）の単純指数では，インドネシア，タイ，韓国，香港，マレーシアでアジア危機前の収益性を回復していない．また，加重指数で見て，マレーシア，香港はほぼアジア危機以前の水準を回復するが，インドネシア，タイ，韓国では，これは，困難である．この3国では，大規模企業ほど，今後1～3年でアジア危機以前の収益水準を回復することを難しいと見ている．ただし，ほかの6カ国では大企業の場合でもこの期間内でほぼアジア危機以前の収益水準を回復すると見込んでいる．

　第5に，今後3～5年（2001-2003年）の中期では，インドネシアを除く全ての国・地域で，単純指数で見ても，加重指数で見ても，アジア危機以前の収益水準をかなり凌駕すると見られる．単純指数での伸びが大きいのは，中国，フイリピンであり，加重指数の伸びが大きいのは，台湾，香港，中国である．

　収益についての，短期および中期の見通しをまとめると，インドネシア，タイ，韓国，マレーシア，香港を除いて，今後1-3年でほぼアジア危機の影響を脱却し，今後3-5年では，インドネシア以外の全ての国でアジア危機以前の収益を上回ると見込まれる．マレーシア，香港については大規模企業ほど，積極的な見方をしており，大規模企業にとっては，アジア危機からの現地法人売上の回復に要する期間は，今後1～3年（1999-2001年）ということになる．今後3～5年（2001-2003年）の中期で収益性不振の問題が残るのは大規模企業のインドネシア法人のみである．

　なお，国際協力銀行は，タイ，マレーシア，インドネシア，フイリピン，韓

国の5カ国について，1999年に，部分的に，著者と類似の調査を行っており，これによると，2002年に，アジア危機以前の収益水準に達するのは，フイリピンのみであり，残りの4カ国が，アジア危機以前の水準を回復するのは，2004年であるという結果を報告している．現実には，著者の調査結果よりはやや収益性の回復は遅れ気味と見られる．

2.4. 業種別売上高についての影響

表6-7は，主要業種別売上についての，著者の調査結果である．表の構成は，表6-5および表6-6と同様である．売上の現状を見ると，かなり業種によって格差があることがわかる．単純指数で見ても，加重指数で見ても，化学および電機・電子部品産業の売上は比較的良好であり，これとは対照的に，自動車組立および自動車部品産業は不振である．

電機・電子組立産業は，単純指数で見る限りアジア危機のマイナスの影響は比較的少ないが，加重指数ベースではかなり売上の落込みを経験している．すなわち，大規模企業ほどダメージを受けている．こうした業種による売上成果

表6-7 アジア危機後の，日系現地法人の売上高指数（業種別）
（アジア危機以前を100とする）

		1998年現在	今後1～3年 (1999-2001)	今後3～5年 (2001-2003)
化　　学	SAI	98.4	110.2	122.8
	WAI	91.8	101.9	124.3
電機電子組立	SAI	89.2	99	111.5
	WAI	68.3	78.7	94.1
電機電子部品	SAI	96.2	103	113.1
	WAI	104.2	99.7	105.5
自動車組立	SAI	61.8	87.5	107.5
	WAI	65.4	106.5	125.5
自動車部品	SAI	76.7	88.3	100.4
	WAI	58	73	90.3

SAI：単純平均指数　　WAI：加重平均指数

（著者の調査に基づく）

の差は，現地市場を目指すか，輸出市場を目指すかという，事業内容の差によるところが大きいと思われる．

本節の冒頭で述べたように，アジア危機の影響によって投資受入国の国内市場が大きく縮小したために，現地市場指向型の自動車産業は大きなダメージを受ける一方，輸出志向の強い電機・電子産業，特に電機・電子部品産業では，比較的マイナスの程度が小さかったものと考えられる．表6-8には，調査回答企業の保有する在アジア現地法人の業種別の輸出比率が示されている．明らかに，輸出比率の低い自動車組立および自動車部品産業の売上の落ち込みは大きく，輸出比率が最も高い電機・電子部品産業の売上はアジア危機以前とほぼ同等である．化学，電機電子組立も比較的輸出比率が高く，売上の落込みもそれほど大きくない．

今後の売上の回復見込みについては，化学，電機・電子組立および部品については，（電機・電子組立の加重指数を除いて）短期のうち（1999-2001年）に，ほぼアジア危機以前の水準の回復が見込まれている．しかし，電機・電子組立の大規模企業は，売上回復について慎重な見方をしている．注目されるのは，自動車組立の加重指数であり，現在非常な売上ダメージを受けているにも

表6-8 在アジア日系現地法人の輸出比率（業種別）

		1998年現在	今後1-3年 （1999-2001）	今後3-5年 （2001-2003）
化学	SAI	32.6	33.6	32.8
	WAI	42.5	41.1	38.3
電機電子組	SAI	42.8	47.7	49.8
	WAI	42.5	47.7	51.5
電機電子部	SAI	62.1	61.7	62.1
	WAI	50.7	57.4	58.4
自動車組立	SAI	12.5	14.5	14.5
	WAI	12.7	16.6	18.5
自動車部品	SAI	18.0	22.6	23.8
	WAI	17.2	23.9	27.0

SAI：単純平均指数　　WAI：加重平均指数

（著者の調査に基づく）

かかわらず，今後1〜3年の短期（1999-2001年）のうちには，早くもアジア危機以前の水準を6ポイント上回り，今後3〜5年の中期（2001-2003年）には，アジア危機以前の水準を25.5ポイント上回るという非常に積極的な見通しを立てている．こうした見方の背景には，次に3節で述べるアジア危機以降の日本自動車産業の積極的な戦略転換があるものと考えられる．

2.5. 業種別収益性についての影響

表6-9は，業種別収益性についての著者の調査結果である．全体的な傾向は，売上の場合と類似している．すなわち，自動車組立および部品産業の落込みが他の産業に比して大きい．しかし，全体的に売上よりは収益の落込みのほうがさらに大きい．また，自動車部品産業の加重指数は中期見通しでもまだアジア危機以前の水準に比べてかなり差があることが懸念される．自動車組立大企業に比べて，自動車部品大企業は，収益性回復にかなり慎重な見方をしている[1]．

表6-9 アジア危機後の，日系現地法人の収益性指数（業種別）
（アジア危機以前を100とする）

		1998年現在	今後1〜3年 (1999-2001)	今後3〜5年 (2001-2003)
化　　学	SAI	86.7	105.4	123.7
	WAI	75.8	89.1	122.2
電機電子組立	SAI	83	93.1	111
	WAI	59.1	71.4	96.8
電機電子部品	SAI	89.3	101.8	111.3
	WAI	82.8	99.9	110.4
自動車組立	SAI	51.5	73.8	100
	WAI	50	71.3	105.6
自動車部品	SAI	72.5	84.6	98.8
	WAI	56.8	64.4	82.6

SAI：単純平均指数　　WAI：加重平均指数

（著者の調査に基づく）

2.6. 直接投資計画
2.6.1. 国・地域別

著者の1998年調査の大きな柱として,今後の国別および業種別直接投資計画について把握した.今後の直接投資計画は,国別にも業種別にも,アジア危機後の売上・収益実績パフォーマンスによるところが大であると考えられる.

表6-10は,1997年の投資水準を100とした国別投資計画の結果である.10カ国全体として(今回は十分なサンプル数があったのでベトナムを含む),

表6-10 アジア危機後の,直接投資計画(国・地域別)
(1997年を100とする)

		今後1〜3年 (1999-2001)	今後3〜5年 (2001-2003)	今後10年 (-2008)
10ヶ国・地域	SAI	94.1	97.8	101.9
	WAI	88.4	95.4	102.9
タ イ	SAI	88.9	94.4	100.8
	WAI	78	88.6	101
インドネシア	SAI	83.8	96.1	102.5
	WAI	71.7	86.1	100
マレーシア	SAI	96.2	97.3	100.7
	WAI	84.7	91.5	101.1
フイリピン	SAI	101	102.2	107.2
	WAI	90.9	94.5	108.3
シンガポール	SAI	94.8	95.8	96
	WAI	93.2	97.3	97.6
韓 国	SAI	91.9	92.8	98.1
	WAI	91	95.6	100.4
中 国	SAI	99.7	103.4	107.8
	WAI	100.3	100.5	105.6
台 湾	SAI	96.2	98.6	100.3
	WAI	93.9	104.6	106.1
香 港	SAI	93.6	95.8	100
	WAI	96	100	102.2
ベトナム	SAI	100	104.8	108.3
	WAI	93.1	103.6	106.1

SAI:単純平均指数　　WAI:加重平均指数

(著者の調査に基づく)

1997年の直接投資水準の回復は，今後10年という長期の展望においてのみ達成される見込みである．

ただし，先の表3-3（44ページ）によれば，1997年における日本のASEAN諸国およびアジア全体に対する直接投資フローは史上最高水準にあったことを考慮すると，在アジア現地法人の売上・収益がアジア危機後減少しているにもかかわらず，今後1～3年にわたり，1997年水準の8割以上を維持しようとしていること（単純指数ベース）はむしろ，アジアに対するこれら企業の思い入れの深さをあらわしていると考えられる．この理由としては，多くの企業はすでに，かなりの投資を行ってアジア事業にコミットしており，当面の売上・収益の悪化を理由にして簡単に撤退ないしは縮小する状況にはないことがあると見られる．その意味で，投資計画については売上・収益の差ほど，国毎に大きな差はつかない．ただし，加重指数ベースで見ると，大規模企業は，タイ，インドネシア，マレーシアへの投資についてはかなり慎重であることが窺える．

しかし，今後3～5年の中期になると，アジア10カ国全ての国に対してかなり積極姿勢に転ずる．売上・収益の見通しで，非常に慎重な見方をしていたインドネシアに対してすら，単純指数で96.1，加重指数で86.1の投資が見込まれている．

2.6.2. 業　種　別

表6-11は，1997年の投資水準を100とした業種別投資計画の結果である．業種別投資計画においても，国別同様に，売上・収益の差ほど，業種ごとに大きな差はつかない．売上・収益で，電機電子産業や化学産業と比べて，かなり落込みの目立った自動車産業においても，今後の投資計画の落込みはそれほどではない．そうはいっても，在外現地法人の業績（売上・収益）が最も悪かった自動車部品産業の，1997年直接投資水準への回復は，今後3-5年程度の中期では達成できず，長期的な課題になる．

表6-11 アジア危機後の,直接投資計画(業種別)
(1997年を100とする)

		今後1〜3年 (1999-2001)	今後3〜5年 (2001-2003)	今後10年 (-2008)
化学	SAI	95.5	98.7	105.5
	WAI	93.9	95.9	104.8
電機・電子組立	SAI	97.3	102	105.4
	WAI	89.6	96.8	100.7
電機・電子部品	SAI	101.1	102.1	102.1
	WAI	101.3	107.6	106.9
自動車組立	SAI	89.5	96.5	101.2
	WAI	83.8	98.3	108.8
自動車部品	SAI	80.1	88.1	96
	WAI	77	79.8	104.7

SAI：単純平均指数　　WAI：加重平均指数

(著者の調査に基づく)

2.7. 本節のまとめ

本節の議論を整理すると,以下のとおりである.

日本企業の在アジア現地法人は,アジア危機によって売上・収益でダメージを受けた.国別には,インドネシア,タイ,韓国等,業種別には,自動車組立および部品産業のダメージが大きかった.売上の回復には今後1〜3年,場合によっては3〜5年を要する.収益の回復には1-3年でなく,3〜5年を要する場合が多くなる.今後の直接投資が1997年の水準を回復するのは,1997年の投資フローの水準そのものが高かったこともあり,容易ではない.しかし,売上・収益が,アジア危機によってダメージを受けたほどには,直接投資の落込みは大きくなく,短期および中期共底固い.これはこれまでの日本企業のアジアへのコミットの大きさをあらわしているものと考えられる.そこで,次節では,アジア危機後の日本企業とアジアの投資受入国の展望・新たな補完関係の在り方について検討する.

3. アジア危機後の新たな補完関係構築の可能性

直接投資を経済開発促進の基軸に据えることの重要性は,今や多くの開発途

上国で認識されている．その嚆矢となったのは，本章の1節で論じたようにアジア諸国，特に，ASEAN諸国であり，ASEAN諸国は，日本企業との間に，両者にとってプラスになるような，効率的な補完関係を構築した．しかし，2節で論じたように，アジア危機の影響で，在アジアの日系企業は大きな影響を受け，両者の補完関係のあり方も変わろうとしている．本節では，この点につき最近の動きも含め，論じ，将来の方向性について検討する．そのために，投資受入国と日本企業の両面からの検討を行う必要がある．最近のケースとして，タイとマレーシアを取り上げる．

3.1. タ　イ

アジア危機を経験して，投資受入国は，マクロ経済の様々な困難に直面すると共に，直接投資受入れ促進の重要性を改めて知ることとなった．既に見たように，間接投資・銀行貸付等に比べて直接投資はVolatilityが低い上に，経営資源の流入をももたらすという大きな利点があるからである．

タイでは，1978年制定（1999年10月一部改正）の外国人事業法（Alien Business Law：ABL）により，外国人・外国企業の活動禁止・規制分野を定め，外国人・外国企業の株式所有を最大49％までに制限することとしているが，現実には投資奨励法（Investment Promotion Act：1978年制定，1999年10月，一部改正）によって，直接投資企業に対する弾力的な政策運用を図っている．すなわち，ABLの存在にかかわらず，輸出への貢献，地方への立地，優先業種への投資等の条件を満たせば，現地法人への出資にあたり，多数所有または100％所有が認められ，更に，税制上の優遇措置を受けることもできる．具体的には，下記の3点につき，タイ国投資委員会（Board of Investment：BOI）の審査を受け，投資奨励プロジェクトと認定されれば，優遇を受けられる．

① 売上高全体に占める輸出のシェアが50％以上の企業（「輸出貢献企業」）については，外国人・外国企業に対しても，51％以上のマジョリティ出資を認める．また，80％以上の輸出を行う企業の場合には，100％出資も可能である．

② 最も遠隔で，経済的後発地域（ゾーンIII）に立地する企業[2]には，国内市場向けの生産を行う企業に対しても，地方振興のために，外国人・外国企業に対して，51％以上のマジョリティ出資を認める．また，100％出資を認める場合もある．

③ タイにとって戦略的に重要と認められるサポーティング・インダストリーへの投資の場合，外国人・外国企業に対しても，51％以上のマジョリティ出資を認める．また，100％出資を認める場合もある．

こうした従来からの基本的なスキームに加えて，1997年アジア危機のあと，短期資本の急激な流出を補い，対内直接投資流入を促進するために，タイ政府は，追加的な対内直接投資優遇措置を取った．そのうち最も重要なのは，2つであり，第1は，「ゾーンIおよびIIに立地する既存および新規企業で，国内市場向けの生産を行っている企業であっても，輸出比率にかかわらず，外国人・外国企業に対しても，51％以上のマジョリティ出資を認める．また，100％出資を認める場合もある．」と暫定的に，定めたことである．この措置は，既存のプロジェクトについては，1997年12月より，また，新規投資については，1998年11月より，BOIから認められたが，すでにタイ向けに大規模な投資を行っている日本企業には，後述するように，大きな意味を持った．

第2の措置は，金融部門に対する直接投資の緩和措置であり，1997年，銀行および金融会社を含む金融機関に対する外資の出資制限を緩和，外資の出資上限を，株式全体の25％から49％まで引き上げた．更に，これにとどまらず，期間10年という限定付きで，100％出資を外資に認めた．この措置は欧米を中心とした外国銀行のタイ向け投資の拡大に大きな意味を持った．

第1の製造業における出資制限の緩和措置は，アジア危機でダメージを受けた現地事業の梃入れに乗り出そうとする日本の親会社に対し，増資による資金供与の道を開くものであり，合わせてこの機会に現地企業の経営支配を強化することを可能にするものであった．日系現地法人は，アジア危機の影響で邦銀からの現地資金調達が困難になっていたことから，増資による資金協力の方法は大きな意味を持った．加えて，前節（2節）で論じたように，自動車組立

および部品企業は，アジア危機によって大きな影響を受けており，タイの日系主要自動車企業は，状況打開のために，国内市場志向から輸出志向への転換を図っていた．これは従来の内需志向路線からは，大きな方向転換であり，輸出自動車産業を確立しようとすれば，品質，コスト面で解決すべき問題は多い．このような戦略的な事業展開をするためには，大幅増資による現地法人株式のマジョリティの確保は不可欠であったと思われる．こうした日本企業の増資によって，タイへの製造業部門の直接投資，特に，輸送機械（自動車部門）のそれは高水準を保っている．

自動車産業は，膨大な裾野産業と，規模の経済の達成を必要不可欠とするものであることから，発展途上国で，自動車輸出産業を育成することは容易でないが，日本企業に限らず，GM，フォードもタイを生産・輸出拠点とする投資プロジェクトを実施している．当面，輸出産業への転換政策においても日系の自動車企業は優位を保ちそうである[3]．第一に，日本企業はこれまで，内需向け中心とはいえ，東南アジアの現地生産事業に長い歴史を持ち，高い市場シェアを誇ってきた実績がある．第二に，タイでは，日系部品産業の蓄積もある程度進み，第8章で述べるBBC，AICOスキームに則ったASEAN域内の企業内部品分業・供給体制もある程度確立してきていることから輸出産業への転換にも成算があるものと考えられる．日本企業の輸出志向への転換もあり，1999年速報ベースのタイの自動車貿易収支は160百万ドルの黒字，すなわち，360百万ドルの輸出に対して，200百万ドルの輸入になったと伝えられている（タイBOI東京事務所）．

こうしたことから，裾野産業の育成，人材の育成を効率的に行い，第5章で論じたような日本企業の強みを十分に発揮することができれば，輸出産業創出プロジェクトも成功の可能性を持とう．そのためには，第7章で論ずるように，技術移転を効果的に行う必要がある．自動車産業のように膨大な裾野産業と人材を必要とする製造業を国際競争力ある輸出産業として育成することができれば，投資受入国の経済開発にとって決定的に大きなプラスになることは明らかである．部品の現地生産が進めば，アジア危機以前の日本・アジア間の補完関

係において制約条件となったアジアの投資受入国側の継続的な貿易・経常赤字の問題（本章1節で論じた）も，次第に解消に向かう可能性がある．ここに，日本・アジア間の新しい補完関係成立の可能性がある．

　第2の，金融部門に対する直接投資の緩和措置は，外国銀行によるタイ地場銀行の買収の急増をもたらした．OECDによれば，シンガポール開発銀行によるThai Suri Danu Bankの株式54％の取得，ABN AmroによるBank of Asiaの株式75％の取得，Standard Chartered BankによるNakornthon Bankの株式68％の取得などが伝えられている．外国銀行にとっては，規制緩和は，バーツ安に加えて，経営困難に直面して資産価値を減じているタイの銀行を買収する好機であり，タイ側は1998年，1999年にかなり大きな直接投資資金の流入を得た．またこうしたM&Aが外国銀行の経営資源流入を通じて，買収されたタイ地場銀行の競争力強化につながっているとの見方もある．

3.2. マレーシア

　マレーシアは，タイよりも古くから積極的に外資を利用して経済開発に役立てる政策を取ってきた．対内直接投資残高で見て，経済規模に勝るタイよりも多く直接投資を受入れてきた国であり，また，近年のフロー・ベースでも，一貫してタイをしのぐ直接投資を毎年受入れており，1998年になって，はじめてタイに逆転された．近隣のASEAN諸国に比して，インフラストラクチュアが相対的に整備され，国民に英語力があり，熟練度の高い労働力を持つこと，地域内の情報・金融・物流センターであるシンガポールに隣接していること等，優れた投資環境を持っていることがこうした対内直接投資の順調な流入の原因であると考えられる．

　マレーシアは，輸出増強，ブミプトラの保護，技術移転の促進等を重視して選別的な政策を取っているが，タイの外国人事業法（ABL）のような広範囲にわたる外資の参入禁止分野を定めた規制は存在しない．更に，補償なく外資の接収・国有化を行わないことは，憲法で定められている．しかし，外国企業が，マレーシアに投資を行うに際し，マレーシア政府の投資奨励を認められた場合

にのみ，外資に課された規制を緩和され，インセンティブを受けることができる構造は，タイと同様である．投資奨励の認可を与えるのはマレーシア工業開発庁（MIDA）である．

外資出資比率については，輸出促進の目的から規制が行われており，その考え方はタイと同様である．ただし，数値目標はタイよりも細かく定められている．まず外資の出資比率を最大30％までに制限している．その上で，製造業企業で製品輸出比率80％以上の企業に対しては，出資制限を撤廃し，最大100％まで出資可としている．また，輸出比率51％-79％の企業に対しては，51％以上，場合によっては79％までの出資を認めている．また，輸出比率20-50％であれば，出資比率30-51％，20％未満であれば，30％までと，細かく定められている．

更に，ハイテク産業やMulti Media Super Corridorのような戦略的プロジェクト（国家的に重要な，高度に技術集約・資本集約的なプロジェクト）に対する投資促進のために，長期にわたる法定所得税の減免等の措置を取っている．

マレーシアは，アジア危機の深刻化に対応して，タイ同様の対内直接投資規制の緩和・投資促進策を取っており，1998年7月，2000年末までに申請・承認された全てのプロジェクトに対し輸出比率にかかわらず，外資100％の出資を認める経過措置を発表した．

ただし，その結果はタイの場合ほど劇的ではない．タイ向け直接投資は，アジア危機にもかかわらず，1997年，1998年には，急激に増加したのに対し，マレーシア向け投資は，1997年には前年並みの高水準を保ったものの，1998年には大きく減少した．

こうした両国の違い，マレーシアの不振については，マレーシアで，1998年に実施したリンギットのオフショア取引規制等の悪影響を指摘する声もある．直接投資に影響を与える措置ではないが，投資家の心理にマイナスに作用したとするものである．

ただし，著者が1999年末に同国を訪問した際には，マレーシアの輸出事業はリンギット安もあり非常に好調でアジア危機後も特段問題ないという印象を

受けた．対内直接投資フローの減少は直ちにマレーシア経済にマイナスの影響を与えてはいないようである．

3.3. アジアにける新たな補完関係構築の可能性について

アジア危機を乗り越えて，日本企業とアジアとの間に新しい補完関係を構築する兆しが見える．

3.1，3.2項でみたように，タイの場合には，現下の自動車産業は，国内市場の不振に苦しんでいるが，元々東南アジア最大の国内市場を持ち，ある程度裾野産業も育っていることから，長期的な可能性については日米企業を含む外国企業は疑いを持っていないと思われる．むしろ，現在の困難にもかかわらず輸出産業としての自動車産業の構築を図りつつ，国内市場の回復を待つという長期展望を持ちうる．

マレーシアの場合，逆に，現下のエレクトロニクス輸出産業は好調であるが，長期展望を考えれば，一層の高度技術化・高付加価値化が必要である．こうした意味で，例えば，隣接するシンガポールと比較してハイテク分野で，十分な競争力を持ちうるのか，また，NAFTA や EU の市場統合が進む中で，従来同様のエレクトロニクス輸出基地としての地位を保ちうるのか，長期的な課題は大きいと思われる．

アジア危機の教訓が示すように，投資受入国が，マクロ的には，貿易・経常赤字の長期的な赤字をこうむりつつ，対内直接投資ではない外部資金に依存した経済成長を続けることには困難が多い．対内直接投資が外国からの流入資金の大半を占める中国のようなケースは別にして，多くの国は，対内直接投資を利用した経済開発の利益は十分承知しつつもその誘致に苦労している．したがって裾野産業を発達させつつ世界市場の動向に大きく左右されることのない輸出産業を確立することができれば，貿易・経常赤字を回避することができ，かつての補完関係の弱点をかなり解消することができるであろう．輸出競争力を持つためには，低コスト・良質の部品生産を行う裾野産業の発達を見なければならない．日系企業を含めこうした現地裾野産業が成長すれば，中間財・資本

財の輸入も次第に減少することとなり，アジアの投資受入国の貿易・経常赤字問題は解消に向かう道が見えてくる．

日本企業にとってアジアに投資する際の2大目的は現地市場の確保と生産・輸出拠点の確保である．後者の生産・輸出拠点の確保にあたっては，第5章で論じた日本企業の優位性を海外においても可能な限り維持・拡大できることが望ましい．そのためには，次章で述べるように，適切な技術移転が必要である．適切な技術移転を行うことによって，現地生産事業が成功し収益性が向上する道が開ける．国内の生産ネットワークでなく，国際的な（アジア規模での）生産ネットワークによって，国際競争力を維持・拡大する方向を模索すべきであろう．

国内の生産ネットワークから国際ネットワークにシフトする過程で国内が空洞化する可能性はどうか．答えは，国際ネットワークへのシフトと空洞化は全く関係ない，ということである．国際ネットワークへのシフトは，企業競争の上で，勝ち残るためにとられた手段である．国際ネットワークへのシフトが生じても生じなくても空洞化は起こりうる．シフトが生じなければ空洞化に加えて企業が勝ち残りにくい状況が生ずるだけである．真の空洞化問題は，日本国内で，従来型の輸出産業が立地の優位性（L advantage）を失う一方，競争力ある先端産業分野が生ずる経済的・社会的環境に欠けていることである．

確立された技術に基づく国際ネットワークへの部品・資本財についてはできる限りアジアからの供給に任せ，日本国内では，新製品の開発および新製品の輸出の道を開拓することで，アジアとの新しい補完関係を構築していくことが，日本が生き残り，アジアとの間で長期安定的な補完関係を形成するための唯一の道である．

1) 1999年に，著者と類似の調査を行った国際協力銀行によれば，化学産業は，2002年には，アジア危機以前の水準を凌駕するが，電機・電子部品と自動車部品がアジア危機全以前の水準を回復するのは2004年，電機・電子組立と自動車組立は更に遅れるという，若干後ろ倒しの見込みになっている．
2) BOIは，地方振興の観点から，タイ全土を，バンコク首都圏からの距離に応じて，ゾーンⅠ，Ⅱ，Ⅲの3つに分け，特に遠隔で後発のゾーンⅢに立地する投資

を優遇している.このゾーンのカテゴリーは首都バンコックからの距離に基づくが,現在一人あたり所得に応じた新しいゾーンA, B, Cに改変した.
3) 2001年1月に著者がタイで調査したところでは,輸出に最も成功しているのはマツダ/フォードの合併企業.

参 考 文 献

伊藤正一（1998）『現代中国の労働市場』有斐閣
奥田英信・黒柳雅明編著（1998）『入門開発金融―理論と政策』日本評論社
奥田英信（2000）『ASEANの金融システム―直接投資と開発金融』東洋経済新報社
日下部元雄・堀本善雄（1999）『アジアの金融危機は終わったか―経済再生への道』日本評論社
北村かよ子編（1999）『東アジアの中小企業ネットワークの現状と課題―グローバリゼーションへの積極的対応』日本貿易振興会アジア経済研究所
木村福成編著（2000）『アジアの構造改善はどこまで進んだか―自立的な経済発展を目指して』日本貿易振興会
島田克美・藤井光男・小林英夫編著（1997）『現代アジアの産業発展と国際分業』ミネルバ書房
関満博（1999）『アジア新時代の日本企業―中国に展開する雄飛型企業』中公新書
手島茂樹（1998）「直接投資と経済開発」『海外投資研究所報』第24巻第6号 4-48ページ
手島茂樹（1998）「アジア危機が日本企業の直接投資に与える影響―製造業259社へのアンケート調査を踏まえて」『海外投資研究所報』第24巻第9号 4-65ページ
東京三菱銀行調査部編著（1999）『アジア経済・金融の再生』東洋経済新報社
日本興業銀行（1999）『図説中国産業地図』日本経済新聞社
丸川知雄（1999）『市場発生のダイナミックス』日本貿易振興会アジア経済研究所
丸山恵也・成田幸範編著（1995）『日本企業のアジア戦略―国際分業と共生の課題』中央経済社
浦田秀次郎・木下俊彦編著（1999）『21世紀のアジア経済―危機から復活へ』東洋経済新報社
Fujita, Masataka (1998) "The Transnational Activities of Small and Medium-sized Enterprises", Boston, Dordrecht, London : Kluwer Academic Publshers
Lall, Sanjaya (1990), "Building Industrial Competitiveness in Developing Countries", Paris : OECD
OECD Proceedings (1999) "Foreign Direct Investment and Recovery in Southeast Asia", Paris, OECD
Mason, Mark (1999), "The Asian Economic Crisis : Impacts on US Multinational Corporations", *EXIM Review*, Vol. 19, Number 3, 1999
OECD (1998) "Foreign Direct Investment and Economic Development. . . Lessons from Six Emerging Economies", Paris, OECD
Tejima, Shigeki (1999), "The Effects of Asian Crisis on Japan's Manufacturing FDI", *EXIM Review*, Vol. 19, Number 3, 1999

Tejima, Shigeki (1999), "A Comparative Analysis of Globalization of Japanese and American Corporations from the View Point of Foreign Direct Investment Strategies Following the Asian Economic Crisis", *EXIM Review*, Vol. 19, Number 3, 1999

第 7 章

海外直接投資の技術移転効果

1. 海外直接投資による技術移転を通じた経済開発効果

　直接投資が開発途上国の経済開発にプラスの効果を持つことは，先に第6章で論じたとおりである．1980年代および1990年代のアジア諸国，特に，ASEAN諸国の経験から，大量の直接投資の流入が，これら諸国の輸出製造業の発達と経済成長に寄与したことは疑い無い．1997年のアジア危機を経験した後も，この基本的な認識は変わっていない．むしろ，リスク見合いでの短期的なハイ・リターンを求めて，世界をVolatileに駆け巡る間接投資とは異なり，安定的な非債務性資金をもたらす対内直接投資は発展途上国にとっては最も望ましい安定的な資金であるとの認識が深まっている．しかも，経営資源を伴う直接投資の役割に対する評価・期待はアジア危機後，一層高まっているといっても過言ではない．具体的には，第6章3節で見たとおり，アジア危機後，タイ，マレーシアでは，急激かつ大規模な短期資金の流出を，直接投資流入で補うべく，思い切った直接投資規制の緩和・外資に対する優遇措置の強化を行っている．

　ただし，技術移転を通じて，直接投資が投資受入国の経済開発にプラスの効果をおよぼすとしてもそれには限界があることを，1997年のアジア危機は，

厳しく指摘していることも疑い無い．それは，端的にいって，対内直接投資が，①投資受入国の資本財・中間財産業の育成および地場産業の高付加価値化・競争力強化にどの程度寄与し得るか，②投資受入国の技術基盤の形成や人材育成にどの程度役立つか，といった諸点である．

先に，第6章で，アジア危機に先立つ日本企業とアジア諸国の補完関係について検討したときに，アジアの投資受入国から見て，継続的な貿易・経常赤字の問題が存在することを指摘した．貿易・経常赤字が長期にわたって解消されないとすれば，その大半が非債務性の直接投資資金でまかなわれるのでない限り，結局は投資受入国の債務管理上困難に逢着し，その長期安定的な高度成長の達成は不可能となる．ところでこうした貿易・経常赤字の主因が資本財および中間財の輸入拡大であれば，見かけの製品輸出の拡大にもかかわらず，当該投資受入国において，十分な技術基盤の形成や裾野産業の発達，そして，人材育成等がこれまでのところ行われていなかったことになる．

逆に，こうした投資受入国側で，裾野産業・技術基盤・人材の育成に成功すれば，「成長と輸出が加速するにつれて，貿易・経常赤字が継続し，場合によっては赤字幅が拡大する」というメカニズムを断ち切ることができる．

そこで本章では，直接投資を通じた技術移転の現状と今後の見とおしについて，日本企業と欧州企業の比較を含め，論ずる．それに先立ち次の第2節では，技術移転についての3つのカテゴリーについて整理する．

2. 技術移転の内容の2類型および技術移転の方法についての3つのカテゴリー

2.1. 技術移転の内容の2類型および企業内技術移転

直接投資と技術移転の関係を考えるとき，両者の関係を非常に簡明にあらわしているのは，ケイビス（1982, pp. 224-228）による整理である．すなわち，「直接投資とは，海外市場にアクセスする際に，技術ライセンスよりも有利に自社の保有する技術からリターンをうるべく，選択される経営形態である」との見方である．第4章で論じたように，企業が海外市場にアクセスする場合，

①「輸出」と，②「技術輸出」と，③「海外直接投資による海外現地生産」の3つの方法があるが，本節で問題になるのは，②と③の比較であり，②よりも③の方がより高いリターンを生ずるときに，③が選択され，海外投資が起きるとの議論である．この議論そのものは単純明快である．現実には，本節で述べるように，移転の対象となる技術の内容によって，ケイビスの議論がそのまま成り立つタイプの技術（後に述べる第1類型）とそうでないタイプの技術（第2類型）とが存在するものと考える．

この2つの類型についてはこの後すぐに論ずるとして，次の問題は，なぜ，「技術輸出」が十分なリターンをあげ得ないかであるが，その根底には，以前繰り返し論じたように，技術市場には売り手と買い手との間に情報の非対称性があり，更に技術取引に固有の特性があるために，十分に売り手の納得する売値を実現することが困難であるためである．再度，確認のために述べると，技術取引市場では，買い手は，取引の対象となる技術について，売り手ほど十分な知識を有していない．したがって，売り手は，買い手を納得させるためにこの技術の価値についてある程度説明しなければならない．しかし，もしも，売り手が買い手を説得するために，この技術の核心部分について説明してしまえば，もはや買い手は，（既にこの技術のエッセンスを了知しているので）対価を払ってまで，この技術を購入する意欲を失うかもしれない．このように，技術市場の性格上，売り手も買い手も納得する市場取引の成立は困難な面がある．

国際的な技術売買であれば，こうした困難度は，一層高まると思われる．海外の技術購入者に，技術の価値を納得させて，満足できる技術輸出価格を実現するのは，交渉当事者相互の情報交換・相互理解が一層少ないために，国内における技術売買契約交渉よりも一層困難であると思われる．

このような状況のもとでは，技術市場における買い手は高く評価しなくとも，売り手側が自己の技術の優秀さに自信を持っており，この技術を用いて海外市場で自ら事業を行えば，技術を売却するよりも高い利益を上げることができると信じていれば，売り手側は技術の内容を外部にディスクローズすることなく，

いわば技術取引を内部化して，直接投資を通じて自ら海外事業経営を行うであろう．これが技術市場を内部化するための海外直接投資である．

このように，国際技術貿易市場におけるアームス・レングスの企業間取引は実現されずに，技術取引は企業内技術取引へと，内部化される．

ところで，技術の企業内取引に対する対価は親会社と子会社との間の売買契約に基づいて直ちに回収される場合もあれば，当該技術を用いた中長期的な現地事業の収益の中から配当として回収される場合もあろう．いずれにせよ，現地法人が当該技術をフルに利用して，高い収益を挙げるためには，外国投資企業およびその現地法人が考慮しなければならない点が２つある．第１に，技術は完全に移転され，効率的に利用され，リターンをあげる必要がある．第２に，移転した技術から十分なリターンを獲得するまでは，この技術の企業外への流出はできるだけ避ける必要がある．そうでないと，十分なリターンを回収する以前に技術が陳腐化してしまうかも知れない．この２つは，外国投資家（多国籍企業）の出自を問わず万国共通の，企業の技術移転に際しての基本政策と考えられる．

しかし，これから直ちに論ずるように，技術移転の内容によっては，第２のポイントである技術の社外への流出を回避するのが難しい場合もある．日本の製造業企業が生産システムを移転しようとする場合，流出の可能性は特に高い．結局，一般的には，第１のメリットが，第２のデメリットを上回って，当該技術からネットで高い収益を上げることが，技術移転の目的となる．

こうした動機から海外直接投資が行われる場合，企業は，第１に，海外事業を成功させるために必要な技術移転は過不足なく，行おうとするであろう．その一方で，社外への，対価を伴わない技術流出は，当然のことながらできるだけ回避するであろう（第１のケース）．

それにもかかわらず，新技術を持って海外で新しい生産事業を行えば，意図しているか否かにかかわらず，投資先国に対して，必ず何らかの形での波及効果があるであろう（第２のケース）．

最後に，第２とはちょうど逆に，自社の事業を効率的に行うためには，あえ

て意図的に，社外，例えば，関連部品企業に対して，意図的な技術流出ないしは事実上の技術移転を行うかもしれない（第3のケース）．

　第1を，意図した企業内技術移転，第2を，意図せざる2次的技術移転と考えることができる．更に第3を，意図的に社外に対して行う技術流出ないし技術移転と呼ぼう．

　以上のように，技術移転の方法には3つのカテゴリーがあると考えられる．本節2.1の残りでは，企業内技術移転について論じ，他の2つのカテゴリーについては，以下，順次2.2，2.3で論ずる．

2.1.1. 技術移転の内容の2つの類型

　企業がどのような内容の技術を移転するかで，効率的な移転方法も変わってこよう．

　第1の類型として，新製品，新しい生産プロセス等についての技術移転が考えられる．この場合であれば，設備の設計図，仕様書，オペレーション・マニュアルと比較的短期間の現地エンジニア，ライン・ワーカーの研修・OJTがあれば，十分であるかもしれない．ただし，受入れ現地法人側に十分な技術基盤，技術者が存在する必要がある．

　次に，第2の類型として，先に第5章で論じたような，日本企業固有の競争優位に基づく，生産現場での効率的な生産システム等を現地法人に移転しようとするケースがある．この移転のプロセスはより複雑である．まず，日本企業の生産現場の主要な特徴である，①多能工養成のための複数の職務間でのローテーション・システム，②小集団単位での業務改善努力と同じ小集団単位での（個人の）業績評価，③これらの背景にある長期雇用システムへの雇用者・被雇用者双方の強い選好，といった諸特徴を現地法人の経営者・従業員が十分に理解し，積極的にこれに取り組むような動機付けが必要である．そのためには，第1の類型とは異なり，多くの日本人が現地に派遣され，OJTを通じて，日常的に，細かい技術指導を生産現場で行う必要があろう．

　こうした状況は，第1類型と異なり重要な情報が，設計図，仕様書，マニュアル等に体化されておらず，生産現場の属人的な暗黙知となっているために，

必然的に生じざるを得ない事態だが，移転を図る親会社にとっては，多数の人材派遣を含め，膨大な時間と費用を要するものである．したがって第1の類型の技術よりもはるかに移転は行いにくく，コストがかかる．しかし，これを行わねば，海外現地事業において日本企業固有の競争優位を生かせないところに，日本企業のジレンマがある．

また，日本からの派遣人員が多く，しかも長期にわたり現地にとどまれば，投資受入国側からの誤解および反発を受け易い．日本の親会社からみれば，膨大な派遣費用と人材の投入によって，ようやく技術移転を行いえたとしても，現地側から見れば，多数の日本人の長期派遣は，技術を現地に移転せず日本人の間で独占するための措置であるとの誤解を招くことすらある．

更に，長期雇用システムへの雇用者・被雇用者双方の強い選好は，第5章で論じたように，日本の製造業の固有の競争優位，国際競争力を支える重要な要素であるが，これの移転は容易ではない．欧米はもとよりアジア諸国の多くにおいても，中間財市場および労働市場における短期取引志向，いい換えれば，長期の安定的な取引を継続するよりも，短期の機会主義的利益を多く望む傾向がより一般的であり，こうした市場行動のパターンを変えるのは社会・文化的伝統もあって容易ではない．多くの日本企業はこの点に多大な労力をかけて，長期取引指向の定着に努めているわけであるが，多くの場合，非常に時間を要するし，真の理解を得るのは容易ではない．第3章および第6章で論じたように，北米および欧州における日系現地法人の多くは，1980年代を通じて収益性の不振に悩み，1990年代の半ばに至って漸く，収益性の改善を見たが，このように収益性回復に長時間を要したのは，長期取引志向定着に向けての，日系企業の現地法人従業員および現地部品企業への働きかけが奏功するまでに長時間を要したためと考えられる．アジアにおける技術移転においても同様のことがいえるし，企業内熟練労働力の養成，関連部品企業の育成から始めなければならない分，欧米より多くのプロセスを経なければならないので，より多くのコストがかかる惧れがある．

結局，日本企業の技術移転の主力である第2類型の移転には，第1類型より

はるかに多くの困難とコストがかかるが，現地事業を成功裏に運営しようとすれば，コストがかかってもまた現地からの反発があってもこれを遂行せざるを得ない．

2.1.2. 技術流出の回避とその限界

企業が多くの研究開発費をかけて開発した技術を現地法人に移転する場合，現地法人外への技術の流出を回避することは，最も心がけねばならないところであろう．そこで最も留意されるのは，現地法人の所有権・経営権を確保することであり，100％完全子会社，あるいは少なくとも多数株式を所有している現地法人でなければ，最新の，技術の移転は行いにくい．こうした最新技術には，開発までに既に多くの研究開発費が掛けられている．今後こうした開発費用を回収しなければならず，更に，自ら事業を行うことによって，それ以上の収益をあげることが期待されているがゆえに，完全に経営をコントロールした現地企業でなければ，最新技術の移転は行いにくい．

これに対して，既に開発後，長期間を経て，技術としては成熟し，研究開発費の回収も終わっている技術については，必ずしも完全所有現地法人でなくても移転し易い面がある．

このように，現地法人の所有形態が，移転技術の内容を規定する傾向があることは注目される．ただし，こうした技術流出への懸念および防衛的措置は上記類型1の新製品，新しい生産プロセス等についての技術に主として関連するものであり，類型2の生産現場での効率的な生産システムについては，本質的に技術流出を阻止するのが難しい面がある．むしろ，積極的に現地法人スタッフおよびワーカーへの移転を進めなければならない．既にのべたように，類型2は彼らが，新しい生産システムを十分に理解し納得して初めて，有効に機能するシステムだからである．これは，必然的に，類型1よりも，投資受入国への技術流出を生じ易い．すなわち，本節の冒頭で述べた，ケイビスの，「技術市場の内部化が海外直接投資の動機となる」という見解は，日本企業による第2類型の技術移転および直接投資については現実的には妥当しないと考えられる．類型2の技術を用いて海外生産を効率的に行えば，必然的に技術が流出す

る可能性が高いことを覚悟しなければならないからである．現実は，ケイビスの議論とは逆に，第5章で論じたように，市場確保の動機から海外直接投資が行われたあとに，事後的に現地法人の競争力維持の目的を達成するために，不可避的に，第2類型の技術移転が行われたのであって，第2類型の技術移転を海外現地法人に内部化するために直接投資が行われたわけではない．第2類型の技術移転にあたっては，先に述べたように，まさに第1のメリット（技術をフルに有効に利用して，事業を成功させる）が，第2のデメリット（すなわち，第2の技術流出防止のメリットを十分達成できない）を上回って，当該技術を用いた事業が高い収益を上げることが，技術移転の目的となる．

2.2. 外国直接投資企業の意図せざる技術流出：
　　投資受入国への技術流出効果

第1の類型であっても第2の類型であっても，現地法人に技術を移転すれば，必然的に，企業外に技術が流出する可能性が高い．流出のルートは大きく分けて4つある．すなわち，

① 　合弁相手先への技術流出
② 　現地法人のスタッフおよびワーカーを通じた技術流出
③ 　関連下請け企業・販売先を通じた技術流出
④ 　競合企業へのインパクト

である．

第1は，現地法人が合弁企業の場合，合弁相手先の現地企業へ技術が流出する可能性であり，100％所有の完全子会社の場合には，定義から，その懸念はない．しかし，合弁企業の場合には，多かれ少なかれ，流出の可能性は高い．特に，合弁相手先の現地企業が多数株式を保有して，現地法人経営の主導権を握っている場合には，合弁相手先への技術移転をあからさまに強く要求する場合もあろう．したがって，2.1で論じたように，合弁形態の場合，外国投資企業もまた，移転技術の内容には慎重にならざるを得ない．逆の見方をすれば，外国投資企業が移転技術の内容と現地事業の形態とを適切に管理すれば，この

ルートからの技術流出は最小限にとどめることもできる．

　第2は，現地法人のスタッフおよびワーカーを通じて流出する可能性である．もちろん，法制度的に知的所有権を確立しておくことは重要であるし，現地従業員に移転技術の内容について厳しい守秘義務を課すことは可能であるが，ノウハウを身に付けた従業員が転職することを強制的に阻止することはできない．したがって，現地従業員の流動性が高ほど，技術の社外への流出の可能性は高まる．先に2.1で論じたように，これは第2類型の場合に特に生じ易い技術流出である．生産システムの優位性についての細かいノウハウは多くの現場のスタッフおよびワーカーに広く伝わっており，しかも十分に理解されているからである（そうでなければこのシステムの優位性は十分には生かせない！）．このように第2類型は，構造的に現地従業員を通じた技術流出を阻止し得ない面を持つ．

　これに対して，第1類型の技術移転にあたっては，技術流出の可能性を大幅に削減することができる．第1類型の場合，技術の根幹部分とそのオペレーヨンにかかる部分等，技術情報の重要度に応じて，移転する人員の範囲を最小限にコントロールすることが可能であり，したがって，重要技術の流出も最小限にとどめることができる．第1類型では，生産現場でのオペレーションの重要性が相対的に小さいことが，こうした管理を可能にしている．

　第3の関連下請け企業，販売先を通じた技術流出は，例えば，外国投資企業の現地法人が，下請け企業に対して，品質・価格の面で厳しい注文をつけることによって生じる．現地下請け企業は，当該現地法人との取引が重要である限り，こうした注文に対応しなければならない．下請け企業のみの能力では，品質・価格の向上を図る際に，対応困難な場合，当該現地法人あるいは（日本の）親会社の指導を要請することもありうる．前者の，厳しい注文をつける場合，当該現地法人の意図せざるうちに品質・価格について広義の技術移転・技術指導を行っていることになる．後者の当該現地法人あるいは親会社による指導の場合，当該現地法人にとって，たとえある程度技術の流出が生じてもそのほうが望ましいということであれば，積極的に技術移転・技術指導を行うことにな

る（タイのマツダ／フォードのケース）．これは，2.3の「意図した技術流出」に該当する．

　販売先を通じた技術流出は，例えば，これまでにない高度な製品（新しいコンセプト，高品質・低価格）を販売することによって，需要サイドに影響を与えることができる．つまり需要を従来より高度なものにすることによって，当該現地法人の競合先に対する顧客の要求をも高度化し，結果的に，当該投資受入国の技術水準全体を引き上げる．これは第4のルートにもつながるものである．

　第4の競合企業へのインパクトは，技術移転を受けた当該現地法人が，高度な製品（新しいコンセプト，高品質・低価格）を供給すること自体が，競合的な関係にある企業に大きなインパクトを生ずるというものである．もちろんこの場合，通常は，当該現地法人から，競合先への直接的技術流出は行われない．当該現地法人にとってこうした流失は最も避けるべき事態である．しかし，競合先にとってみれば，従来よりも，はるかに競争力のある新製品が外国からの技術移転によって出現したということはそれ自体大変な脅威であり，それが可能な限りこれに対抗して自ら新製品の開発を行おうという動機を生ずることもある．これも広い意味での技術流出効果である．先の第3のルートで述べた，新技術に誘発された顧客側からの要求の高度化も，競合先のこうした開発努力を促進しよう．

　このように，4つのルートを通じて，技術が社外に流出することは，基本的に，外国投資企業の本来意図するところではないことは2.1で論じたとおりであるが，かなりの程度の技術流出を防ぎ得ないこともまた明らかである（特に第2類型の場合）．それでは，こうした技術流出は当該外国投資企業およびその現地法人並びに投資受入国政府にどのような影響をおよぼすのかが次の問題点である．

　一般的には，直接投資を通じた技術移転が投資受入国の技術水準向上に役立つことは明らかと思われる．こうした技術移転がもたらすマクロ的な効果として，「外資自由化にともなう外資流入は全要素生産性の上昇に寄与する」とい

う実証的な報告もある（浦田，1995）．ただし，当該受入国側から見てどの程度「意図せざる技術流出」が生じ，それが投資受入国の技術基盤の発達，人材の育成にどの程度，役立っているかについての包括的調査は行われていない．ラムステッター（1996）によれば，タイ，インドネシア，シンガポールに所在する外資完全所有現地企業および外資多数所有現地企業の輸出比率は圧倒的に高く，外資少数所有あるいは完全現地資本所有企業の輸出比率は低いとの報告がなされている．これによれば，外国投資企業の輸出能力についての技術移転（技術流出という形での）は，十分には行われていないと見られる．見方を変えると，技術流出を防ぐための企業側のプロテクションは十分になされていることになる．

　その意味で，基本的に外国投資企業の立場と，投資受けれ国の立場はトレード・オフの関係にあるようにも見える．これは特に第1類型の技術については顕著である．

　しかし，技術流出が外国投資企業およびその現地法人に対して常にマイナスの影響を持つとも限らない．現地の競合先企業に技術が流出することは確かに直接的なマイナスであるが，技術流出の結果，長期的な効果として，投資受入れ国内において，教育を受けた人的資源の蓄積が増強され，技術基盤が強化されれば，当該外国投資企業およびその現地法人にとっても長期的にはプラスの外部経済効果があり，新たな事業機会も生じよう．

　更に，生産システムの移転にかかわる第2類型の場合には，2.1で述べたように，本来，技術流出を阻止しずらい性格を持っている上に，積極的にこのシステムに参加し，このシステムに習熟する人的資源および関連企業を必要としているので，むしろ積極的に技術流出を広める立場にある．2.3ではこの点について論ずる．

2.3. 外国直接投資企業による意図した技術流出

　これまで述べてきたように第2類型の技術の場合，外国投資企業には，積極的に投資受入国に技術流出を行う理由がある．これは多くの日本企業に当ては

まる状況である．その理由は次のとおりである．

　第5章で論じたように，日本の製造業，特に，自動車産業や電子・電機産業のような組立機械産業が海外生産事業で成功するための条件は，第1に，高品質・低コストの生産を行うに必要な熟練労働力および発達した部品産業の存在である．そして第2に，こうした熟練労働力および部品企業が労働（人的資本）市場，中間財市場で，短期の機会主義的利益よりも長期の安定的取引を志向することである．

　日本企業が，海外現地生産の場で，その企業固有の競争優位を生かそうとすれば，まさに海外立地の場で，この2つの要件を満足することが重要である．第5章では，日系自動車企業の米国現地生産にあたりこの2つの要件充足のための努力が行われたことを見た．第6章では，日系自動車企業のタイ現地生産における同様の努力について見た．一般に発展途上国の場合には，そもそも熟練労働力の養成や部品産業の育成からスタートしなければならないために，先進国における現地生産事業より多くの努力が必要であるが，先進国・発展途上国を問わず，労働（人的資本）市場，中間財市場の取引志向を短期から長期に変えて行くのは社会的・文化的な伝統の相違もあり，容易なことではない．

　長期取引志向のメリットを十分に現地熟練労働者および部品企業に納得させようとすれば，そのシステムの優位性を十分に相手側に理解させねばならない．そのためには，生産現場での日常的な細かいノウハウの伝授や体験訓練および組立企業から部品企業への新製品・開発・設計および生産にあたっての詳細な指導が必要になる．いい換えれば，日本企業の大きな特徴である第2類型の技術の場合には，技術を「極力，企業内（現地法人を含む同一企業グループ内）の，できる限り限られた人員の間にとどめる」のではなく，それとは全く逆に，「できる限り多くの企業内人員に技術ノウハウを広めること，また企業内にとどまらず関連企業にも技術ノウハウを広めること」がその優位性を生かす重要なステップとなる．いい換えると日本企業の場合，海外事業を成功させるためには，意図せざる技術流出ではなく，積極的に意図した技術流出を図らねばならない．

これは，日本企業にとっては，国内生産よりも海外生産のほうがより大きなコストがかかることを意味する．それだけでなく，外国，特に，投資先国の競合先に，容易に自社固有の競争優位を習得する機会を与えてしまうことになる．しかも，日本企業は，海外立地で上記の2要件を満たすために非常なコストを払わねばならないのに対し，投資先国に所在する競合先企業は，特に技術使用料を払うこともなく，むしろ，日本企業が2要件充足のために払った努力の成果にフリー・ライドできる．競合先企業は，経営方針の転換を図り，単に，日本企業ないし日系現地法人に勤務していたスタッフ・ワーカーを雇用すればよい．また，日系部品企業ないしは長期取引志向に転じた現地部品企業との取引を拡大すれば，よい．このような手段を講ずることによって，あまりコストをかけることなく，日本企業の所有の優位性を一種の外部経済として手に入れることができる．

つまり，日本企業にとってはコストのかかる第2類型の技術移転は，見方を変えれば，投資受入国および現地企業にとっては非常にメリットのある技術移転形態である．発展途上の投資受入国にとっても，生産現場のワーカーや部品製造企業に多くの生産上のノウハウが蓄積することが期待できるので開発に大きなプラスの効果が生ずる．

日本企業にとっては，現地での競争優位形成にコストがかかるばかりでなく，強力な現地競合先企業に，固有の競争優位が容易に移転してしまうという更に大きなコストも生ずるが，現地生産が，現地市場へのアクセスの要件とされる場合には，他に選択の余地はない．技術を意図的に流出させ，たとえそれが，現地の競合先の競争力を強化する結果になったとしても，それ以上に日系現地法人の競争力強化を図る以外に道はない．他方，「意図した技術流出」を積極的に行った結果，投資先国の人的資源および裾野産業が充実し，長期取引志向を強めれば，日系現地企業の競争力強化にも，長期的には資する可能性がある．

第2類型の技術移転を行う日本企業にとって，この技術移転を伴う海外現地生産が長期的に，高い収益をもたらすかどうかは時間がたってみないとわから

ない．現実には，先に第3章および第5章で見たように，ある一定期間を置いて日本企業の競争優位が現地生産に適合したと見られる北米の場合，1990年代央以降，一定の収益性の改善に結びついていると考えられる．

3. 多国籍企業の母国による技術移転効果の相違はあるか
―― 日本企業と欧州企業はどちらがより効果的か

3.1. 日本企業と欧州企業の比較による，アジア向け直接投資を通じた技術移転調査

上記の技術移転についての議論を踏まえ，日本企業のアジア10カ国・地域（タイ，マレーシア，インドネシア，フィリピン，シンガポール，韓国，台湾，中国，香港，ベトナム）に対する，直接投資を通じた技術移転の現状について，アンケート調査を行った．なお比較のために欧州企業についても同様の調査を行った[1]．その結果を踏まえ，以下にとりまとめて論ずる．アンケートを発出した日本企業は，製造業・非製造業含め569社，欧州企業は同じく955社である．欧州企業はGraham & Whitesideのデータベースから作成，日本企業は同じデータ・ベースに，手島が1998年調査の際に用いた企業リストを加えたリストである．この他に，日本企業および欧州企業の在アジア現地法人合計約1,500社にもアンケート調査を行っている．

親会社に対する主な調査項目は，以下のとおりである．

① 親会社の従業員数
② 親会社の保有する現地法人数
③ 同じく現地工場数
④ 親会社と海外投資先国との直接投資以外の取引関係（例えば，投資先国への輸出，投資先国からの輸入，下請け契約，技術提携契約，ライセンス契約等）
⑤ 地域統括会社の有無．
⑥ 現地法人の実績評価
⑦ 今後3年以内の投資計画

⑧　現地法人の業績についての情報収集の手法
⑨　生産・工程の知識・技術の移転（5段階評価）
⑩　生産とサプライ・チェイン・システムの移転（5段階評価）
⑪　人的資源の管理と報告システムの移転（5段階評価）

なお，現地法人用には，次のような調査項目を用いた．

①　当該現地法人の基礎的な情報（操業開始年，立地先国，総売上高，主要製品・販売先等）
②　親会社の出資比率
③　保有工場の性格（新設・既設）
④　従業員数の階層別分布（経営者，中間管理者，エンジニア，ワーカー）（左記のうち，親会社からの派遣者）
⑤　当該現地法人運営に際しての親会社の意向の反映度評価（5段階）（経営者の長期現地派遣，エンジニアの長期現地派遣，日本国内での現地法人従業員の教育訓練，現地市場のニーズに合った製品開発，現地法人への技術移転，現地における研究開発，現地事業の拡大計画等）
⑥　当該現地法人の事業実績評価（5段階評価）（売上高総利益率，売上高，売上増加率，マーケット・シェア，ブランドの知名度，輸出目標値，労働生産性等）
⑦　生産・工程の知識・技術の移転（5段階評価）
⑧　生産とサプライ・チェイン・システムの移転（5段階評価）
⑨　人的資源の管理と報告システムの移転（5段階評価）
⑩　当該現地法人の最大工場と（親会社が保有する）国内の同規模工場との比較・評価（従業員一人あたりの生産高，従業員一人あたりの付加価値，従業員の平均勤続年数，欠勤率，不良品発生率，製品在庫日数，納期の確実性，操業率，マーケットシェア，対売上高・研究開発費比率，環境基準等）（5段階評価）
⑪　新製品の開発・生産・販売事業において，日本の親会社と比較してどの程度のポジションにあるか．（技術上・マーケティング上・経営資源面の

優位性，開発実施の際の技術熟練度・経営的な実施能力・財務分析能力・マーケティング能力，新製品に対する市場の可能性，サプライヤー・顧客との協力関係，技術ネットワーク等）（5段階評価）
⑫ 当該現地法人が，現地下請け会社の業績におよぼすプラスの影響（品質の改善，納入期限，在庫管理，リードタイムの短縮，デザイン能力，技術革新，安全性等）（5段階評価）
⑬ 技術移転による地域経済への間接的・総合的な影響（現地雇用への影響，熟練労働力の増加，サプライヤーの質と生産性，顧客の質と生産性，競合企業の質と生産性，環境への影響）（5段階評価）

3.2. 調査結果

現在のところ調査は実行中で，特に子会社に対する回答は集計に至っていないために親会社に対する質問状の回答結果を暫定的にとりまとめたもののみを紹介する．

3.2.1 回答企業のプロフイール

まず，平成12年10月6日段階で，日本企業からの回答は，84社，欧州企業からの回答は13社である．回答日本企業の規模別構成を従業員数別に見ると，階層別には「2,000人超-5,000人以下」の社数が最も多く，全体の2割強，次いで，「500人超-1,000人以下」が，全体の2割弱であり，更に「5,000人超-10,000人以下」が15％強で，9階層中，この3つの階層だけで，全体の約57％を占めている．

3.2.2 内外雇用者数

日本企業（親会社）の国内雇用者総計は，回答企業72社で504,405人，平均で，7,006人である．これに対して，海外現地法人の雇用者総計は合計742社に対して，合計333,223人で，平均で449人である．

3.2.3 直接投資以外の取引関係

日本企業（親会社）の直接投資以外の投資先国との関係では，「地場企業への輸出」が最も多く（累計242社），次いで「地場企業からの輸入」（同75社），

「下請け契約」（同 48 社），「技術提携契約」（同 46 社），「ライセンス契約」（同 29 社）の順となる．日本企業のアジア 10 カ国・地域との関係では圧倒的に日本から現地への輸出が主体になる．

「地場企業への輸出」では，輸出相手先として韓国を上げた企業が最も多く（28 社），これに中国，香港（各々 27 社）が続くが，ベトナムを除く東南アジアへの輸出も多い．回答日本企業（親会社）の従業員規模別の偏りは少ない．「地場企業からの輸入」では，輸入相手先は，中国，台湾（各々 12 社），韓国（9 社）といった近隣からの輸入が多いが，シンガポール（9 社），インドネシア（8 社），タイ（7 社）等東南アジアからの輸入も多い．輸入を行っている回答日本企業の 7 割は従業員「2,000 人超～30,000 人以下」の企業である．

「下請け契約」は，中国（8 社），シンガポール，台湾（各々 7 社），香港（6 社）といった国・地域との間が多い．近隣であり，かつ，信頼できる下請け企業が存在する国・地域との間の取引が多いと考えられる．近年米国企業が頻繁に利用するアジアの EMS（Electronics Manufacturing Service）企業の利用が日本企業の間にも広がっていると考えられる．しかし，近隣の NIEs である韓国との下請け契約は比較的少ない．回答日本企業（親会社）の従業員規模別には，「2,000 人超～5,000 人以下」の階層と「10,000 人超～30,000 人以下」の階層に集中している．

「技術提携契約」は，明らかに，韓国（14 社），シンガポール（11 社）の 2 カ国に集中している．地理的要因よりも，技術提携を行うに足る企業が相手国に育っているかどうかの要因の方が大きいものと見られる．回答日本企業（親会社）の従業員規模別には，「500 人超-1,000 人以下」の階層と「5,000 人超～10,000 人以下」の階層に集中している．

「ライセンス契約」は，台湾（7 社）が最も多く，次いで韓国（5 社）が多い．ライセンスを供与されて効率的な生産を行うだけの企業が育っている国・地域との取引が多いと見られる．回答日本企業（親会社）従業員規模別には，「5,000 人超～10,000 人以下」の階層に集中している．

3.2.4　地域統括会社

表 7-1　現地事業の実績評価

	日本企業	（参考）欧州企業
中　　　国	3.2	3.6
香　　　港	3.1	3.4
インドネシア	3.2	3.6
マレーシア	3.3	3.1
フイリピン	3	2
シンガポール	3.6	3.7
韓　　　国	3.3	3.3
台　　　湾	3.3	3.5
タ　　　イ	3.3	2.8
ベトナム	3	2.5
平　　　均	3.3	3.3

5：期待された業績を大幅に上回る
4：期待された業績を上回る
3：平均
2：期待された業績を下回る
1：期待された業績を大幅に下回る

（著者調査による）

　アジア地域に地域統括会社を保有しているか否かについて，回答日本企業（親会社）の86.1％は，「地域統括会社あり」としている．「地域統括会社あり」としている企業は，回答企業の従業員規模別にみて，小規模な企業にも多い．

3.2.5　現地事業の収益性（表7-1）

　次に，回答企業が，アジアに展開している各現地法人の事業実績について，回答企業自身による5段階評価を試みた．5段階とは，「期待された業績を大幅に上回る」（「5」と評価），「期待された業績を上回る」（「4」と評価），「平均」（「3」と評価），「期待された業績を下回る」（「2」と評価），「期待された業績を大幅に下回る」（「1」と評価）の5段階である．回答日本企業の場合，アジア10ヵ国全体で，「3.3」と，「平均」を若干上回る自己評価がなされている．最も評価が高いのは，シンガポールの「3.6」であり，最も低いのは，フィリピンとベトナムの「3.0」である．注目されるのは，第6章で論じたように韓国，タイ，インドネシアといった，アジア危機で大きなダメージを受けたと思われる3ヵ国に所在する日系企業もまた，事業実績が「3.3」から「3.2」と，「平均」を若干上回り，特に他のアジア諸国に比べて特に悪い評価ではない点である．

　今回調査の「事業実績」と，先に第6章で述べたアジア危機調査における

「売上高」「収益性」とはアンケートの聞き方が若干違うので直接的な比較はできないが，そうした点を超えて，この評価の相違は注目される．ひとつには，1998年5月と2000年8月という調査時点の違いが大きな要素かもしれない．すなわち，この間のアジア諸国の急速な経済回復が，回答企業の現地法人事業実績にプラスの影響をおよぼしている可能性がある．また，母集団の相違があることも影響を及ぼしている可能性はある[2]．しかし，日系企業の事業成果が回復している面もあろう．

回答日本企業（親会社）の従業員規模別に見ると，「300人超～500人以下」という中堅企業の階層の現地事業についての評価が「4.1」と，最も高く，「5,000人超～10,000人以下」の階層の評価が「2.9」と，最も低い．前者では，台湾，韓国，フィリピンに対する評価が特に高い．一方，インドネシアに対する評価は低い．後者では，シンガポールに対する評価が比較的高いが，インドネシア，ベトナム，中国に対する評価が低い．なお，回答企業の従業員階層別にみて，「300人超～500人以下」についで平均的な評価が高いのは，「10,000人超～30,000人以下」の階層であり，これは，小規模回答企業ほど，現地事業に高い評価を行っているわけではないことをあらわしている．

なお，回答企業数は少ないが，欧州企業に対して同様に現地法人の実績評価調査を行ったところ，欧州企業の場合も，アジア10カ国全体で，「3.3」と，たまたま日本企業と同じ結果となった．国別評価では若干異なり，シンガポールの評価が高いことは共通しているが，中国，インドネシアの評価がかなり高いことは欧州企業にだけ見られ，日本企業には見られない．また，タイに対する評価が日本企業に比べるとかなり低いのも欧州企業の1つの特徴である．

3.2.6　今後3年間の直接投資計画

アジア諸国に対する今後3年以内の直接投資計画は，先の実績評価同様に回答企業自身の5段階評価によるものであり，「すでに確定した計画がある」（「5」と評価），「積極的に投資機会を探している」（「4」と評価），「機会があれば投資する」（「3」と評価），「今のところ予定はない」（「2」と評価），「全くない」（「1」と評価）の基準によった．アジア10カ国全体についての評価は「2.2」

であり,「今のところ予定はない」(「2」と評価)に近い.第6章で述べたアジア危機調査における今後3年間の直接投資計画とは聞き方が違うので直接的な比較はできないが,むしろそのときよりも,一層慎重になっているようにも見受けられる.注目されるのは,(3.2.5)で述べたように,1998年調査よりも現地事業の実績は改善しているように見受けられるにもかかわらず,今後の直接投資計画についてはより慎重な態度が見られることである.しかし,ここにも母集団の相違が影響している可能性はある[2].

今回調査の結果を国別にみると,相対的には,中国向け直接投資について最も積極的であり(「2.8」),「機会があれば投資する」(「3」と評価)にちかい.国別に見たときに中国に対する相対的な積極性が高いのは,1998年調査と同様の結論である.ただし,近年,日本企業にとって,中国の投資環境が現地企業との厳しい競争等もあり,以前に比べると悪くなっており,それが現実に中国向け直接投資の減少傾向(大蔵省届出ベース)を生じている点は留意すべきである.一方,中国のWTO加盟が早期に実現すれば長期的にはプラスの材料となりうる.

相対的な積極性という意味で,中国に次ぐのは,タイ,韓国,インドネシアといった国であり,いずれも1998年調査では,最も深刻にアジア危機の影響をこうむり,「売上」「収益」の面でダメージを受け,投資計画にもマイナスの影響を受けた国である.特に,インドネシアの場合,1998年調査では,「売上」「収益」の落込みがアジア10カ国の中で,最も大きく,「今後の直接投資計画」についても最も回復が遅いとされた.しかし,インドネシアは,今回調査では,「現地事業実績評価」「今後の直接投資計画」共に,他のアジア諸国との相対的な比較という意味では,著しい改善を見せている.

タイ,韓国等に見るように投資先国のマクロ経済の急激な変動を受けて,日本企業の投資環境についての見方も急速に変わりうるし,したがって,直接投資計画についての考え方も大きく変わりうる.ただし,インドネシアの場合,政治・経済の混迷は依然として続いており,日本企業の見方が急速に好転した背景については一層の調査が必要である.

また，回答企業数が少ないという制約はあるが，欧州企業について見ると，アジア 10 カ国全体に対しては，「2.1」と，日本企業よりも慎重な姿勢を示している．国別には，日本企業よりも評価が極端に分かれ，中国向けには比較的強い関心を示す（平均的な「機会があれば投資する」（「3」と評価）を超える「3.3」），一方，それ以外の国への関心は非常に低い．

3.2.7 現地法人の業績に関する情報収集（表 7-2）

現地法人に関する情報収集には様々な手段が考えられるが，主に「海外赴任者からの情報フィード・バック」「親会社管理職員の定期的出張」「現地法人からの定期的報告」「特定の業績についての定例報告」の 4 つに絞って，日本の親会社（回答企業）から見て，どのような手段が最も重要か調査した．ここでも，5 段階評価の方法によった．すなわち，「最も重要」（「5」），「重要」（「4」），「ある程度重要」（「3」），「余り重要でない」（「2」），「重要でない」（「1」）の 5 段階とした．相対的な重要度の高さは，「現地法人からの定期的報告」（「4.4」），「海外赴任者からの情報フィード・バック」（「4.2」），「特定の業績についての定例報告」（「3.9」），「親会社管理職員の定期的出張」（「3.5」）の順番である．

これに対して，サンプル数は少ないが，欧州の親会社（回答企業）の場合は，「海外赴任者からの情報フィード・バック」（「4.3」），「親会社管理職員の定期的出張」（「4.3」），「現地法人からの定期的報告」（「3.7」），「特定の業績についての定例報告」（「3.7」）の順番である．

日欧で最も異なるのは，日本企業の場合，「現地法人からの定期的報告」を

表 7-2 現地法人の業績に関する情報収集の手法

	日本企業	（参考）欧州企業
海外赴任者からの情報	4.2	4.3
親会社管理職員の定期出張	3.5	4.3
現地法人からの定期報告	4.4	3.7
特定の業績についての定例報告	3.9	3.7
平　　均	4	4

5：最も重要
4：重要
3：ある程度重要
2：余り重要でない
1：重要でない

（著者調査による）

重視するのに対して，欧州企業の場合には，「親会社管理職員の定期的出張」を重視している点である．日本企業のほうが現地企業からの報告に対する信頼度が高いのに対して，欧州企業は親会社による直接情報収集をより重視している．直接的情報収集手段に頼る割合が高いだけ，欧州企業のほうが情報収集について確実性を期しているともいえる．また，日欧企業に共通しているのは，「海外赴任者からの情報フィード・バック」の重要さである．日本企業に限らず，欧州企業でも，海外現地法人の情報収集管理にあたっては，本社から当該現地法人への赴任者が重要な役割を果たすことに変わりはない．

3.2.8 製品・生産工程の知識・技術の移転（表7-3）

本項以降は，具体的な技術移転の内容についての質問である．本項では，最も直接的な，実際の海外現地生産の対象となる「製品，生産プロセス，工程（生産設備，工場レイアウト，製品マニュアル等を含む）そのものについての技術移転」，そのために必要な「適切な技術・技能（ノウハウ，基礎的エンジニアリング，マーケティング・スキル等）の移転」およびより基礎的な「製品・生産工程に関する技術革新および商品設計技術（研究開発設備，高度な技術研修・訓練，新製品売り出し戦略等）」がどの程度移転されているかについて，調査した．これは，本章1節で述べた第1類型に相当する技術移転である．評価にはあたっては，ここでも，回答企業の5段階評価によった．5段階は，「全て移転」（「5」），「ほとんど移転」（「4」），「基準に合えば移転」（「3」），「ケース・バイ・ケースで移転」（「2」），「移転しない」（「1」）の5つである．

日本企業の場合，全体的自己評価は「2.9」であり，特に積極的に移転する

表7-3 製品・生産工程の知識・技術の移転

	日本企業	（参考）欧州企業
現在生産している製品・工程	3.3	4
適切な技術・技能	3.2	4.1
技術革新・商品設計技術	2.3	2.9
平　　均	2.9	3.7

5：全て移転
4：ほとんど移転
3：基準に合えば移転
2：ケース・バイ・ケースで移転
1：移転しない

（筆者調査による）

のでも，消極的に移転しないのでもなく，平均的な態度（「基準に合えば移転」（「3」））に近い．

　カテゴリー別には，「（現在生産している）製品・生産工程（生産設備，工場レイアウト，製品マニュアル等）そのものについての技術移転」について，最も積極的に行っており，平均的な態度（「基準に合えば移転」（「3」））をやや上回る「3.3」の評価となっている．これに次ぐのは，「適切な技術・技能（ノウハウ，基礎的エンジニアリング，マーケティング・スキル等）の移転」である（「3.2」の評価）．これに対し，「製品・生産工程に関する技術革新および商品設計技術（研究開発設備，高度な技術研修・訓練，新製品売り出し戦略等）」の評価は低く（「2.3」），日本企業は，より基本的な研究開発等については，現地への移転について，相対的に慎重な態度を取っている．

　回答日本企業（親会社）従業員規模別に見ると，親会社の従業員「500人超－1,000人以下」の階層が，他の階層に比べて，若干移転に慎重であるが，それ以外には，目立った階層別の特性は見られない．

　これに対し，サンプル数が少ないという問題はあるが，あえて欧州企業との比較を試みると，まず，欧州企業の全体的自己評価は，「3.7」であり，日本企業のそれ（「2.9」）に比べるとかなり高い．カテゴリー別の傾向は，日本企業のそれと類似しており，「適切な技術・技能（ノウハウ，基礎的エンジニアリング，マーケティング・スキル等）の移転」（「4.1」の評価）や，「（現在生産している）製品・生産工程（生産設備，工場レイアウト，製品マニュアル等）そのものについての技術移転」（「4.0」の評価）については積極的に移転している一方，「製品・生産工程に関する技術革新および商品設計技術（研究開発設備，高度な技術研修・訓練，新製品売り出し戦略等）」についてはそれほど熱心ではない．

　こうした技術移転にかかわる，日本企業と欧州企業との類似点と相違点について，早急に結論を出すことは，欧州企業のサンプル数が少なすぎることもあって，難しい．はっきりしているのは日欧企業共に，当面の生産に必要な製品そのものおよび生産プロセスについての知識および生産システムとその運営に

かかわる技術・技能の移転には熱心であるが，より基本的な，製品・生産プロセス・工程に関する研究開発・商品設計・新製品のマーケティング技術の移転については相対的には，熱心でないことである．

こうした日欧企業の技術移転政策は，2節で論じた，「現地法人の現地生産を成功裏に行うためには，必要な技術移転は，過不足なく，行う」という，外国投資企業の一般的な技術移転戦略に，日欧企業共に合致することを意味するものと考えられる．

日欧企業間の相違として留意すべきは，数値からは，全体的に欧州企業のほうが日本企業よりも積極的に技術移転を行っているように見えることである．

これは，2.3の議論からすれば，やや意外な結果と思われるかもしれない．しかし，熟練労働市場および中間財市場の長期取引志向を，企業固有の競争優位の基盤とする日本企業は，積極的に，生産現場に技術移転を推進する誘因が欧米企業よりも強いことから，日本企業の競争優位を移転するために必要な技術は，本項3.2.8（本章（2.1）の第1類型）よりも，次の3.2.9の技術（同じく（2.1）の第2類型）であると考えられる．

また，一般的に，数値上の相違から，欧州企業のほうが，生産現場に直結した技術移転に，より積極的であると，軽々に結論することはできない．今回の評点付けはあくまでも回答企業の主観的な自己評価なので，日本企業は一般的に欧州企業に比べて控えめな自己評価をする可能性も高いためである．また，再三述べているように，欧州企業のサンプル数が少ないために，日欧企業の直接的な数値の比較には危険な面がある．

3.2.9　生産システムとサプライ・チェイン・システムの移転（表7-4）

本項の対象となるのは，具体的な製品および生産プロセス・工程にかかわる知識・ノウハウ・技術ではなくて，より一般的な，生産システム（工程管理，品質管理，在庫管理，施設設備の保守管理，設備レイアウト）とサプライ・チェイン・システム（発注者とサプライヤーの協同関係，販売・流通にかかわるノウハウ）である．これこそまさに，1節で述べた第2類型であり，第5章，第6章および本章の，2.3で述べた，日本企業の競争優位の移転に直接関連す

表7-4　生産システム，サプライ・チェイン・システムの移転

	日本企業	（参考）欧州企業
工程管理システム	3.3	3.5
品質管理	3.4	4
在庫管理	3.1	3.7
施設・設備の保守管理	3.4	3.4
設備レイアウト	3.2	3.2
発注者とサプライヤーの共同関係	3	3.8
その他	2.8	3.8
平　　均	3.2	3.6

5：全て移転
4：ほとんど移転
3：基準に合えば移転
2：ケース・バイ・ケースで移転
1：移転しない

(著者調査による)

る分野である．

具体的には，「工程管理（統計的工程管理等）」，「品質管理（TQC等）」，「在庫管理（ジャストインタイム等）」，「施設・設備の保守管理」，「設備レイアウト」，「発注者とサプライヤーの協同関係」および「販売・流通」の各項目について，どの程度技術移転を行っているか，回答企業自身による5段階評価を行った．5段階は，3.2.8と同様に，「全て移転」（「5」），「ほとんど移転」（「4」），「基準に合えば移転」（「3」），「ケース・バイ・ケースで移転」（「2」），「移転しない」（「1」）の5つである．

日本企業の場合，全体的自己評価は「3.2」であり，平均的な態度（「基準に合えば移転」（「3」））を若干上回っている．日本企業は，前項(3.2.8)（「2.9」の自己評価であった）よりも本項の技術移転の方により積極的であるようにみえる．これは本項の技術移転の内容が，先に第2節で論じた，第2類型の技術に，より適合するからであり，積極的に技術移転を進める必要があるためである．その意味でこの調査結果は第2節の筆者の論点である「日本企業は第2類型の技術移転を重視する」を裏付けている．

カテゴリー別には，「品質管理（TQC等）」および「施設・設備の保守管理」について，最も積極的に行っており，各々，平均的な態度（「基準に合えば移転」（「3」））を上回る「3.4」の評価となっている．これに次ぐのは，「工程管

理（統計的工程管理等）」（「3.3」の評価），更に，「設備レイアウト」（「3.2」の評価），「在庫管理（ジャストインタイム等）」（「3.1」の評価）の順となっている．これらの項目は，いずれも日本企業が第2類型の技術移転を行うにあたって，ぜひとも移転しなければならない分野である．

やや予想外の結果となったのは，「発注者とサプライヤーの協同関係」（「3.0」）であり，主要カテゴリーの中で最も低い優先順位となった．アジア10カ国においては，現地法人内の第2類型の技術移転のほうが，企業間のネットワーク作りの技術移転よりも重視されているとの結果であるが，この点の解釈には，在アジア現地子会社による回答の検討を行う等一層の分析が必要である．しかし，アジアでは現状十分な裾野産業が存在しないことを考えれば，当然の結果とも言える．

サンプル数が少ないという問題はあるが，再度，欧州企業との比較を試みると，まず，欧州企業の全体的自己評価は，「3.6」であり，依然として，日本企業のそれ（「3.2」）に比べるとかなり高い．しかし，先にも述べたとおり，日欧企業の直接的数値比較による評価は危険である．ここでは，むしろ，日本企業の場合には，3.2.8の「生産・工程の知識・技術の移転」（「2.9」）よりも，3.2.9の「生産システムとサプライ・チェイン・システムの移転」（「3.2」）のほうが積極的に技術移転していると自己評価しているのに対して，欧州企業の場合には，逆の自己評価（各々「3.7」と「3.6」）であることを指摘したい．これは技術移転にあたって2つの類型の技術移転のいずれをより重要と考えるかにかかわるものであり，日本企業は第2類型重視であり，これに対して欧州企業は第1類型重視であるとみることができる．この点は著者の2節の議論を裏付ける結果と考えられる．

欧州企業のカテゴリー別の傾向は，「品質管理（TQC等）」，「発注者とサプライヤーの協同関係」，「在庫管理（ジャストインタイム等）」，「工程管理（統計的工程管理等）」，「施設・設備の保守管理」，「設備レイアウト」の順となっている．日本企業では，「施設・設備の保守管理」，「設備レイアウト」の優先度が高いのに対して，欧州企業の場合は，これらの優先度が低いのが印象的で

ある．欧州企業の場合，日本企業よりも「第2類型の技術」の把え方が皮相的であるとも言える．

3.2.10　人的資源の管理と報告システムの移転（表7-5）

本項の対象となるのは先の2つとは若干異なる人事制度の移転である．具体的なカテゴリーとしては，「人事採用制度（新卒，不定期等）」，「雇用制度（終身雇用，契約雇用等）」，「昇進制度（年功制，能力主義等）」，「給与制度（年功給，業績給，インセンティブ制）」，「教育訓練（OJT，親会社でのOJT，オフJT）」，「従業員の経営参加と動機付け（ボトムアップ制，自己責任制，職務拡大）」，「報告制度（定例報告，人事異動，海外派遣制度等）」であり，各項目の移転の程度について回答企業の5段階自己評価を行った．5段階は，前2回と同様に，「全て移転」（「5」），「ほとんど移転」（「4」），「基準に合えば移転」（「3」），「ケース・バイ・ケースで移転」（「2」），「移転しない」（「1」）の5つである．

日本企業の場合，全体的自己評価は「2.5」であり，平均的な態度（「基準に合えば移転」（「3」））と「ケース・バイ・ケースで移転」（「2」）との中間にある．先の2つの技術移転に比して，明らかに日本企業の態度は消極的である．第2節で論じた第2類型の技術移転にあたっては企業内の熟練労働者の長期取引志向を，日本の親会社同様に高めることが必要であると思われるにもかかわらず，「日本と同様の人事制度の移転については十分になされていない」との

表7-5　人的資源の管理と報告システムの移転

	日本企業	（参考）欧州企業
人事採用制度	2.4	2.5
雇用制度	2.4	2.2
昇進制度	2.5	2.6
給与制度	2.4	2.8
教育訓練	2.6	2.9
従業員の経営参加・動機付け	2.6	2.8
報告制度	2.7	4.1
平　　均	2.5	2.8

5：全て移転
4：ほとんど移転
3：基準に合えば移転
2：ケース・バイ・ケースで移転
1：移転しない

（著者調査による）

自己評価であり，この点は，今後の日本企業の課題であると考えられる．

各カテゴリー別には，「報告制度（定例報告，人事異動，海外派遣制度等）」（「2.7」），「教育訓練（OJT，親会社でのOJT，オフJT）」（「2.6」），「従業員の経営参加と動機付け（ボトムアップ制，自己責任制，職務拡大）」（「2.6」）については相対的に，移転の意欲が高いが，人事制度の根幹である「人事採用制度（新卒，不定期等）」（「2.4」），「雇用制度（終身雇用，契約雇用等）」（「2.4」），「給与制度（年功給，業績給，インセンティブ制）」（「2.4」），「昇進制度（年功制，能力主義等）」（「2.5」）については移転の意欲が相対的に弱いという興味深い結果となっている．

ただし，同様の傾向は，サンプル数が少ないとはいえ，欧州企業にも見られ，欧州企業の全体的自己評価も「2.8」と低い．「報告制度（定例報告，人事異動，海外派遣制度等）」，「教育訓練（OJT，親会社でのOJT，オフJT）」，「従業員の経営参加と動機付け（ボトムアップ制，自己責任制，職務拡大）」の移転には比較的積極的だが，「人事採用制度（新卒，不定期等）」，「雇用制度（終身雇用，契約雇用等）」については消極的である点も共通している．しかし，「給与制度（年功給，業績給，インセンティブ制）」については，欧州企業はかなり積極的に移転を行っている．

3.2.11 ま と め

1節および2節で論じたように，日本企業の技術移転の特徴は，技術の内容としては，「生産システム」（第2類型）の優位性の海外への移転，移転の方式としては，「意図した」スピル・オーバー効果による積極的な生産ネットワークの構築（組立企業と部品企業との間のサプライ・チェインの構築）であると想定された．その背景には，中間財（部品）市場および労働（人的資本）市場の長期取引志向に基づく日本企業の競争優位を海外に移転しようとする積極的な戦略がある．第3節の日欧親会社に対するアンケート調査の集計データ結果によれば，本項でこれまで述べたように，欧州企業に比して日本企業は，「製品および生産プロセス」（第1類型）そのものの技術移転よりも「生産システム」（第2類型）の優位性の移転に相対的により熱心であり，上記想定に合致

する暫定的な結果を得た．

　ただし，「生産システム」の移転の中で，サプライ・チェインの構築について日本企業の親会社はそれほど積極的でないというやや意外な結論になった．この点については，今回結果報告できなかった，子会社についての調査の結果報告にまつしかない．現場の子会社のほうが，より強くサプライ・チェインの重要性を認識し，積極的な技術移転対応を行っている可能性も高いためである．また，アジアのように裾野産業が十分育っていない投資受入国では，サプライ・チェインよりも企業内システムの確立を優先する方が現実的な対応であるかも知れない．

　また，「人事管理・採用システム」については日欧企業共に，「製品および生産プロセス」（第1類型）および「生産システム」（第2類型）に比べて移転に消極的との答えであった．特に教育・訓練には比較的移転に熱心だが，人事の根幹である「人事採用制度」および「雇用制度」については移転に消極的である点も共通していた．しかし，こうした姿勢は，日本企業の意図する，「（中間財市場及び）人的資本市場の長期取引志向に基づく日本企業の競争優位を海外に移転しようとする」戦略を成功させるためには問題無しとしない．被雇用者を長期取引志向に向かわせるためには，雇用者側もまた，日本の親会社がそうであるような長期志向の人事政策を行うことが必然的に求められるからである．

4. 多国籍企業と投資受入国との新たな補完関係構築の可能性

　現在，世界の主要多国籍企業は，急激に技術革新の進む世界にあって，最先端分野の研究開発能力を増強し，国際競争力を保持するために，相互にM&Aや戦略的提携を繰り返しつつ，鎬を削っている．先進国相互のM&Aが加速すれば，研究開発能力・技術情報を含めた先進国間の経営資源の交流・蓄積も益々加速して，先進国の技術基盤は強化されることになる．こうした中で発展途上国への直接投資流入は相対的に重要性を減じているが，直接投資を通じた発展途上国への技術移転は，投資受入国側からみれば，依然として，重要な意

味を持つことは疑いない.

　本章では,技術移転が投資受入国におよぼす効果,特に,日本企業が固有の競争優位として持つ第2類型の技術移転は,発展途上国経済に重要なプラスの効果を持つことを明らかにした.発展途上国が対内直接投資を通じた技術移転によって国内の技術基盤の強化を図ることができ,持続的な貿易・経常赤字から脱却しつつ,高成長を維持できれば,投資受入国経済の安定化を達成することになり,日本企業を始めとする外国投資企業にとってもプラスになろう.

　その意味で,第2類型の技術移転を,「意図した技術流出」もフルに利用することで,積極的に行うことは,日本企業とアジアの投資受入国との間に新たな補完関係を構築する可能性を生ずるものである.

　しかし,一点留意すべきことがある.世界規模での技術革新が激しく,相互の経営資源獲得をめぐってM&Aが繰り広げられる現代社会にあっては,成熟技術の効率的な生産方式を基盤とする日本の競争優位の重要性は,世界的に見て,以前に比べて相対的に重要性を減じていることは否めない.加えて,日本の競争優位が,日本企業のグローバリゼーションを通じて世界に伝播したことそのものが,生産方式に依拠する日本の競争優位の重要性を低めるというパラドクシカルな結果を生んでいる面すらある.日本の効率的な生産方式が世界に伝播すれば,研究開発に競争優位を持つ欧米企業は,従来よりも,はるかに安価でしかも容易に高品質な下請け生産契約（例えばEMS（Electronics Manufacturing Service）企業の利用）を利用しつつ,自らは一層多くの資源を高付加価値新製品の研究・開発に投入できるからである.

　この日本企業にとってのパラドックスは,たとえ,日本企業が完璧な技術移転をその競争優位に関して行ったとしても,依然として未解決のままに残る重要な問題点である.この点については,終章である第10章で改めて論ずる.

1) 今回調査は,著者と英国・ブラッドフォード大学ハフィーズ・ミルザ教授との共同研究による.
2) 今回（2000年8月）調査は,回答日本企業の数が前回（1998年5月）より少ない上に（前回は157社回答,今回は,84社回答）,自動車企業の回答が少ないこ

とが回答にバイアスを生じている可能性がある．

参 考 文 献

穴沢眞（1998）「マレーシア国民車プロジェクトと裾野産業の形成—プロトン車によるベンダー育成」,『アジア経済』92-114ページ

浦田秀次郎編（1995）『貿易自由化と経済発展—途上国における生産性分析』アジア経済研究所

手島茂樹（1999）「民間直接投資に伴う技術知識の形成」, 国際開発学会『国際開発研究』第8巻第2号, 45-57ページ

手島茂樹（2000）「直接投資, 技術移転と経済開発」, 二松学舎大学『国際政経論集』第8号, 131-147ページ

トラン・バン・トウ（1989）「タイの産業発展と日本からの技術移転」,『アジア経済』10・11, 78-92ページ

法政大学産業情報センター・岡本義行編（1998）『日本企業の技術移転—アジア諸国への定着』日本経済評論社

若杉隆平（1996）「直接投資と技術移転」関口末夫・田中宏・日本輸出入銀行海外投資研究所編著『海外直接投資と日本経済』東洋経済新報社

若杉隆平（1996）「技術移転の決定要因」関口末夫・田中宏・日本輸出入銀行海外投資研究所編著『海外直接投資と日本経済』東洋経済新報社

Caves Richard E. (1982), Multinational Enterprise and Economic Analysis, Cambridge University Press（岡本康雄, 周佐喜和, 長瀬勝彦, 姉川知史, 白石弘幸共訳『多国籍企業と経済分析』, 1992）

Moran, H. Theodore (1999), "Foreign Direct Investment and Development... The New Policy Agenda for Developing Countries and Economies in Transition" Washington : Institute for International Economics

第 8 章

貿易・投資の自由化，国際投資協定，地域統合

1. グローバリゼーションとリージョナリゼーション

　本書の冒頭で，現代世界経済を考える際に，最も重要なキーワードは，「グローバリゼーション」であると述べた．そしてその主要な担い手は多国籍企業であり，彼らは，世界規模での最適化（最適地での生産，販売，資金調達，研究・開発等）を行い，そのための，手段として貿易，直接投資（クロス・ボーダー M&A を含む）等を駆使していることを指摘した．また，グローバリゼーションのもう1つの担い手は，先進国を中心とした国民国家であり，企業のグローバルな規模での自由な活動と競争を促進するために，世界規模での貿易および投資の自由化を促進していることを指摘した．GATT/WTO による貿易自由化の努力や様々な方法で検討されている多国間投資自由化枠組みの検討は，まさに国民国家を主体としたグローバリゼーションの動きと考えられる．

　現実にはグローバルな自由化の枠組みを作り上げるのは容易なことではない．貿易については，1995 年の WTO 協定によって，関税引き下げ，非関税障壁の撤廃，知的所有権，貿易関連投資措置，サービス貿易，農業，紛争解決手段等についての包括的な貿易ルールが確立され，その後の個別交渉で着実に金融，電気通信等の分野での貿易自由化が推進されているが，直接投資について

は，1995年から1998年の間，OECDで進められた多国間投資協定（Multilateral Agreement on Investment : MAI）についての交渉が頓挫して以降，目立った進展が見られない．MAIの挫折で注目されるのは，この交渉がOECD諸国間の，すなわち，基本的に先進国間の交渉であったにもかかわらず，最終合意に達することができなかったことである[1]．

OECDベースの交渉の挫折の後，多国間の投資枠組みについての検討は，OECDからWTOに移管され，作業部会によって様々な角度から調査・検討が行われてきたが，具体的な多国間交渉までには至らなかった．特に，1999年末のWTOシアトル閣僚会議以降は，発展途上国を中心に，多国籍企業のグローバリゼーションに対する反発が強まり，WTOの場で，直接投資の自由化についての多国間枠組みを検討すること自体に否定的な雰囲気もあった．

しかし，その一方で，直接投資についての発展途上国の考え方が，積極的な直接投資受入れ促進の方向に大きく変わってきていることまた事実である．第6章および第7章で論じたように，直接投資および直接投資を通じた技術移転は，発展途上国の経済開発にプラスの効果があることが，今や，広く認識されているからである．

それでは，何故，直接投資のグローバルな自由化の枠組みが円滑に形成されないかというと，直接投資自由化の便益をどの程度享受できるかについて，各国の考え方が異なるためである．最も極端なケースは，第1章で述べた「マージナリゼーション」である．多国籍企業の主導する世界経済の一体化の波に加われなかった国，例えば後発発展途上国は，グローバリゼーションの主軸である先進国および対内直接投資を効果的に利用して経済開発を促進したアジア諸国との格差が益々拡大し，自国はこうした世界的潮流から疎外されていると感ずるかも知れない．

また，対内直接投資を開発に有効に利用しているアジアやラテン・アメリカの先発発展途上国の中にも，直ちに高度の直接投資自由化を行うことには懐疑的であり，むしろ自国の開発にとって最も適切なペースで，投資の自由化を行うべきであると考える国もある[2]．

更に，先進国の中でさえ，自国の固有の文化と密接に結びついている分野には投資の自由化を制限したいとの考え方が根強くあることが，OECDのMAI交渉の最終時点で明らかになった．先進国は，基本的に相互の直接投資交流の重要性を十分に認識しており，一層の投資自由化を通じて，対内外直接投資を促進することによって，自国が，最先端の産業・技術分野の経営資源の集積立地となることをめざしているにもかかわらず，このような自由化への抑制的な動きは時により生じうる．

このように，直接投資が投資母国にも投資受入国にも重要なプラスの影響を持つことは先進国・途上国を問わず，十分に認識されつつも，現実には，一気に世界規模での包括的な投資自由化の合意に達することは難しいと考えられる．

しかし，完全にグローバリゼーションから疎外（マージナライズ）されている国を除けば，多くの国が，貿易並びに投資の自由化によって利益を得ており，そのことを十分に認識していることは疑いない．問題は，自由化そのものではなく，自由化のペースをどの程度進めるべきか，そして発展途上国の場合，投資の自由化と自国の開発とをいかに調和させるかという点である．

そこで直接投資に関しては，一気に多国間の合意を目指すだけではなく，それと平行して，1国ベース，2国ベース，地域ベースと，様々な次元で，投資自由化の試みが行われている．本章では，こうした様々なレベルでの投資自由化の努力と，直接投資および経済開発の関係について検討する．

2. 1国ベースの直接投資自由化と経済開発

世界的なグローバリゼーションの潮流の中でも，1国ベースの（Unilateral）投資の自由化政策を基本的に維持している有力な発展途上国は多い．1国ベースの自由化原則による限り，自国の自由化スケジュールを，自国の都合だけで定めることができ，国際的に制約を課されることはない．ただし，この戦略に対する外国投資企業の信頼性を得ることができない場合には，対内直接投資流入額の減少という代償を払わねばならない．

現実には，基本的に1国ベースの（Unilateral）投資の自由化政策をとりつつ，多額の対内直接投資を受入れている国もある．第6章で述べたアジア危機以前のアジア諸国がそうであり，タイ，マレーシア等は，基本的には1国ベースの投資自由化政策を堅持しつつ，対内直接投資を有効に利用して高度成長を達成した．後に述べるように，タイ，マレーシア等東南アジア諸国は，2010年までに，ASEAN投資地域（AIA）を結成して，加盟国間の投資自由化を実現，更に，2020年には，域内投資自由化のメリットを域外国にも適用して，域外からの直接投資自由化促進を図ることになっている．しかしそこに至るまでのプロセスは，加盟国の自主的な措置に委ねられるところが多く，途中段階では，実質的に1国ベースの（Unilateral）投資の自由化政策が取られていると考えられる[2]．

3. 2国間ベースの直接投資自由化と経済開発

　本節で述べる2国間ベースの投資自由化の枠組み，次節に述べる地域間の枠組み，および本章の冒頭第1節で述べた多国間の枠組みは，いずれも，前節の1国ベースの投資自由化とは異なり，国際投資協定に基づくものである．直接投資行動に関する国際投資協定は，多国籍企業行動に関するOECDガイドラインに見られるように，企業活動の規範・規律を求めるものもあるが，近年は，投資規制の緩和・自由化，投資環境の明確化を通じて直接投資の促進を図るものも多い．その1つのあらわれが近年における2国間投資協定の急増である．

　2国間投資協定（BITs：Bilateral Investment Treaties）は，元々，先進国と発展途上国との間で結ばれた2国間協定であり，主に，投資受入国側による収用等のリスクから，先進国を基盤とする外国投資企業を保護しようとするものであった．注目されるのは，1990年代に入ってからのBITsの急増振りである．1999年末までに締結された世界のBITsは約1600件に上るとされるが，そのうち3分の2以上が，1990年代に入ってから締結されたものである．BITsの当事国も，最も古典的なパターンである，先進国と発展途上国の間のBITsから，途上国同士のBITs，先進国と体制移行国とのBITs，体制移行国と発展途

上国とのBITs等様々な形態のものが生じている．

　BITsは2国間の国際条約によって，直接投資に関する規制撤廃・自由化および外国投資企業および外国投資そのものの保護を国際的に約束するわけであるから，1国ベースの（Unilateral）投資の自由化に比べれば，これを締結する発展途上国の負担は大きい．すなわち国際的約束である以上，直接投資政策の変更は容易にはできない．それにもかかわらず，このようにBITsの締結が盛んになった理由は明らかで，発展途上国および体制移行国は，BITsを締結することによって，「自国の投資環境が著しく改善され，透明性が高く，予見可能性が高まった」ことを外国投資企業に強く訴えることができると期待するためである．BITs締結が，今や当該国の投資環境の著しい改善のシグナルとなって，多くの対内直接投資を吸引し，国内経済発展に大きく寄与することを，BITs締結国は期待するためである．BITsの内容は，ケース・バイ・ケースで様々であるが，基本的には，対内直接投資を振興すべく，外国投資企業および外国直接投資そのものを保護し，内国企業と同等の取扱いを行うために明確，単純で，実効性のあるルール作りを目指している．そのスタンダードな内容は下記のとおりである．

① BITsは，直接投資の保護と促進を目的とすることを謳う．
② 外国投資および外国投資家についての定義を行う．すなわち，ここで，保護の対象となる直接投資およびこれを行う外国投資企業について明確に定義する．
③ 衡平で公正な待遇：外国投資および外国投資家に対して，衡平で公正な待遇をすることを定める．
④ 設立後（Post-establishment）の内国民待遇（National Treatment）および最恵国待遇（Most Favored Nations Treatment）：多くのBITsでは，設立後の内国民待遇および最恵国待遇を定めて，外国投資および外国投資家に対する衡平で公正な待遇を具体的に約束している．外国投資家および外国投資には内国民待遇および最恵国待遇のいずれか有利なほうが適用される．内国民待遇とは，内国投資家および内国投資に与えられる待遇は全て外国

投資家および外国投資に適用され，後者が不当に差別されることはないことを意味する．例えば，もしも内国企業に製品の輸出義務が課されていなければ，外国投資家にも課すことはできない．最恵国待遇とは，他の外国投資家および外国投資に対する待遇よりも劣後した待遇を，当該国を出自とする外国投資家および外国投資に対して与えてはならないことを意味する．例えば，日本企業およびその現地法人はタイにおいて最恵国待遇を与えられているとはいえない．なぜなら，タイは米国との間に，米タイ和親条約を結んでおり，米国企業は日本企業の享受し得ない特恵的な地位を与えられているからである．

⑤ 設立前（Pre-establishment）の内国民待遇（National Treatment）および最恵国待遇（Most Favored Nations Treatment）：高度な自由化達成を図るBITsは，設立前の内国民待遇および最恵国待遇を定めている．これは具体的には，外国投資家の参入可能業種の問題として重要な意味を持つ．設立前の内国民待遇は，内国企業が参入できる業種であれば全て，外国投資家も参入できることを意味する．これは現実にはかなり難しい問題であり，多くの国は，先進国を含めて，内国企業にだけ活動を許す分野を持っている．先進国の場合，典型的なのは国防であり，マスコミ，映画産業等文化に関する分野での外国投資家の参入を制限している先進国もある．発展途上国の場合には，外国投下の参入規制・禁止分野は往々にして非常に広汎になる．例えば，金融・保険，国内流通，資源開発等の分野で外資の参入を許さないことはしばしばである．こうした場合，もしも高度な政治的判断で，設立前の内国民待遇の原則が確立されれば，現実問題として，当該国はBITsに長大なネガティブ・リストを添付し，この原則の例外業種および経過措置業種を列記することとなろう．言い換えると発展途上国を含む二国間・地域間ないし多国間協定で，設立前の内国民待遇を含む高度な自由化を達成しようとすると，各発展途上国毎に膨大なネガティブ・リストを含む分厚い協定書となる可能性がある．

⑥ パフォーマンス・リクワイアメントの禁止：WTOのTRIMs禁止との

整合性を保つために，奨励措置との見合いで，外国投資家に，輸出義務，現地調達比率達成の義務等のパフォーマンス・リクワイアメントを課すことを禁止している．

⑦　外貨取得および送金の自由：この自由を原則的に保証しているBITsが多い．ただし，国際収支上の理由から例外規定を設けるものもある．

⑧　外資に対する差別的な収用の禁止：やむを得ず，収用・国有化を行う際には，十分な時間を取って事前通告を行い，内国民待遇および最恵国待遇の原則に基づいて行う．補償支払いの基準を明確化し，適切な補償を行う．

⑨　紛争解決方法の確立：第3者を交えたパネルを構成して解決する，世界銀行グループの紛争解決センター（ICSID），国連国際商取引法委員会（UNCITRAL）による等具体的な紛争解決方法を明示するものもある．

このようなBITsの締結は今や世界的な潮流の1つであるが，BITsに留意事項がないわけではない．その最大のものは，発展途上国が期待するような，対内直接投資の促進効果をBITsは必ずしも持たないことである．これは，国際会議の場で，しばしば発展途上国の経験談として語られるところである．また，UNCTADは，過去の対内直接投資流入の説明変数として，BITsの締結状況は，他の要因，すなわち，投資受入国の市場規模，同じく成長率，為替レート，カントリーリスクといったものに比べると，統計的に，説明力が弱いことを報告している．これに対して今や地域ベースの貿易投資自由化の枠組みは，世界の各所で，その成果と共に注目を浴びている．次の4節では地域ベースの動きについて論ずる．

4. 地域ベースの直接投資自由化

地域ベースの直接投資自由化は，2国間投資協定とは異なり，地域統合の中で，すなわち，地域ベースでの貿易および投資双方の自由化の枠組みで考えられることが多い．ところで，地域統合は，まさに字義どおり，リージョナリゼーションの動きと捉えることができる．これは，本書を通じてのキーワードで

あるグローバリゼーションとの対比で考えられるべき概念である．多国籍企業は，グローバリゼーションを展開していると同時に，リージョナリゼーションをも展開している．すなわち，貿易および直接投資という手段を駆使して，世界規模での最適化を図る一方，必要に応じて，地域規模での最適化も図っている．企業の地域規模での最適化は，当該地域内のみで十分な生産要素および市場を確保して規模の経済を達成できるかという点にかかわってくるが，これは言い換えると，国民国家がリージョナリゼーションを追求するか否かにも大きくかかわってくる．リージョナリゼーションへの国家の意思が確信されれば，貿易・投資の動向に大きな影響を及ぼす．例えば，1992年のマーストリヒト条約締結に先立つ1980年代後半から1990年代初頭にかけて，日本企業および米国企業が，EU（当時のEC）諸国に直接投資を増加させた．これは，ヒト・モノ・カネの動きが自由化されて一体化するであろう単一欧州の成立を見込んで，リージョナルな事業機会があることが期待されたためである．また，1994年のNAFTA成立前後からメキシコ向け直接投資が米国企業のみならず，日欧企業からも増加しているのは，同様に，貿易・直接投資が自由化された北米統合市場でのリージョナルな事業機会への期待があるためである．

　EU，NAFTAの形成に見られるように，国民国家もまた，グローバリゼーションを追求すると同時にリージョナリゼーションをも追求している．世界規模での貿易・投資の自由化が早急に進まないとき，往々にして地域規模での貿易・投資の自由化の動きが先行する．グローバリゼーションとリージョナリゼーションが「代替的」であるか「補完的」であるかは，時代と状況によって異なるようである．

　歴史的に見ると19世紀末から20世紀初頭にかけてのグローバリゼーションの時代の後，1930年代の世界大不況期には，閉鎖的なブロック経済を経験した．これは，「代替」の典型例である．

　WTOの見解では，現代の国民国家によるリージョナリゼーションは，一定の条件を充足すれば，グローバリゼーションの「補完」手段であると考えられる．リージョナリゼーションによって，関税その他の貿易障壁が撤廃されれば，

たとえそれが，限られた一定地域内の自由化であっても，域外との貿易を阻害せず，世界貿易拡大に貢献するという条件を満たす限り，容認される（WTO 24条）．言い換えれば，一気に多国間での自由化枠組みを達成することが難しければ，第1ステップとして，地域ベースの自由化を達成し，しかる後にこの地域の範囲を拡大することによって，グローバルな自由化に近づけるという考え方はWTOによって容認されている．

ただし，地域統合が域外に対して排他的になれば，GATT/WTOの基本理念に反することになるので，当事国は，自由貿易地域ないしは関税同盟についての具体的計画を策定・提出してその適格性に関しWTOの承認を得る必要がある．WTOは，この計画で，域外国に対する貿易障壁が以前よりも高くなっていない場合においてのみこれをWTO適格と認める．

一方，開発途上国の中には，企業のグローバルな活動を利用した経済発展戦略を取るために自国の所属する地域内の貿易・投資の自由化を積極的に図る動きもある．AFTAとかMERCOSURはこうした典型例と考えられる．これもリージョナリゼーションと位置付けられよう．更に，開発途上国の場合，多国籍企業およびその出自たる先進国に対する交渉力を維持するためにも地域統合は必要であるかもしれない．これもリージョナリゼーションの1つの動機になりうる．

なお，地域統合にはよく知られているように5つの類型があるとされる．
① 自由貿易地域：域内の関税およびその他の貿易障壁撤廃．
② 関税同盟：上記①プラス共通関税率設定．
③ 共同市場：上記に加えて，労働，資本等の生産要素の域内移動自由化．
④ 経済同盟：主要経済政策の域内調整．
⑤ 経済統合：上記諸政策の統合．超国家的な中央政策当局の設立．

近年の主要地域統合について上記類型を当てはめて考えると，以下のとおりである．

欧州連合（EU）は，先に述べたように，1992年調印のマーストリヒト条約によって，財，サービス，ヒト，資本の域内移動が完全に保証された単一市場

となったために，③の段階を達成，更に，1999年の共通通貨ユーロの導入，欧州中央銀行の設立により，④から⑤の段階に向かっている[3]．

これに対して，NAFTA（北米自由貿易協定）は，域内関税および非関税障壁を段階的に撤廃することになっている．しかし，加盟各国は，域外国に対しては，貿易障壁を存続させることが可能であるので，あくまでも，自由貿易地域に関する協定である．NAFTAは，貿易自由化のみならず，域内国からの直接投資についてのほとんどの規制を撤廃し，設立前の内国民待遇を確立している高度な自由化協定であるが，①の段階にある[4]．ただし，NAFTAにおいては，貿易面での対外共通関税は存在しないが，直接投資については，域内国からの投資と域外国からの投資とを峻別し，前者に対してのみNAFTAの貿易自由化の恩典を付与している[5]．これは後に述べるように，域外国に対しては，「投資転換効果」を持つ．

一方，ASEAN（東南アジア諸国連合）（AFTA＝ASEAN Free Trade Area：アセアン自由貿易地域およびAIA＝ASEAN Investment Area：アセアン投資地域による統合を目指す）では，AFTAは，2002年までに，一般製造業品目の域内関税率を5％以下に削減しようとする，自由貿易地域の枠組みである．対外共通関税を設けない点で，NFTAと共通しており，①に向かっての努力が，加盟各国の自主性尊重のもとに行われている．ただし，具体的な関税引き下げの方法については，加盟各国の自主的な裁量によるところが大きく（「協調のもとでの1国ベースの自由化（Concerted Unilateral Action）」の重視），その意味で米墨加3国間の協定によって各主要品目について期限付きの厳格な自由化スキームが定められているメキシコの場合とは，かなり異なる．AIA（ASEAN投資地域）構想は，2010年までに，加盟国の投資自由化を実現し，2020年までに域内の投資自由化を非加盟国にも開放するものである．

最後に，MERCOSURは，ブラジル，アルゼンチン，ウルグアイ，パラグアイ4ヶ国の間で，1991年3月，条約成立（アスンシオン条約），1995年1月より正式発足したものであるが，4カ国域内の貿易は原則自由化，域外に対しては，共通関税を賦課しようとするものであり，②の関税同盟を目指している．

ASEAN（AFTA）とか MERRCOSUR のように，域外に対する依存度の高い地域統合の場合，この地域だけで，④ないし⑤の段階まで進むのは容易でない．域外への貿易・投資依存度が高く，域外諸国の経済動向および政策に大きな影響を受けるためである．

5. 地域統合の経済効果

地域統合の経済効果を考える際に最も基本的なのは，関税同盟の経済効果との関連で議論された「貿易創出効果」と「貿易転換効果」である．しかしそれ以外にも②以下に列挙するように，様々な効果が考えられる．

① J. Vinor の貿易創出効果，貿易転換効果，
② 貿易拡大および市場拡大効果，
③ 直接投資におよぼす効果：直接投資創出効果，直接投資転換効果，直接投資拡大効果等．

なおこの他に，地域統合に参加することによって既に着手した国内政策の変更を困難にするとか，2国間ベースの保護主義を強要される危険性を回避する等，幾つかの政治的効果が考えられる．以下で上記①②③について論ずる．

5.1 J. Vinor の貿易創出効果，貿易転換効果

この議論の核心は，地域統合とは，これを行わない場合に比べて常に経済厚生が向上するわけではなく，統合したことによって，統合当事国の経済厚生が低下する場合もありうるということを明らかにした点である．言い換えると，先に述べた，グローバリゼーションとリージョナリゼーションが「代替的」であるか「補完的」であるかという議論の最も基本的な形であるといってよい．J. Vinor の主たる貢献は，地域統合のマイナス効果を明らかにしたこと，すなわち，グローバリゼーションとリージョナリゼーションは「代替的」になり得ることを明らかにしたことである．

では，なぜ Vinor 以前には，地域統合は，「ない場合に比べて，あるほうが無条件で望ましい」と，当然のように考えられたのかというと，これは，一言

でいえば，ファースト・ベストの達成が難しければ，セカンド・ベストの達成を目指すことが最も望ましいとの考え方である．つまり，先に述べた「リージョナリゼーションによって，関税その他の貿易障壁が撤廃されれば，たとえそれが，限られた一定地域内の自由化であっても，域外との貿易を阻害せず，世界貿易拡大に貢献する限り容認される（WTO24条）」という，現代のWTOの考え方に近い．ただし，WTOは地域統合を認めるにあたり，条件付けを行っていることに留意すべきである．

そこで，ファースト・ベストの考え方をヘクシャー・オリーン・モデルの考え方に基づいて振り返ると，財・サービス市場においても，生産要素市場においても，完全競争が成立しており，財・サービスの貿易についての規制が全くないという最も典型的な条件のもとでは，かりに国境に阻まれて，国際的な生産要素の移動ができなくても，財・サービスの自由な貿易が行われさえすれば，財・サービス価格の均等化，貿易当事国の比較優位分野への特化を通じて，世界的に生産要素の価格は均等化する．言い換えると，貿易障壁のない自由貿易が世界全体で行われれば，世界全体の厚生は最も望ましい状態（ファースト・ベスト）になる筈である．すなわち，世界は，政治的に国境はあっても経済的には，あたかも1つの世界国家が成立したかのような経済厚生を享受することができる．これが，完全に自由な国際貿易の効果である．現実問題としてこうした強い仮定が世界全体において成立することは困難である．しかし，全世界的には困難であるとしても，一定の限られた地域内でこうした貿易の自由化を完全に達成することができれば，地域内自由化のない場合に比べれば，無条件にプラスの効果を持つであろうというのが，Vinor以前の考え方である．いわば，これは，世界規模での貿易の自由化をファースト・ベストとしたときの，地域ベースでのファースト・ベストの追求といってよいであろう．もちろん限られた地域内での貿易の自由化は，限られた効果しか持たないので，これをできるかぎり世界規模に近づける，すなわち，世界規模でのファースト・ベストに近づけるのが望ましいことになる．これは現代のWTOの考え方に近い．

これに対して，Vinorは，地域統合が域外に対して共通関税を課す関税同盟

の場合，域内加盟国にとっても，プラスの効果だけでなくマイナスの効果も生じうること，したがって，双方の効果を比較検討しなければならないことを明らかにした．前者が，「貿易創出効果」であり，後者が「貿易転換効果」である．

「貿易創出効果」とは，当該地域内で，貿易制限が撤廃された時に，例えば，これまで加盟国間で課されていた関税が撤廃された時に，生ずる域内貿易の拡大効果である．ある貿易財 X について，地域統合加盟国である自国 A の国内生産コストにくらべて，同じく加盟国である B 国の国内生産コストのほうが低いにもかかわらず，A 国で輸入関税 t 1 が課されれば，B 国からの X 財の輸入価格は，A 国の X 財の国内価格よりは低いものの，関税賦課以前よりも t 1 だけ割高になる．A 国の消費者は，自国産の X 財を輸入関税 t 1 がない場合よりもより多く消費し，B 国からの輸入は低目に抑えられる（図 8-1）．なお簡

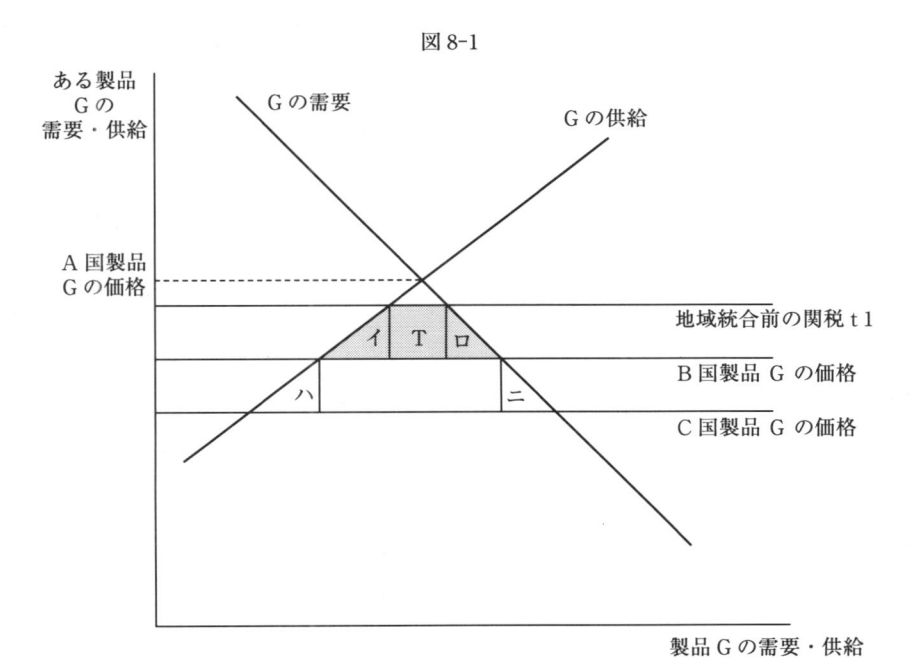

図 8-1

(著者作成)

単化のために，図8-1で，B国は域内の大国で，A国に対して完全に弾力的な供給曲線を持っていると仮定する（例えば，A国をメキシコ，B国を米国と想定して見よう）．もしも，地域統合の結果，A国の輸入関税 t 1 が撤廃ないし削減されれば，A国の消費者は，より生産コストが低く，価格の安いB国製品をより多く輸入・購入するようになる．これが，貿易創出効果であり，明らかにA国の消費者は利益を得る．図8-1では，簡略化のために，域内関税は完全に撤廃されると想定している．貿易創出の利益は主に消費者余剰の拡大によるものであり，A国が失った関税収入との差し引きで，ネットの効果は，「イ」プラス「ロ」の部分である[6]．

一方，「貿易転換効果」とは，この地域統合が対外共通関税を域外国に課した時に，域内のどの国よりも生産コストの低い域外国からの輸入が排除され相対的に生産コストの高い域内国に置き換わることによって生ずる不効率のことである．例えば，もしも域外にA国およびB国よりもX財の国内生産コストの低いC国があり，このC国産のX財は，A国とB国との関税同盟の結果，対外共通関税 t 2 を課されるとする．t 2 はB国の生産コストとC国の生産コスト差以上であり，B国同様にC国も大国で，A国に対して完全に弾力的な供給曲線を持っていると仮定すれば（例えば，B国を米国，C国を日本と考えてもよい），この場合，C国製のX財は域外製品への輸入関税によって生じた高価格のために完全にこの域内貿易から排除される．これが貿易転換効果である．図8-1において，「貿易転換効果」は，「ハ」および「ニ」の部分となる．

この簡単なモデルでは，「貿易創出効果」（「イ」プラス「ロ」）が，「貿易転換効果」（「ハ」プラス「ニ」）よりも大きければ，A国にとって，統合の経済的効果はプラスであるということになる．域内関税の引き下げ幅が大きければ大きいほど「貿易創出効果」は大きく，B国とC国の生産コストの差が小さければ小さいほど，「貿易転換効果」は小さくなる．先に4節で述べたように，WTO 24条で，対外共通関税を課す際には，従来の関税水準を越えるものであってはならないとしているのも，こうした「貿易転換効果」の拡大を防ぐための措置と考えられる．

ここでいくつかの留意点がある．1つは，このモデルの含意によれば，この地域統合が域内に先進国（B国）を含み，A国と先進国であるB国との生産コストの差が大きいほど「貿易創出効果」は大きくなる．次に，B国とC国との生産コストの差が小さいほど，「貿易転換効果」は小さくなる，逆に，この地域統合が開発途上国のみの集合体であり，B国とC国との生産コストの差が大きい場合には，対外共通関税は，「貿易転換効果」を大きくする．

また，このVinorの議論は，地域統合に関する5類型のうちの①「自由貿易地域」および②「関税同盟」についての議論であり，③④⑤の経済効果の評価には直接役に立たない．

最後の留意点として，現実に「貿易創出効果」「貿易転換効果」を正確に算出するのは容易でない．かりに，「貿易創出効果」「貿易転換効果」の計測が正確かつ適切な時期に行われたとしても，実際の政策当局者が，これを，どの程度，意思決定のための政策判断材料に用いるかは不明である．地域統合を目指す政策当事者は，統合による一回限りの地域内貿易の拡大を期待するのではなく，統合を契機とした経済の持続的成長，戦略的な輸出産業の発達，域内・域外における貿易の持続的拡大といった動態的なインパクトを期待するのが通常である．極端な場合，かりに現時点での「貿易創出効果」を「貿易転換効果」が上回り，さし引きマイナスであったとしても，統合の結果，十分な経済規模を有する域内市場が成立し，中長期的には，国際競争力のある輸出産業が育成されるとすれば，この市場統合は明らかにプラスの経済効果を持つと見なされよう．

5.2 貿易拡大および市場拡大効果

5.1項の最後に述べたのとは逆に，地域統合の結果，「貿易創出効果」が「貿易転換効果」を上回れば，消費の拡大，所得の拡大を通じて，域内各国の経済成長を促し，その結果一層の貿易拡大を生ずる可能性が高い（貿易拡大効果）．また，域内貿易の自由化は，域内市場の拡大を意味し（市場拡大効果），これによって，1国ベースでは達成できなかった規模の経済の達成も可能とな

る．地域統合の結果，世界的にみても大規模で高付加価製品を需要する成熟した市場を形成することができれば，当該市場向けの高付加価値製品の開発・生産・販売を目指して，多くの人材・技術・資金が流入し，生産要素の集積効果を通じて技術革新を生じやすくなる．これらは，全て，地域統合が生じた当初の地域統合のプラスの効果が，長期的・動態的なプラスの効果をも生じうることをあらわしている．

こうした動態的な長期発展への期待は，1980年代後半以降のEU統合の進展に見られるように，先進国の地域統合の場合には，特に，重要な決定要因である．

発展途上国の統合の場合にも事情は同じであるが，発展途上国固有の障害があることに留意すべきである．発展途上国の場合は，先に(5.1項)で論じたように，地域統合結成当初の「貿易転換効果」が大きいために，その出発点で，静学的な地域統合のプラスの経済効果は望めないことが多い．言い換えると，域外共通関税を伴う地域統合を開発戦略の中心に据える発展途上国は，出発点で「貿易転換効果」が大きいという地域統合の不利益を負ったまま，開発という動学的な利益を長期にわたって追求しなければならないことになる．

動学的効果にかかるもう1つの問題点は，動態的な発展プロセスの中で統合加盟国間の利害調整をどのように図るかという点である．かりに統合加盟国間の成長率が統合後，一律に高まったとしても，A国の成長率が5％であるのに対し，B国の成長率が10％であるとすれば，A国民は十分納得するであろうか．また，ASEAN（AFTA）のBBCスキームおよびAICOスキーム（各々，域内製部品の域内取引にあたり低率の域内共通関税の適用を認めたもの）において，多国籍企業の域内分業を公認し，域内取引についての関税減免の特恵を与えることに，全加盟国が同意していても，かりにタイにASEAN自動車産業の大きな部分が集積するようになれば，他のASEAN加盟国は，十分納得するであろうか．こうした問題は，必然的に複雑な利益調整機能を必要とするので，発展途上国の地域統合においても，関税同盟を超えた，③共同市場，④経済同盟，⑤経済統合といったレベルでの地域統合の検討が必要になろう．

経済開発に地域統合を利用しようとすれば，長期的な地域統合戦略が必要であり，持続的にこれを成功させる企画・実行能力および地域内調整能力を持たなければならない．

5.3 直接投資におよぼす効果

近年，直接投資が投資受入国の経済に非常に大きなプラスの効果を持つことは，先進国においても発展途上国においても，十分に認識されており，対内投資受入れ促進のための様々な施策が取られていることは本書で再三，指摘しているところである．地域統合は域内への直接投資拡大にも大きな効果を持つ．

地域統合のもとで，域内の直接投資に関する様々な規制措置が撤廃され，自由化が推進されれば，加盟国相互の直接投資が拡大する．これを5.1項で述べた「貿易創出効果」とのアナロジーで，「直接投資創出効果」と考えることができる．例えば，NAFTAの成立によって，メキシコの対内直接投資規制は大幅に緩和され，米国企業のメキシコ向け直接投資は増加した．これは「直接投資創出効果」であると考えられる．

一方，地域統合形成に伴う直接投資制度の変更は，外国直接投資企業の投資判断に影響を与え，投資先を転換する力を持つので，これは「貿易転換効果」とのアナロジーで，「直接投資転換効果」と考えることができる．

最も直接的な「貿易転換効果」とのアナロジーとしての「直接投資転換効果」は，域外に対する規制がそのまま維持されるか或いは増強されるために，最も競争力のある外国投資家は，もはやこの統合地域内への投資を断念し，セカンド・ベストの，他の加盟国の投資家が地域統合内に投資することである．

しかしながら，直接投資の場合，もっと重要なのは，域外への差別的な措置によって，（貿易および直接投資についての）事業環境が悪くなったとしても，貿易とは逆に，域外の外国投資家（多国籍企業）は，むしろ，当該地域統合への直接投資を拡大する可能性があることである．これも一種の「直接投資転換効果」である．こうした状況は，当該地域統合が，大規模な市場を形成する場合に生じうる．これまで貿易または直接投資を通じて確保していた地域統合加

盟国の市場を失わないために，この地域内への「インサイダー」化を目指して，投資環境の悪化にもかかわらず，域外の外国投資企業は直接投資を拡大する．例えば，NAFTAでインサイダー化しようと思えば，原産地規則に則った現地生産を行わなければならない．原産地規則をクリアしてインサイダー化すれば，域内への輸出にあたり，加盟国企業と同様，貿易削減の恩典を受けられる．こうした「インサイダー」化は，1994年のNAFTA発効以降のメキシコ向け直接投資に限らず，1992年のマーストリヒト条約締結直前の欧州向け投資拡大にも見られたことは先に述べたとおりである．

　こうしたタイプの「直接投資転換効果」の場合には，域内の投資受入国には，マイナスの影響はない．むしろ，被害を受けるのは，当該地域統合に直接投資先が変更された結果，対内直接投資を受け損なった他の投資受入国である．例えば，かりに，本来マレーシアに投資しようとしていた日本企業が，NAFTAの成立によって，メキシコに投資先を変更すれば，「直接投資転換効果」の悪影響をこうむるのは，メキシコでなくて，マレーシアということになる．

　次に，地域統合の結果，域内貿易および直接投資が拡大して，加盟各国の所得水準が上昇すれば，新たな事業機会，投資機会も増えるので，一層の直接投資の拡大を生ずるものと考えられる．これを5.2項で述べた貿易拡大効果とのアナロジーで，「直接投資拡大効果」と呼ぶことができる．現実には，直接投資統計の数値増加を見ただけで，「直接投資転換効果」と「直接投資拡大効果」とを識別することは困難である．

　最後に，「直接投資誘発効果」，すなわち，先行企業の投資に対する寡占的反応としての投資行動が考えられる．こうした直接投資の1つのパターンは，ニッカボッカーのバンドワゴン効果として知られるものであり，地域統合に特有なものではない．しかし，域外の1つの多国籍企業が，先に述べたインサイダー化を目ざした「直接投資転換」的な行動をとるとき，そのライバル企業も同様に当該地域へのインサイダー化を図るかも知れない．その場合には，「直接投資転換効果」は明らかに「直接投資誘発効果」によって強化される．

6. 主要地域統合の動向

地域レベルでの直接投資についての取り決めは，一般的に地域統合協定の枠組みの中で扱われることが多い．その扱い方は様々である．6.1 以下に主要地域統合の動向を簡単に整理する．その主な特徴を挙げると以下のとおりである．

① 地域統合には，自由貿易地域から完全統合に近いものまで様々な段階のものが存在する．
② EU や NAFTA のように先進国同士の，或いは，先進国を含んだ地域統合は，資本の域内移動の完全な自由化，知的所有権・環境保護・労働基準・安全性基準等の高い水準でのルール確立等，高度な統合を目指すことが可能である．
③ NAFTA のように先進国を含む地域統合に発展途上国が参加すると，②のような高度な統合を目指すことから，発展途上国に対する拘束は 1 国ベースの（Unilateral）投資の自由化や BITs（2 国間投資協定）に比べて大きくなる可能性がある．しかし，大規模な地域市場へのアクセス，小さな貿易転換効果，大きな投資創出効果や投資転換効果等の利益を享受する可能性も大きい．
④ 発展途上国同士の地域統合は，地域外への依存度が高く，また，貿易転換効果が大きくなり易いため，先進国を含む地域統合よりも，不利な面がある．しかし，対外共通関税を設定せず，域外に対してオープンな政策を取れば，貿易転換効果を削減できる．
⑤ 地域統合は自動的に加盟国間の利益・コストの平等な配分が保証されるわけではないので，利益・コストの調整機構を持つことが必要である．

6.1. EU

EU は，1999 年 1 月以降，主要加盟国 11 ヵ国[7]で共通通貨ユーロを導入，更に，欧州中央銀行を設立して通貨統合を達成，今や一元的な金融政策を実施

する段階に達した．今後の政策協調に多くの努力を要するとしても，また，ユーロが一時的に対米ドルおよび対円の関係で減価しても，またEUの経済パフォーマンスに多少の好・不調はあっても，長期的な統合強化への方向性は制度的に確立され（1992年のマーストリヒト条約および1997年のアムステルダム条約）揺らぎそうもない．こうしたシステムの安定性がEU統合の最大の優位性である．

EU統合の制度的な堅牢性の基盤となっているのは，第1に，国民国家を超える地域統合形成への動機に歴史的・経済的・政治的必然性があり，これを推進する強力なリーダーシップにも恵まれたことである．第2に，統合強化を目指す様々な動機を継続的に持ちつづけ得たことである．第3に，統合が目に見える成果を生ずることが多く，このことが統合地域内外に統合推進に対する幅広い支持を生み出し，統合の推進と共に，統合の外延的拡張をももたらしたことである．

まず，第1の点については，EUの場合，そもそもの発足時点から，「国民国家を超える超国家的組織が，国境を跨った広範な国際地域を管理すること」が欧州の平和と安定にとって不可欠な政策であることが十分に認識され，国民国家の範囲を超えた独仏の石炭・鉄鋼部門の統合体である欧州石炭鉄鋼共同体（ECSC）が設立された．この背景には，成熟した国民国家群よりなる欧州において国民国家間の国際協調では二度の大戦を防ぎえず，結果的に欧州の破壊と凋落を招いたことへの反省がある．ECSCの成功はその後の欧州統合に向けてのエネルギーを生み出す源となった．

その後の欧州統合への道は，地域共同体の構成員たる国民国家から独立して意思決定を行う機関（EC委員会等）の権限を強化して，超国家的な統合を推進しようとする「連邦主義」と加盟国の国家主権を尊重し，あくまでも国民国家間の協調と調整によって地域共同体を運営しようとする「政府間主義」の考え方のせめぎあいの中で，次第に超国家機関による地域統合強化の方向性が形作られてきたものと考えられる．

第2に統合を加速する要因であるが，1950年代および1960年代は，統合の

推進と経済の復興・成長が，お互いに補完しあいながら，平行的に進んだ．域内関税の撤廃・域外共通関税の成立を受け[8]，1960年代から1970年代初頭にかけては，域内貿易は世界貿易を上回るペースで伸び，域外貿易の伸びは世界貿易の伸びと同程度であったとされる[9]．域内関税撤廃による貿易創出効果，成長の加速による貿易拡大効果が大きく働いたものと見ることができよう．しかし，ニクソンショック，オイルショックおよびブレトン・ウッズ体制の崩壊を経験した1970年代から1980年代初頭には，欧州経済そのものおよび欧州統合の将来性に懐疑を持つユーロ・ペシミズムが蔓延，欧州統合にも大きな前進は見られなかった．新たな動きがあるのは，1980年代後半であり，経済の再活性化，企業競争力の強化のためには，欧州市場の統合を推進して大規模市場での市場競争を強化すること，日米企業に比べて研究開発能力面で立ち遅れた欧州企業をバックアップするためにECの研究開発予算を増強すること等の重要性が指摘された．こうした問題意識を受けて，域内の非関税障壁を廃止してECを単一市場に転換するための新たな動きが加速され，1992年2月調印のマーストリヒト条約で欧州連合（EU）が成立した．この1980年代後半以降の動きの中心となったのは，日本および米国と比して弱体化した欧州経済および欧州企業を再生するために市場を統合し，そこでの競争を激化させることによって経済・産業・企業の立て直しを図ろうとする明確な政策的意図である．こうした新たな統合への動きは，欧州企業の速やかな反応を引き起こし，多くの巨大企業は，単一市場となる欧州市場の中で，欧州市場規模での最適立地を目指し，規模の経済を実現することを目指した．これは明らかに投資創出効果および投資拡大効果を生ずるものであった．また，こうした市場統合への動きは，日本企業および米国企業によるEUへの直接投資を加速させ，投資転換効果を持ったと考えられる．単一市場，競争強化，EU規格の採用，積極的なEUの研究開発予算等が欧州企業に与えたインパクトは大きく，1990年代後半に入って，欧州企業は更にクロス・ボーダーM&A等も駆使して国際競争力を強化しつつある．EU統合は，企業にとっての市場環境整備という意味では非常に大きな成果を生じたといえる．

第3の点であるが，EU統合の進展がその時々のマクロ・ミクロの経済成果と密接に連動していることは既に見たとおりである．加えて，域外の周辺国とEUの関係を見ると，域外国に対しては，農産物，鉄鋼，繊維等の分野でかなり厳しい輸入規制を行っており，貿易転換効果を生じていることが指摘される．一方，EUへの加盟を認められた後発国は，域内での農業調整政策の枠組みの中で農業補助金の供与も含め処遇される．ここに，周辺国がEU加盟に対して強い動機を持つ理由がある．一方，EU側にとっては，新規加盟を認めることは域内での調整を一層複雑にするものであるため慎重にならざるを得ないという事情があるが，EUの普遍性を示すためには拡大への積極姿勢も見せねばならない．現在，EUは中東欧諸国のうち，ハンガリー，ポーランド，チェコ，スロベニア，エストニアとは加盟交渉を開始している．

　また，発展途上国との関係では，1975年のロメ協定によって，加盟国の旧植民地であった諸国および英連邦諸国との間に特恵貿易・協力協定を締結，更に地中海諸国共，特恵貿易協定を結んでいる．

　以上の議論からEU統合の経済効果を総合評価すると，1967-1968年の関税同盟成立時および1992年のマーストリヒト条約調印前後には，域内貿易および投資の拡大並びに対内直接投資の拡大を生じ，5節5.1項で述べたネットの貿易創出効果（貿易創出効果が貿易転換効果を超える）および5.3項で述べた直接投資創出・転換・拡大効果を生じたことは間違いない．更に，注目されるのは，5節5.2項の動学的効果である．先に述べたように，1980年代後半以降の単一欧州市場に向けての動きは，欧州経済の活性化に資するのみでなく，先端分野での企業競争力の強化に多大な貢献を行った．地域統合と競争政策とを適切に組み合わせることによって，先進国型地域統合の動学的効果の実を上げることができる好例といえる．

　ただし，周辺国，特に，周辺途上国にとっては貿易転換効果が大きく，周辺途上国が，被害を受ける可能性がある．こうした周辺国がEUに加盟する可能性および特恵的な貿易協定を結ぶ可能性が少ないとき，こうした被害を減少させる可能性は低い．

6.2. NAFTA

1994年1月に発効したNAFTA（北米自由貿易協定）は，EUとはかなり異なる性格を有する．第1に，EUのような先進国間の水平的な統合でなく，先進国である米国およびカナダと発展途上国であるメキシコとからなる垂直的な統合である．第2に，EUにおいてはドイツとフランスというほぼ対等なパワーを持つ複数国が並立して役割分担しつつ（政治面ではフランスがリードし，経済面ではドイツがリードする）求心的な軸を形成したが，NAFTAにおいては米国の政治的経済的パワーが圧倒的であり，米国は自国主導の地域統合の範囲を，NAFTAを超えて，南北アメリカ全域に，また，アジアを含む環太平洋地域全域にひろめたいとの意向を折に触れて表明している．第3に，EUの場合，加盟各国は，欧州統合についての共通の目標・目的意識を共有していると思われるが，NAFTAの場合は，加盟3カ国共それぞれかなり異なる目的意識を持って参加していると見られる．

米国の場合，明らかに自国主導の貿易および投資の自由化政策をまず近隣諸国に普及させ，より大きな規模での自由化推進の1つのステップとしたいとの政策意図を持っていると見られる．

カナダの場合は，もともと米国との経済的・文化的一体性は高く，NAFTAは経済実態の政治的・制度的追認という面もあるが，その反面，独立した先進国として，隣接した大国との個別の2国間経済・貿易交渉よりも，制度化された一定の枠組みの中での地域ベースの多国間交渉のほうが交渉力を保ちやすいと判断した面も大きいと考えられる．先に述べた地域統合の「保証機能」を活用しようとしたものと考えられる．

メキシコの場合には，様々な地域統合の政治経済効果が同時に期待されたものと考えられる．メキシコは1982年の債務危機以降，貿易の自由化，公的企業の民営化，国内の規制撤廃による経済の立て直し路線をほぼ一貫してとっており，対米貿易依存度を高めてきた．NAFTAによって，米・加との貿易障壁を撤廃することができれば，これまでの自由化による開発路線を国際的に裏付け，強化することができる．しかもNAFTAは3国間の地域協定であり，メキ

シコにとって，米国との2国間交渉よりは，NAFTA の場での交渉のほうが相対的に有利と考えられる．また，NAFTA は，EU 同様に，単に自由貿易協定であるだけでなく高度の投資自由化協定でもある．すなわち，直接投資に関しては，一般的に衡平で公正な取扱いを外国投資・外国投資家に対して行うことを定めているにとどまらず，「内国民待遇」および「最恵国待遇」を設立後（Post-Establishment）のみならず設立前（Pre-Establishment）にも行うことを定めた，投資自由化達成度の高い協定である（本章2節を参照）．発展途上国であるメキシコにとっては，こうした自由化要求度・達成度の高い投資協定は自国経済にとってかなりの負担であり，多くの例外措置・経過措置を設けている．それでもこれを容認したのは，米国企業を始めとする域内企業および域外企業からの直接投資流入を期待したためと考えられる．すなわち，5.3項に述べた「直接投資創出効果」「直接投資転換効果」および「直接投資拡大効果」による直接投資流入を通じた経済の活性化・開発の促進に期待したものと考えられる．実際，NAFTA 成立の前後から，メキシコ向け直接投資は自動車産業を中心に大きく伸びた．メキシコの自動車産業は米日欧企業の直接投資増に加えて，NAFTA によって米国市場への輸出アクセスが保証されたことから，1994 年末のテキーラショックを乗り切って大きく成長した．こうした自動車産業の発展は，メキシコにとって NAFTA の端的な経済効果と考えられる．

　NAFTA 統合の経済効果を総合評価することは，1994 年メキシコ危機の影響もあり容易でない．しかし，域内に先進大国である米国と，発展途上大国であるメキシコ，および資源豊富な先進国であるカナダを抱える NAFTA は3国間の補完性も強く，貿易創出効果が大きい（特に対メキシコ輸出において）一方で，貿易転換効果は小さいと見られる．対内直接投資については，危機の影響が強かったと見られる 1995，1996 年にはメキシコ向けの対内直接投資も減少しているが，1997 年には直接投資の急激な回復が見られる．域内の貿易・投資が拡大していること，メキシコ経済の危機からの回復は比較的順調であることから，NAFTA 統合は，メキシコにとってはかなり大きなプラスの効果を持っているものと考えられる．

他方，米国にとっては，貿易・投資面から見て，カナダおよびメキシコ経済の米国経済に占めるウエイトが小さいこともあり，経済的なプラスの効果は小さい．むしろ，自由貿易地域の段階的拡大のための重要なステップであることとと，隣接する発展途上大国であるメキシコの政治的経済的安定性を図るという2つの政治的意味があるものと考えられる．

6.3. MERCOSUR

MERCOSURは，EU，NAFTAとは異なり，先進国を含まない，発展途上国のみを加盟国とする地域統合である．1991年3月，ブラジル，アルゼンチン，ウルグアイ，パラグアイの4カ国の間で設立条約（アスンシオン条約）に調印，1995年1月に発効した．4カ国域内の貿易については原則自由化を行う一方，域外共通関税を課している．発展途上国同士の地域統合が，先進大国を含む地域統合であるNAFTAに比べてハンデを負っていることは，第5節に論じたとおりであるが，MERCOSURの場合，域内貿易比率が1990年代にかなり上昇していること（1991年の11.1%から，1997年の24.7%へ）[10]が，統合の経済的根拠になっている．更に，統合されたMERCOSURの自動車市場は，1997年時点で270万台規模に達し，発展途上国の市場としては，有数の大規模市場であると同時に将来の成長性も期待されるところに，統合の大きな意味があると考えられる．このため，ブラジル，アルゼンチンの両国は，経過措置的に自動車協定を締結，現行の自動車政策の枠組みのもとで前進的に自動車の域内貿易の自由化を進めると共に，2000年以降に，MERCOSURの枠組みのもとで，MERCOSUR統一自動車規則を制定することを計画している．

MERCOSURは，高率の域外関税による貿易転換効果も大きいが，自動車部品貿易等貿易創出効果もかなり大きく，市場統合による規模の経済性の達成・コスト競争力の強化によって今後，動態的な産業・経済の発展も期待できる．また，こうした動態的な発展は，投資創出効果・投資転換効果・技術革新の導入等によって一層加速されることも期待できる．また，米国主導の全米州自由貿易協定（FTAA）の構想に対して，発展途上国のみで地域統合を推進するこ

とによって交渉力を生み出す効果も持つ．

MERCOSUR の問題点は，先発国と後発国の格差，自動車産業保有国とそうでない国の格差を是正しながら，地域統合によって生じた利益を加盟国に如何に配分するかであり，現状，こうした調整メカニズムが域内で確立されているとはいえない．

6.4. ASEAN（AFTA, AIA）

MERCOSUR 同様，ASEAN も発展途上国のみからなる地域統合の形成を目指している．ASEAN は元々，アジア冷戦下で，集団的安全保障を目指した政治同盟として形成されたが，次第に地域経済協力を目的とする地域統合へと変質した．地域経済協力の内容も，1970 年代から 1980 年代前半にかけては各国の輸入代替政策に基づく重化学工業化を地域協力レベルで補完することを目指したが，1980 年代後半以降，外資の経営資源を利用しながら，輸出工業育成政策を地域協力によって促進することを目指している．ASEAN の主たる統合の手段は，BBC および AICO スキーム，ASEAN 自由貿易協定（AFTA）および ASEAN 投資地域（AIA）である．

1988 年の BBC（Brand to Brand Complementation）相互補完計画は，地域協力による外資利用型の輸出工業育成計画の典型例である．ASEAN で生産を行う外国自動車企業の，ASEAN 地域内における企業内分業を ASEAN の承認制度のもとに支援し，「域内製品」と認められた部品（ASEAN 各国における付加価値が 50 % 以上）については，同一企業グループ内の関連企業間の部品の域内取引に際して特恵関税を適用するものである．BBC スキームは，日本からの部品輸入を ASEAN 地域内での部品調達（日系企業からの調達を中心とする）に置き換えるかたちで，日本の主要自動車会社に利用されている．日本側は規模の経済を達成して，コスト競争力を向上させることができる．一方，ASEAN としては，部品の域内貿易を増加させる一方，対日部品輸入を削減し，貿易収支の改善を図ることができる．

この BBC スキームは，1996 年に ASEAN 産業協力協定（AICO）に統合され

た．AICO スキームでは，特恵関税の対象範囲を自動車部品から完成品を含む製造業一般へと拡大し，域内製品の認定基準も BBC スキームよりも緩和，特恵関税率も 0 ％～5 ％の範囲へと大幅に引き下げている．

AFTA については，1992 年の第 4 回 ASEAN 首脳会議で，2008 年までに域内の工業製品と農産物・加工品の関税を 0 ％～5 ％の範囲へと引き下げることが合意され（共通特恵関税制度（CEPT）），1993 年 1 月から AFTA は発効した．更に，1994 年 9 月の第 26 回 ASEAN 閣僚会議では，AFTA の実施時期を前倒しにして，域内関税率 5 ％以下への引下げ目標時期を 2003 年とした．1998 年のハノイ首脳会議では，更に，関税引下げ目標時期を，2002 年としている．

AIA は，2010 年までに域内における投資自由化を実現し，2020 年には投資自由化を非加盟国にも開放するというスキームであり，域内での直接投資活性化および域外からの投資の拡大を図ったものである．

ASEAN の最大の特徴は，地域統合にあたり，加盟各国の自主性が重視されていることである．ASEAN 地域統合では，貿易と直接投資の段階的な自由化を実施し，域内市場の活性化を図ることを目標にしているが，実際の自由化の実現に際しては各加盟国の自主性が尊重され，いわゆる，「協調的自発的自由化（Concerted Unilateral Action）」が重視されている．これは高度の自由化達成義務が厳密なタイム・スケジュールと共に定められている NAFTA とはかなり異なる行き方である．また，EU のような超国家的な統治機関を設置しようという動きとも異なる．むしろ国民国家間の協調のベースを崩さずに統合強化の方法を模索してる．

第 2 の特徴は，ASEAN 諸国の域内貿易比率はそれほど高くなく，域外への輸出依存度が高い．確かに 1980 年代・1990 年代を通じて高度成長を遂げており，域内市場も急速に拡大しているが，加盟国の中には大市場・資本・技術を提供する先進国が存在しないので，今後共域外への依存の高さは変わらない．こうした地域の特質から，排外的な対外共通関税等の措置は取りにくく，むしろ，域内自由化の恩恵は域外企業にも供与されるという「開かれた地域主義」の考え方を取っている．域外の大国との関係には常に敏感で，特に，日本，中

国，韓国とは緊密な連携をとっている．

第3に，NAFTAと異なり，中心となる先進国が加盟国に存在しないために，政治的・経済的・文化的な直接的影響を強く受けることもない代わりに，アジア危機のような事態に立ち至ったとき，安全弁となるような大市場を確保できることもない．これは1994年危機後のメキシコ自動車産業が，完成車の対米国市場への輸出によって立ち直ったのとはかなり異なる状況である．

AFTAもAIAも完全実施にはまだ間があること，また，アジア危機のマイナスの影響が大きかったこと等から，ASEAN地域統合の評価は，まだ下せる段階にはないが，第6章で述べたようにASEANにおいて国際分業による生産体制を展開する多国籍企業が，今後，アジア危機の後遺症を乗り越えて，域内外に対する輸出競争力を強化しようとすれば，域内の貿易・投資の自由化の速やかな推進は必要不可欠である．域内自由化措置を加速して，貿易創出効果・貿易拡大効果・投資創出効果・投資拡大効果を高める必要がある．

なお，発展途上国の地域統合を目指すASEANでは，もしも対外共通関税等の措置をとれば，5.1項で述べたように多大な貿易転換効果を生じ易い．その意味で，ASEANの「開かれた地域主義」は，非常に賢明な措置であると考えられる．

7. 多数国間レベルの投資協定

本章の冒頭に述べたように，現在までのところ，多数国間での投資協定は成立していない．これが達成されるには，「直接投資についての自由化を推進し，既に実現した自由化のレベルから後戻りすることはない」という，発展途上国を含めた多国間での合意が必要である．多国間協定のメリットは，地域協定に比べて参加国の数が増えるほど，「転換効果」が少なくなり，国際経済にゆがみを生ずる可能性が減ることである．また，当事国が多くなるほど，協定の「安定性」「透明性」「予測可能性」は高まり，著しく投資環境が改善して，対内直接投資が増加する協定参加国も出てこよう．

ただし，関係当事国が多いだけ，多国間合意を形成するには時間を要する．

本章の冒頭に述べたような先進国と発展途上国の立場の相違があるし，同じ先進国間および発展途上国間でもまた，立場の相違がある．したがって，一気に多国間投資協定にすすむのは容易ではないかもしれない．その場合には，地域ベースの投資協定の拡張方式が現実的な重要性を持つ可能性がある．

1) MAI 交渉にあたって，OECD 加盟国および OECD 事務局は，当初できるだけ高度の自由化の内容を盛り込んだ多国間直接投資協定を OECD 諸国間で合意し，その後に，その内容を OECD 非加盟国にも開示して，個別の参加を求めることによって，多国間協定として世界中に広めるという，手段を考えていたようである．この方式には，発展途上国側の中に反発する国もあり，交渉上の潜在的な障害の1つとなったと見られる．しかし直接的・具体的には，幾つかの基本的事項につき，OECD 諸国間の合意が見られなかったことが，交渉挫折の原因である．
2) ASEAN 諸国の「協調的自発的自由化（Concerted Unilateral Action）」は，こうした考え方に基づくと見られる．
3) 現 EU は，1967 年に関税同盟を完成．また，共通農業政策等，時として，排外的な保護政策を共通政策としてとることがある．
4) 直接投資の域内自由化については，厳格な自由化措置を設けているが，米国，カナダ，メキシコの3カ国相互でのヒトの自由化がそう簡単に進むとは見えない．その意味で，生産要素の完全な自由な移動を想定する共同市場とはかなり異なる状況にある．
5) 域内貿易障壁削減の恩典を受けるにあたっては，自動車・電子機器等との特定の製品については，原産地規則を適用している．すなわち，達成すべき域内調達比率を定め，これをクリアしていない場合には，域内製品と見なさない．したがってその場合には，域内貿易障壁削減の恩典は受けられない．
6) A 国の消費者余剰は拡大し生産者余剰は縮小するが，差し引き，斜線の台形の大きな利益が得られる．ここから，A 国政府が失う関税収入「T」を差し引いて「イ」プラス「ロ」の利益が生ずる．なお，B 国が大国で無い場合には，B 国の供給曲線は横軸に水平でなく右上がりの曲線になる．
7) ドイツ，フランス，イタリア，ベルギー，オランダ，ルクセンブルグ，スペイン，ポルトガル，オーストリア，フィンランド，アイルランドの11カ国．イギリス，デンマーク，ギリシャ，スウェーデンの4カ国は不参加．
8) 1967 年には，工業製品の域内関税を撤廃し，1968 年には農業製品についても域内関税を撤廃した．同年には，1957 年時点の各国の関税率をベースにして，域外共通関税を定めた．
9) 大西健夫・岸上慎太郎編（1995）『EU 統合の系譜』第4章「共同市場と域内貿易」（岡本由美子）による．
10) 浜口伸明編（1998）『ラテンアメリカの国際化と地域統合』第9章「地域統合と多国籍企業」（小池洋一）による．

参 考 文 献

青木健・馬田啓一編著（1998）『WTO とアジアの経済発展』東洋経済新報社
大西武夫・岸上慎太郎編（1995）『EU 統合の系譜』早稲田大学出版部
梅津和郎・奥田孝晴・中津孝司編著（1998）『途上国の経済統合＝アフタとメルコスール』日本評論社
片野彦二編（1970）『経済統合理論の系譜』アジア経済研究所
細野昭雄（1995）『APEC と NAFTA —グローバリズムとリージョナリズムの相克』有斐閣
細谷千博・長尾悟『テキストブック・ヨーロッパ統合』有信堂
清水一史（1998）『ASEAN 域内経済協力の政治経済学』ミネルバ書房
手島茂樹（1992）「リージョナリズムが企業のグローバリズムにおよぼすインパクト」『海外投資研究所報』第 18 巻第 12 号
浜口伸明編（1998）『ラテンアメリカの国際化と地域統合』アジア経済研究所
町田顕（1999）『拡大 EU —東方へ広がるヨーロッパ連合』東洋経済新報社
Barry, Donald(1995), "The Road to NAFTA" in Toward a North American Community? ed. By D. Barry, M. O. Dickerson and J. D. Gaisford, Westview Press
Blank, Stephen and Haar, Jerry (1998), "Making NAFTA work...U. S. Firms and the New North American Business Environment", North-South Center Press at the University of Miami
Buckley, J. Peter (1996), "Government Policy Responses to Strategic Rent-seeking Transnational Corporations", in Transnational Corporations, Vol. 5, No. 2
Eden, Lorraine (1996), "The Emerging North American Investment Regime" in Transnational Corporations, Vol. 5, No. 3
Fukasaku, K., Kimura, F., and Urata, S. ed. "Asia & Europe...Beyond Competing Regionalism", Sussex Academic Press
Graham, Edward M. and Richardson, J. David (1997), "Competition Policies for the Global Eonmy", Washington D.C., Institute for International Economics
Hubauer, Gary C. & Schott, Jeferey J. (1992) "North American Free Trade Issues and Recommendations, Washington, D.C., Institute for International Economics
Oman, Charles, (2000) "Development Centre Studies : Policy Competition for Foreign Direct Investment...A study of Competition among Governments to attract FDI", Paris : OECD
Ramiles, Miguel D. (1996), "Privatization and the Role of the State in Post-ISI Mexico" in Privatization in Latin America-New Roles for the Public and Private Sectors, ed. By Baer, Werner and Birch, Melissa H., Praeger
Thomsen, Stephen and Woolcock, Stephen (1993), Direct Investment and European Integration : Competition among Firms and Governments, London : Royal Institute of International Affairs
UNCTAD (1999) "Trends in International Investment Agreement : An Overview", New York and Geneva, United Nations
UNCTAD (1999) "Lessons from MAI", New York and Geneva, United Nations

UNCTAD (1999) "Admission and Establishment", New York and Geneva, United Nations
UNCTAD (1999) "Investment ― related Trade Measures", New York and Geneva, United Nations
UNCTAD (1999) "Foreign Direct Investment and Development", New York and Geneva, United Nations

第 9 章

M&A と海外直接投資

1. 1980年代のM&Aと1990年代のM&A

　本書の冒頭，第1章で述べたように，1990年代後半，世界の直接投資は，クロス・ボーダー M&A を主因とする加速度的な増加を経験した．このような状況は今回が初めてではなく，1980年代後半にも，1990年代後半と同様に，クロス・ボーダー M&A は急激な高まりを見せており，やはり今回同様に対内直接投資の8割を占めるに至っている[1]．しかし，1990年代後半の M&A の増加は際立って加速度的であり，特に先進国におけるその増加ぶりが著しい点でユニークである．しかもその内容は1980年代後半のそれとは以下の幾つかの点でかなり異なる．

　第1に，M&A 対象企業の売買によって，短期的に売買収益を上げようとする金融的な M&A ではなく，長期的に M&A 実施企業の国際競争力を強化するための戦略的な M&A が増加している．具体的には M&A 対象企業の経営資源を，速やかに吸収することによって，自社の経営資源を強化しようとする．

　第2に，欧州企業による米国企業に対するクロス・ボーダー M&A が盛んである．英国は1999年には1983年以来久しぶりに世界最大の対外直接投資国（フロー・ベース）となったが，これは，米国に対するクロス・ボーダー M&A

の増加のためである．一方，世界最大の対内直接投資受入国はほぼ一貫して米国である．これに象徴されるように，1990年代後半には，米国企業だけでなく，むしろ欧州企業によるクロス・ボーダーM&Aへの積極性が目立つ．

第3に，クロス・ボーダーM&Aに占める日本企業の役割は，1990年代後半には非常に小さかった．1999年度に至って，漸くこうした状況に変化が見られ，日本企業の行うクロス・ボーダーM&Aおよび日本企業を対象とするクロス・ボーダーM&Aも盛んになりつつあるが，依然として世界に占める比重は小さい．

第4に，クロス・ボーダーM&Aは，先進国間，特に，米国とEU諸国との間で盛んであるばかりでなく，特定の発展途上地域，特に，中南米に対しても，民営化企業に対するM&Aを中心に増加している．また，アジアに対しても，1997年のアジア危機を契機に相対的に割安になった金融機関等に対するM&A等が増加した．

2. M&Aの成果と動機

UNCTADによれば，M&Aの結果，M&A実施企業の株価が上昇したとか，収益性が目立って改善したとの研究報告は少ない．一方，買収の対象となった企業の生産性，組織，技術，売上，雇用，輸出には良好な結果をもたらすとされる．このように，現在活発に行われているM&Aの成果については，まだ明らかでない面があり，M&Aの成果を正確に実証分析に基づいて示すには至っていない．しかし，その動機については明瞭であり他企業の戦略的資産の獲得にあたって，M&Aの持つ迅速性と確実性が大きな利点と考えられるために生ずると考えられる（UNCTAD, 2000）．これ以外に，新規市場の開拓および市場シェアの拡大，企業買収・合併によるシナジー効果の拡大および規模の経済の獲得，事業の多角化によるリスク分散，金融的利益の獲得，経営者個人の利益等が追加的なM&Aの理由として挙げられる．

各業種別のM&Aの動機については，既に第1章4節でも触れたが，例えば，自動車産業では，世界需要の低迷，世界的な生産過剰，環境問題への対応等が，

水平的なM&Aの大きな動機となっており，生産を少数の企業に集中し，各企業の規模の経済を高め，更に，無公害車を開発すること等が目指されている．この結果，UNCTADによれば，1996年には，世界の10大自動車会社は，世界の自動車生産の69％を占めていたのが，1999年には，そのシェアは80％にまで拡大した．但し，ここまで劇的な再編が規模の経済等を理由にして必要かどうかについては疑問の声もある．一方，製薬産業では，新薬開発のための巨額のR&D投資資金を如何に賄うかが，水平的M&Aの大きな促進動機となった．同じくUNCTADによれば，1995年には，世界の製薬トップ5社が，世界の売上の19％を占めていたが，1999年には28％にまで拡大した．また，世界の製薬トップ10社では，世界の33％であったが，1996年には46％までシェア拡大した．

　こうしたM&Aの動機の一般的背景として，情報通信分野を中心に急激に技術革新が進んだことがある．企業はこれに対応して競争力を維持しなければならず競争力維持のためにはR&D投資を拡大しなければならないが，現代世界の急激な技術革新のペースにあわせていこうとすれば，個々の企業にとってR&Dの投資コストは膨大なものにならざるを得ない．この膨大な負担の削減のために，独立企業間の提携によるリスク分担（戦略的提携）やM&Aといった手段がとられる．M&Aは，R&D能力や研究開発の成果を，即効的に，かつ，「割安」に（すなわち，M&A実施企業が「割安」と判断すれば，）手に入れることができるので，技術革新が急激であるときは，これに対応する最も有効な手段である．こうした戦略的提携やM&Aを通じた直接投資が隆盛になったことの制度的前提になったのが，M&Aにかかわる各国の規制緩和であり，資本市場の整備である．これは，先に第8章で述べた（民間企業によるグローバリゼーションを補完する）政府によるグローバリゼーションの一環と捉えることができる．

　情報通信分野の技術革新が世界規模での事業展開（生産・販売・新しいビジネスのネットワークの展開）をより進め易くしている面もあり，技術革新の加速化とM&Aとグローバリゼーションは三位一体で相乗効果を高めているとも

いえる．

3. M&Aの光と影

先に第1章第4節で触れたように，M&Aには，大きく分けて2つの機能がある．1つは新製品に対する世界の需要拡大，急速な技術革新の潮流に対応し，企業のR&D能力を高め，新製品の創出能力を強化する等，経営資源の増強によって，企業の国際競争力を高めようとする機能である．これを「機能A」とする．他企業の経営資源を即時にしかも確実に入手できるM&Aは，自社の経営資源増強のために非常に有効である．

一方，市場・産業によっては世界的に需要が停滞し，生産設備の過剰感が世界規模で存在する場合もある．こうした状況に対応しつつ，規模の経済の達成をはかるために，企業が，水平的M&Aを行う結果，世界的な集中度が高まるケースが，自動車産業，製薬産業等において見られる．これを「機能B」とする．したがって，国際的な競争政策の調整が，新たな「政府によるグローバリゼーション」の不可欠の課題となってくる．競争政策についての国際標準を確立することは，新たな多国間投資枠組みを考える際の重要な柱となろう．

国際標準としての競争政策を考える際に，M&Aの積極面と留意点を総合的に評価することが必要となろう．M&Aの積極面とは，機能Aで述べた，経営資源の強化を通じた国際協力の増強によって，新たな製品を開発し，新たな需要を世界的に作り出していくプラスの役割である．すなわち，M&Aは世界的に民間消費需要を喚起し，続いて追加的な民間消費需要および投資需要を喚起する積極的な機能を持つ．一方，市場集中度が世界的に高まり，市場競争が弱められれば，経済厚生を低めるというマイナスの効果を持ちうる．こうした対称的な2つの機能はちょうど第4章で述べた，直接投資の「光」の部分に着目したキンドルバーガー，バックリー，カッソン等の見方と，直接投資の「影」の部分に着目したハイマーの見方とに対比される．M&Aの経済効果を総合評価して，国際標準としての競争政策を考える際には，こうしたM&Aの持つ2つの面を総合的に評価することが必要になる．すなわち，従来の競争政策はど

ちらかというと機能Bのマイナス面に注目し，これを押さえ込むことに主眼が置かれていたが，グローバルな競争政策の調整をはかる際には，ダイナミックな機能Aの効果も十分考慮し，ネットの利益を最大化することが必要である．

4. M&Aと経済開発

対内直接投資が経済開発におよぼすプラスの効果については，投資受入れ発展途上国の間でも積極的評価が定まりつつある．ただし，グリーンフィールド投資に比べて，M&Aについてはやや慎重な見方がなされている．それは，生産能力面，技術移転，競争制限，売買価格等について，M&Aは，グリーンフィールド投資よりも開発へのプラス効果が少ないとの見方である．

生産能力に関しては，新規に現地企業を設立して新たな生産を開始するグリーンフィールド投資は，直ちに投資受入国の生産能力の増強に結びつくことから，基本的に資本ストックの少ない発展途上国の経済開発に関しては大きなプラスの効果を持つことは明らかである．これに対して，M&Aの場合は，既に操業している現地企業または外資系企業を買収することを意味するため，企業の所有権は移転しても直ちに，M&Aによって追加的な生産能力が付与されるわけではない．したがって開発におよぼす効果は少ないかもしれない．但し，アジア危機後のアジアに見られるように，投資受入国に，低迷する世界需要との見合いで過剰生産設備が存在する場合には，生産能力の増強を伴わず経営資源の移転を伴う所有権の移転は，地場企業の競争力強化に役立つ可能性も高い．

技術移転については，グリーンフィールドであれば，第7章で論じたように，少なくとも新規生産事業に必要な新規の技術移転は過不足なく，行おうとするであろう．これに対してM&Aの場合には，当面これまで行っていた生産事業を継続することを重視し，これにあわせた比較的古い技術は移転しても，新たな技術移転については全く行わないかも知れない．したがって開発におよぼす効果は少ないかもしれない．ただし，投資受入国にとって最先端の技術を受入

れるのがよいか，現在利用中の技術よりも若干進んだ程度の中古の技術を導入して利用するほうがむしろ望ましいのかは容易に決めがたい問題である．むしろやや古い機械の導入の方が現地事業には適していることも多い．

　投資受入国市場における競争への影響については，外国投資企業およびその現地法人は，たとえ，現地企業に比べて圧倒的な競争力を持っていたとしても，グリーンフィールド投資による新規の企業設立であれば，少なくとも現地市場における競争企業の数が増えるという意味での競争促進要因ではある．しかし，M&Aの場合には，既存企業の買収であるために現地企業の数は増えず，その一方で，買収された企業には資本，経営面等での梃入れがあるので，グリーンフィールド投資に比べて競争制限的な面が強いかもしれない．但し，すぐれた経営資源を持ち込むこと自体は否定されるべきではないので問題は，外国企業を含む新規企業の受入を容易にする制度をつくることであり，それと同時に競争政策の強化・国際協調をはかる必要がある．

　また，現地部品企業群の供給ネットワーク（サプライ・チェイン）の利用については，M&Aの対象となった現地企業は，既にある程度こうしたネットワークを形成している可能性が高い．したがって，M&A実施後もこうしたサプライ・チェインを利用し易い．これに対して，グリーンフィールド投資の場合には，こうしたサプライ・チェインとの関係を持っていないことが多いために，投資母国からの部品輸入に依存することが多い．但し，現地の既存サプライ・チェインが本当に効率的かどうか，仮りに不効率な場合に，より効率的なものに改変できるか否かは別の問題として残る．現地事業の国際競争力を強化するためサプライ・チェインを強化しようとすれば，強力な技術指導を行って品質・コストの競争力を高めねばならないことは明らかで，その場合，グリーンフィールドかM&Aかという識別は重要でないと考えられる．

　次に，M&Aの売買価格については，例えばアジア危機のような投資受入国の経済危機の際には，投資受入国側企業は，不当に安く買い叩かれるという懸念を持ちうる（いわゆるバーゲンセール，ファイアーセール）．現実にタイの中央銀行担当者から，欧米銀行との交渉で，タイ地場銀行の資産を相当買いた

たかれた経験をしたとの報告がUNCTAD投資専門家会合の場であった．

この他のグリーンフィールド投資とM&Aとの相違として，前者は投資プロジェクトに必要な資金が必要な都度移転されるのに対して，後者は一度に多額な買収資金が流入することになる．これは投資受入国が外貨を緊急に必要としているときは，非常に有効であるし，逆に，投資受入国経済が好況であるときには過剰流動性の問題を生ずる可能性もある．

以上は両者の大きな相違点であるが，こうした相違点の幾つかは，当面の違いであり，時間がたつにつれて相違は縮小すると見られる．

まず生産能力については，M&Aによる投資でも，現地事業の競争力を維持・増強しようとすれば，時間の経過と共に，設備投資を追加的に行う可能性は高まる．早晩設備の更新・近代化等を行わねばならないためである．したがって，M&Aが長期間，現地事業にコミットする直接投資の性格を持てば持つほど長期的には，グリーンフィールド投資との差はなくなる．

技術移転についても同様で，M&Aによって獲得した現地事業の競争力の維持・増強のためには，現地事業を成功させるために必要な技術移転を長期的には行わざるを得なくなる．したがって，長期的には，グリーンフィールド投資を通じた技術移転との差はなくなる．

投資受入国市場における競争への長期的な影響についても，外国投資企業の持ち込む経営資源が圧倒的に競争優位を持っており，現地企業を圧倒する限り，現地市場における競争制限への懸念が生ずることは，グリーンフィールド投資でもM&Aでも同様である．そこで2節で述べた，競争政策の国際標準を早急に確定する必要がある．

現地部品企業群の供給ネットワーク（サプライ・チェイン）の利用については，長期的にはグリーンフィールド直接投資の場合も，現地のサプライ・チェインを利用する可能性は高まる．特に，日本企業の場合，効果的に技術移転を行って，効率的なサプライ・チェインの利用を行う必要があることは，先に，第7章で論じたとおりである．もちろんこの場合，現地のサプライ・チェインを，日本企業の競争優位を生かし易いように改変していく必要がある．

以上取りまとめると，長期的にはグリーンフィールド直接投資と M&A との相違はほとんど解消する．したがって，クロス・ボーダー M&A が，グリーンフィールド投資に比して特別，経済開発にマイナスの効果を持つことはないと考えられる．

ただし，発展途上国の受入当局にとっての現実的な問題は，クロス・ボーダー M&A 取引が現実に発生したときには，それが長期的に現地事業にコミットする投資なのかそうでないのか判断しづらいことである．長期コミットするかどうかは，「事後」的に判明することであり，M&A 取引発生時（「事前」）には見極めにくい．したがって，現地事業に長期的コミットしないクロス・ボーダー M&A 取引を排除しようとしても，現実的にはほとんど不可能であることに留意する必要がある．

1つの政策手段としては，現地事業に長くコミットするようなクロス・ボーダー M&A 取引にはインセンティブを与えるという方法もあろう．

5. 日本企業にとっての M&A の必要性

対外直接投資を行なうにあたってグリーンフィールド投資に多く依存してきた日本企業は，移転すべき経営資源に限界を感じるようになってきたことが既に，1990年代初頭の段階で見られる（1991，1992年当時行われた旧日本輸出入銀行（現国際協力銀行）アンケート調査および著者の企業からのヒアリングによる）．この経営資源の制約が1990年代に入ってからの日本の直接投資の伸び悩みの1つの理由であると考えられる．

しかし，先進国における経営資源の確保型のグリーンフィールド投資や M&A および戦略提携を通じて，他企業の経営資源を有効に利用することが日本企業にとっても可能となれば，自社の経営資源の不足を補うことができる．1999年以降，急激に拡大している M&A を主体とする日本への対内直接投資および対外直接投資の拡大は，経営資源の補充による制約条件を緩和させるという意味で，今後の日本の対外直接投資にも新しい可能性を開くものと考えられる．但し留意すべきは，先に第5章で述べたような日本企業の競争力の淵源

である長期取引志向，特にもっとも重要な生産要素である人的資源およびサプライヤーの長期取引志向が強固であるときに，M&A を通じた他社の経営資源の移転が，容易に，こうした日本企業の特性と馴染み，相乗効果を挙げられるかという点である．経営資源の弾力的かつスムースな移転と，長期取引志向への執着とにはトレード・オフの面もあり，両者を調和させ，相乗効果を高めるような新たな工夫が必要である．

1) M&A と直接投資フローとを直接比較するのは正しくない．直接投資フローは国際収支表上の概念であり，過去の投資の（自国からの）引き上げ分を控除したネットの当期直接投資流入額をあらわす．これに対して，クロス・ボーダー M&A の数値は売買契約額全体であり，数年にわたって実行される可能性もある．ネットでなく，グロスの数値である．また，クロス・ボーダー M&A にあたっては，取引発生国の国内資金を調達することもある．また，国際資本市場を通じた証券投資の形を取ることもある．取引発生国の国内資金調達と国際資本市場での証券投資はいずれも定義から，直接投資には該当しない．一般的に，クロス・ボーダー M&A の数値は，対内直接投資フローの数値よりも大きく出がちである．しかし大まかな傾向として，近年の対内直接投資フローの相当部分をクロス・ボーダー M&A が占めていることは間違いないと思われる．

参 考 文 献

日本貿易振興会『JETRO 投資白書 2000』
長谷川信次（1998）『多国籍企業の内部化理論と戦略提携』同文舘
M&A 懇談会 WG 報告書（1998）『M&A の促進について』㈱対日投資サポートサービス
Masuyama, S., Vandenbrink D., Chia Siow Yue (2000), "Restoring East Asia's Dynamism", Tokyo and Singapore : Nomura Research Institute and Institute of South-east Asian Studies
World Investment Report 2000

第 10 章

21世紀への展望

　近年の日本企業の活動を中心にグローバリゼーションについてこれまで検討してきた．本書を締めくくるにあたり，3つの点を指摘したい．この3点を確認することによって，日本企業および日本経済に，一層グローバライズされる21世紀の世界における明るい展望を持ち得る条件を探りたい．

　第1に，第3章，第5章，第7章で論じたように，日本企業のこれまで展開してきたグローバリゼーションは，欧米企業のそれとはかなり異なる内容を持つものであり，伝統的な直接投資理論が教えるように，海外展開することによって，スムースに企業の競争優位も一層強化されるという楽観的なものではなかった．日本企業のグローバリゼーションのこうしたユニークさが世界経済にも大きなインパクトを与えている．それは第2点で述べる通りである．

　第2に，種々の困難はあっても日本企業のグローバリゼーションは最終的には投資受入国に定着し，そうなれば，世界中に日本の優れた生産システムが伝播することになる．現にそうなりつつある．これは非常に影響力の大きい逆説的な結果を生ずることになる．日本企業が海外生産事業を効率的に行い，この事業の競争力を高めようとすれば，生産システムそのものをできる限り完璧に現地に根づかさなければならない．これは，現地事業を成功させるためには可能な限り生産システムについてのノウハウを現地に移転させなければならない

ことを意味する．直接投資を通じた技術移転の通常の教科書的な解釈である「技術の企業内への保持」は，日本企業の場合，日本企業の固有の優位性である「すぐれた生産システム」（「技術の第2類型」）という技術・ノウハウの性格から基本的に不可能である．「できる限り流出を防ぐのではなくて，できる限り多くの関係当事者にこれを広めたとき」に初めて，生産システムの移転が成功するからである．言い換えると日本企業が生産システムのグローバル化に成功するときは，日本企業以外の多くの有力企業もまた，（多くのコストを掛けることなく）この競争優位を共有していることになる．だからこそ世界中に国際競争力のある EMS（Electronic Manufacturing Service）企業が簇生し，日本企業に脅威を与えている．日本企業の行動はプロダクトサイクル論等で説かれる，新技術ノウハウそのものに競争優位を持つ（米国）多国籍企業がグローバルに展開するときの道筋とはかなり異なるものである．新しい製品・技術に競争優位を持つ企業の場合，グローバルに展開してもそのプロセスの中で「新しい製品・技術を生み出す能力を持つ」という意味での競争優位が自動的に拡散することはない．日本企業の生産システムの優位性はそれとは異なり，生産システムという技術の持つ属性のゆえに，グローバルな展開の中で拡散していってしまう可能性が高い．更に，仮により効率的な生産システムを新たに開発したとしても，この新たに開発し得た生産システムのノウハウの社外への流出を防ぎ企業内に確保しつつグローバルな生産効率を上げるのは容易ではなかろう．日本企業の「生産システム」は常に拡散することによって競争力を保つ宿命を持つ．しかし競争力を保ちつづけることはそう容易ではないかも知れない．先に触れたように，世界には EMS 企業が興隆しつつある．家電産業では中国企業の競争力は中国市場および東南アジア市場において日本企業を凌ぎつつある品目もある．製造業で，日本の生産システムを適用することは世界的に当然のこととなりつつある（第7章）．従来路線で日本企業が生き残るためにはより効率的な生産システムを開発しつづけねばならない．これは繰り返し述べているように困難な道である．

第3に，情報産業革命の影響はあらゆる産業におよびつつある．そうなると

第5章で論じた日本企業の競争優位の前提そのものが変わっていく可能性が高い．すなわち，第5章の図5-2で，自動車のような成熟産業を前提として，平均生産費用曲線は水平であると前提したが，益々多くの産業で，技術革新により収穫逓増化が見られるようになる可能性が高い．その結果，企業にとって，平均生産費用が急速に右下がりになれば，市場取引費用および企業内取引費用の重要性は薄れる可能性がある．すなわち図5-4のケースが多くなる．更に，情報産業革命そのものが企業内取引費用および市場取引費用を減少させる方向に働く．特に標準化された部品取引についてはグローバルなインターネット取引による取引費用の削減が可能である．

もちろん高付加価値な主要部品の製造とこうした主要部品の精巧な組み立てからなる産業については依然として取引費用の削減問題は中心的課題となり続けると考えられる．特に高付加価値な特殊品としての部品が重大な役割を果たす高級最終製品を製造する機械組立産業については，市場取引費用と企業内取引費用の削減とは永遠の命題であり続けるであろう．しかし，同時にあらゆる産業分野で，収穫逓増と取引費用の削減が急激に進む可能性もまた無視し得ない．これに成功した企業は一気に強力な国際競争力を身につけることになる．日本企業も種々ハンデはあるにしてもIT分野での国際競争力強化に最大限の努力をする必要がある．すなわち，日本企業は両面での可能性を想定した対応が必要であり，そのためには，他企業の経営資源もまたグローバルな視点から最適利用する局面に，欧米企業だけでなく，日本企業もまた，あるといえる．従来の生産システムの強さの背後にあった長期取引志向型の特性と，IT分野に必要とされる特性とを如何にうまく調和させて，ハイブリット型の競争優位を生み出すことができるかに21世紀の日本企業の命運が，かかっているといって過言でない．

参 考 文 献

手島茂樹（1997）「一つの変革期から新たな変革期へ―グローバリゼーション，リージョナリゼーション，トリレンマ，アジアの投資受入国の外資政策・産業政策」『海外投資研究所報』第23巻第1号

索　引

ア　行

AICO スキーム　135
アームス・レングス　11
R&D の投資コスト　209
R. コース　71
R. バーノン　83
IMF 統計（IFS）　20
IT 革命　54
アジア危機　8
　——の影響度調査　120
アジア NIEs　43
アジアの経済開発　113
ASEAN　28
　——産業協力協定（AICO）　200
　——自由貿易協定（AFTA）　200
　——投資地域（AIA）　178, 200
UNCTAD　11
EMS（Electronics Manufacturing Service）企業　67
EU　12
域内貿易比率　199
委託生産　84
1 国ベースの自由化（Concerted Unilateral Action）　184
1 国ベースの（Unilateral）投資の自由化政策　177
意図した企業内技術移転　147
意図した技術流出　153
意図せざる技術流出　150
意図せざるグローバリゼーション戦略　89
意図せざる 2 次的技術移転　147
イノベーティブな新製品　83
売上高経常利益率　51

売上高・研究開発費比率　157
AICO スキーム　135
SAI（= Simple Average Index）　121
FDI = Foreign Direct Investment　20
FPI = Foreign Portfolio Investment　20
M&A 実施企業　207
M&A 対象企業　207
M&A の経済効果　210
M&A の成果　208
エレクトロニクス輸出産業　138
円高期　41
円安ドル高　42
欧州石炭鉄鋼共同体（ECSC）　194
OECD　6
O. ウイリアムソン　73
大蔵省統計　38
大蔵省届出ベース　25
オフショア取引規制　137
オペレーション・マニュアル　147
親会社——子会社間の長期貸付　38

カ　行

海外現地生産　41
海外現地法人　11
海外生産比率　40
海外直接投資　1
　——企業　2
外国人事業法（Alien Business Law : ABL）　133
外国投資　179
　——家　179
外資出資比率　137
外資利用型の輸出産業育成　115
加重指数　121

カッソン　78
GATT/WTO　2
合併（Merger）　12
家庭用耐久消費財　90
株式投資　38
環境基準　157
関税同盟　183
関税引き下げ　175
間接投資　19
完全競争　70
　――市場　74
完全子会社　150
完全所有現地法人　149
カントリー・リスク　34
関連下請け企業　150
関連特殊資産（Relation-Specific Asset）　74
機械組立産業　90
機会主義　74
企業　71
　――家　71
　――間システム　93
　――行動　57
　――固有の競争優位　7
　――内技術移転　147
　――内システム　90
　――内取引　73
　――内取引コスト　73
　――の内部化行動　79
　――内貿易　1
　――の国際的な内部化行動　69
　――の本質　76
技術移転　7
技術革新　13, 209
技術基盤　8
　――の形成　144
技術提携契約　156
技術の企業内取引　146
技術ライセンス契約　57

技術流出　149
規制緩和　14
　――・撤廃　14
基礎的エンジニアリング　164
規模の経済　14
客観性の高い経営管理基準　104
QCサークル　91
給与制度　169
教育訓練　169
競合企業　150
業種別収益性　129
業種別直接投資計画　130
競争制限　70
競争政策　4
　――の国際標準　213
競争促進要因　212
協調主義　109
協調的自発的自由化（Concerted Unilateral Action）　201
共通特恵関税制度（CEPT）　201
共同市場　183
銀行貸付　19
キンドルバーガー　67
空洞化　64
　――の懸念　114
国別投資計画　130
グリーン・フィールドの投資　9
グローバリゼーション　1
グローバル化　70
グローバルな最適化　5
　――戦略　5
クロスボーダーM&A　3
経営資源　13
経済開発　8
経済空洞化　114
経済統合　183
経済同盟　183
ケイビス　144
欠勤率　157

索　引　223

研究開発設備　164
研修・OJT　147
現地市場指向型　128
現地市場情報　65
現地従業員の流動性　151
現地生産　10
現地法人の所有形態　149
限定合理性　73
交渉力　98
工程　164
　──管理　166
公的援助資金　32
公的資金　34
高度な技術研修・訓練　164
高付加価値な主要部品　219
高付加価値な特殊品　219
衡平で公正な待遇　179
合弁企業　150
国際化度　12
国際協力銀行　21
国際金融　58
国際市場構造の寡占化　67
国際収支統計　37
国際収支表　19
国際収支ベース　25
国際的金利差　58
国際的な（アジア規模での）生産ネットワーク　139
国際ネットワーク　139
国内の生産ネットワーク　139
国民国家　2
国連国際商取引法委員会（UNCITRAL）　181
5段階評価　161
雇用制度　169

サ行

サービス貿易　175
最恵国待遇（Most Favored Nations Treatment）　179, 180
在庫管理（ジャストインタイム）　158, 166, 168
最先進国　83
再投資　38
財務勘定　20
債務危機　65
債務性資金　32
サプライ・センター　107
サプライ・チェイン・システム　157
産業特性　108
サンク・コスト　75
参入業種制限　65
J.ダニング　81
事業リスク　65
資源配分　71
市場拡大効果　185
市場競争　14
市場構造　14
市場行動のパターン　148
市場集中度　210
市場成果　14
市場取引　73
市場取引コスト　73
市場の機能　71
市場の失敗　67
市場の不完全性　69
施設設備の保守管理　166
事前準備　54
実質金利　59
実績評価調査　161
自動車産業　90
資本　59
　──勘定収支　19
　──財貿易　120
　──財輸出　118
　──レンタル料　59
借款　24
社内官僚主義　102

収益性　47
収穫逓増　109
終身雇用　92
集積の効果（Agglomeration Effects）　110
集団活動　91
自由貿易地域　183
熟練労働力の養成　154
出資制限　65
守秘義務　151
主要基幹部品　75
主要輸出産業　114
証券投資　20
小集団活動　102
仕様書　147
昇進制度　169
情報・金融・物流センター　136
情報産業革命　218
情報収集　163
情報の非対称性　145
商務省統計　38
職務遂行の実績　104
職務の目的　104
職務範囲　104
所有特殊的優位（Ownership Specific Advantage）　82
人材育成　144
人事採用制度　169
新製品売り出し戦略　164
人的資本市場　92
垂直統合　80
裾野産業　138
頭脳労働者　91
生産現場の小集団　102
生産工程の知識・技術の移転　164
生産システム上の優位性　55
生産システムとサプライ・チェーン・システムの移転　166
生産システムの改革　108

生産システムの競争優位　90
生産設備・工場レイアウト　164
生産プロセス　164
生産要素移動の効果　69
成熟産業　219
製品　164
　──在庫日数　157
　──マニュアル　164
世界銀行グループの紛争解決センター（ICSID）　181
世界投資報告　9
セカンド・ベスト　186
　──（次善の策）としてのグローバリゼーション戦略　89
設計図　147
接収・国有化　65
折衷理論　81
設備レイアウト　166
設立後（Post-establishment）の内国民待遇（National Treatment）　179
設立前（Pre-establishment）の内国民待遇（National Treatment）　180
先端産業分野　45
全米州自由貿易協定（FTAA）　199
全要素生産性　152
戦略的提携　54, 209
操業率　157
属人的な暗黙知　147

タ行

対外直接投資　6
　──残高　10
大企業病　102
タイ国投資委員会（Board of Investment：BOI）　133
代替手段　98
対内直接投資　9, 144
　──フロー　15
大量生産方式　108

多国間投資協定（Multilateral Agreement on Investment : MAI）　2, 176
多国間投資自由化枠組み　175
多国籍企業　1
多能工　91
　——養成システム　107
他の先進国　84
WAI（= Weighted Average Index）　121
WTO 適格　183
WTO　6
短期間での実績実現要求　104
短期的な機会主義　55
短期取引志向　103
短期の機会主義的利益重視　106
単純指数　121
単純労働者　91
単能工　91
地域投資協定　7
知的所有権　151, 175
中間財市場　74
中間財市場の垂直的統合　80
中間財取引の内部化　79
中間財の内製率　103
長期教育投資　92
長期コミット　214
長期雇用志向　93
長期就労志向　92
長期取引志向　55
　——型の特性　219
長期の安定的取引重視　106
調達政策　100
直接投資拡大効果　185, 192
直接投資残高　10
直接投資創出効果　185
直接投資転換効果　185, 191
直接投資統計　37
直接投資のストック　41
直接投資のフロー　41
賃金　59

通産省海外事業基本調査　41
通産省調査　38
T. Ozawa　91
定期的出張　163
定期的報告　163
テイラーシステム　90
定例報告　163
伝統的な直接投資理論　217
当該企業に特殊なノウハウ　102
投資受入国　8
　——経済　114
投資奨励法（Investment Promotion Act）　133
投資動機・理由　34
投資ブーム　41
　——経済　114
投資母国　6
透明性　179
届出ベースの統計　38
トヨタイズム　91
取引費用の削減　219
取引費用（Transaction costs）の経済学　73, 76

ナ 行

内製　98
内発的なグローバリゼーション　89
内部化「Internalization」　78
　——インセンテイブ（Internalization Incentive）　82
内部化仮説　78
内部化の優位（Internalization Advantage）　82
2 国間投資協定　178
日銀統計　38
日系現地法人　88
日本企業の所有特殊な優位　95
日本企業の優位性　54
日本輸出入銀行　20

納期の確実性　157
農業，紛争解決手段　175
納入期限　158
ノウハウ　164

ハ 行

バーゲンセール　212
買収（Acquisition）　12
ハイテク産業　137
ハイブリット型の競争優位　219
ハイマー　58
　　──・キンドルバーガー仮説　64
バックリー　78
パフォーマンス・リクワイアメント　180
反独占政策　79
バンドワゴン効果　192
汎用品　84
BITs : Bilateral Investment Treaties　178
PPF（生産可能性フロンティア）　68
BBC スキーム　135, 190
BBC（Brand to Brand Complementation）相互補完計画　200
比較優位・競争優位　66
非関税障壁の撤廃　175
一人あたりの生産高　157
一人あたりの付加価値　157
評価・報酬システム　104
開かれた地域主義　201
品質管理　91, 166
品質責任　91
ファースト・ベスト　186
ファイアーセール　212
フォーディズム　90
プッシュ・ファクター　89
部品産業の育成　154
ブミプトラ　136
ブラウン・フィールドの投資　9
プラザ合意　42

フリー・ライド　155
不良品発生率　157
プル・ファクター　89
ブレトンウッズ体制　41
プロダクト・ライフ・サイクル仮説　83
ブロック経済　182
平均企業内取引費用　94
平均企業内取引費用（AFTC）　97
平均企業内取引費用曲線　77
平均勤続年数　157
平均市場取引費用（AMTC）　94, 97
　　──曲線　77
平均生産費用　98
ヘクシャー・オリーン・モデル　67
ベンチマークサーベイ　38
貿易拡大効果　185, 192
貿易関連投資措置　175
貿易創出効果　185
貿易転換効果　185, 191
貿易の自由化の効果　69
貿易摩擦　42
報告制度　169
ポートフォリオ投資　20
補完関係　114
北米地域統合（NAFTA）　7
母集団　161
Volatility（不安定性）　25

マ 行

マーケットシェア　157
マーケティング・スキル　164
マージナリゼーション　3
マーストリヒト条約　182
マクドーガル・モデル　58
Multi Media Super Corridor　137
マレーシア工業開発庁（MIDA）　137
民営化　14
民間の長期貸付資金　32

MERCOSUR　183

　　　　　　ヤ　行
ユーロ・ペシミズム　195
輸出　10
　　──先地域　118
　　──志向　128
　　──比率　137
輸入代替的戦略　41
要素価格均等化　67
予見可能性　179

　　　　　　ラ　行
リージョナリゼーション　7

リードタイム　158
立地特殊的競争優位　96
立地特殊的優位（Location Specific
　Advantage）　82, 95
労働　59
　　──市場　92
　　──市場の内部化　94
　　──集約的産業　41

　　　　　　ワ　行
World Investment Report　9

著者紹介

手島　茂樹（てじま　しげき）

1948年　東京生まれ
1972年　横浜国立大学経済学部卒業，その後，日本輸出入銀行（現国際協力銀行）勤務
1977年　エール大学 M. A.（経済学）
1996年　日本輸出入銀行海外投資研究所次長
1998年　同上席主任研究員
1999年　二松学舎大学国際政治経済学部教授（現在にいたる）
1997年より中央大学大学院法学研究科兼任講師

主要著書と最近の論文

『海外直接投資と日本経済』（共著，東洋経済新報社，1996）
"Future Trends in Japanese FDI" *Transnational Corporations*, 1995
"Japanese international investment in the regions of East Asia and the Pacific" in *Global Competitive Strategies in the New World Economy*" ed., by H. Mirza, Edward Elgar, 1998
"Japanese FDI, the implications of "hollowing out" on the technological development of host countries" *International Business Review*, 2000

海外直接投資とグローバリゼーション

2001年4月10日　初版第1刷印刷
2001年4月20日　初版第1刷発行

（検印廃止）

著　者　　手　島　茂　樹
発行者　　辰　川　弘　敬

発行所　　中 央 大 学 出 版 部
東京都八王子市東中野742番地1
郵便番号　192-0393
電話0426(74)2351　振替00180-6-8154番

© 2001 手島茂樹　　印刷・大森印刷／製本・法令製本
ISBN4-8057-2160-X